문화사회학으로 바라본

# 한국의 세대 연대기

## 세대 간 문화 경험과 문화 갈등의 자화상

이 저서는 2014년 정부(교육부)의 재원으로 한국연구재단의 지원을 받아 수행된 연구임
(NRF 2014S1A6A4A02026980)

최샛별 지음

문화사회학으로 바라본

# 한국의 세대 연대기

기성세대들은 우리가 자기만 챙긴다고 생각하는데, 우리가 볼 때는 공과 사를 구분하는 거라고 생각해요.

기타 세대 남성

88만원 세대는 문명의 이기를 굉장히 많이 누렸지만 전반적으로 정서적인 면이 메말랐다고 할까? 그런 걸 많이 느껴요.

X세대 여성

저희 같은 경우는 사람들이랑 만나서 맨투맨으로 얘기하고 이런 거 좋아했는데 요즘 20·30대는 그렇게 사람 만나는 걸 부담스러워하는 거 같고…

베이비붐 세대 여성

우리 세대는 88만원 세대나 3포 세대, 절망세대처럼 부정적인 이미지가 있어요. 꿈도 희망도 없이 탈조선의 꿈만 있을 뿐이고, 이 세대는 거세된 세대 같은 느낌이 든달까.

88만원 세대 여성

PC통신 하이텔로 글을 올리거나 번개를 했던 경험이 있어요. 지금도 인터넷 커뮤니티 활동을 하고는 있지만 당시 활동하던 조그마한 커뮤니티가 지금보다 훨씬 따뜻했죠.

X세대 남성

## 세대 간 문화 경험과 문화 갈등의 자화상

산에 가서 소나무 껍데기를 벗겨가지고 그 안에 하얀 송진 같은 껍질을 낫으로 베껴서 씹어 먹고… 그것도 하루에 한 끼 먹기도 힘들어. 그러니까 굶주리고 지치고 말도 못하지.

산업화 세대 남성

부모님 세대는 대학만 졸업하면 대기업 취직은 문제도 아니었고 내 집 장만이 가능했지만 우리 세대는 불가능해요. 그러니 부모님 도움받는 걸 죄송해할 필요는 없다고 생각해요.

88만원 세대 남성

이화여자대학교출판문화원

## | 머리말 |

모든 사회는 필연적으로 '새로운 세대로의 대체'를 통해 유지되고 존속한다. 그런데 이 대체의 과정은, 이전 세대의 가치나 행동 양식이 다음 세대로 단순히 전달되는 것이 아니라 상이한 사회문화적 맥락과의 상호작용을 통한 다양한 변이의 과정을 수반한다는 점에서 그 가치를 전달해야 하는 세대에게도, 또한 그를 전수받아야 하는 세대에게도 충분히 '문제적'이다. 특히 한국처럼 변화의 속도와 폭이 극도로 큰 사회에서는 이질적인 삶의 경험에서 야기되는 세대 간 간극이 그에 상응해 커지기 때문에 '세대'라는 변수가 사회 갈등을 야기하는 핵심적인 진앙지震央地로 끊임없이 주목받을 수밖에 없다. 실제 우리 사회에서 정치적으로, 혹은 문화적으로 사회 갈등의 문제가 불거질 때면 매스컴이나 대중 저널, 학계의 논문이나 서적을 막론하고 세대 관련 논의가 봇물처럼 쏟아지는 것은 바로 이러한 우리의 태생적 문제를 드러내주는 것이라 하겠다.

그런데 세대 문제에 대한 기존의 접근들은 일정 정도 각각의 세대에 대한 이해를 돕고 세대를 관통하는 사회 통합의 가치를 발견해낼 수 있는 출발점을 제공해주었다는 점에서 그 나름의 가치를 지녔으나, 지나치게 저널리즘적인 관심에 경도되거나 학술적이고 현학적인 내용에 천착하는, 양극단에 치우쳐 있는 경우가 많았다는 점에서 아쉬움을 남긴다. 시중에 나와 있는 세대 관련 서적들의 경우에도 전공자들을 겨냥한 학술 서적이어서 일반 대중이 접근하기 어렵거나, 또는 너무 흥미 위주로 저술되어 사회과학 서적으로서의 학문적 객관성과 엄격성을 결여하고 있는 경우가 많다. 또한, 저널과 전문 서적 어느 쪽을 택하더라도 실제 문제의 중심에 서게 되는 각 세대 구성원 자신의 시각을 들여다보려 하기보다는 저자의 입장, 즉 제3자의 시각에서 일반화된 세대론을 펴고자 하는 문제가 공통적으로 배태되어 있다는 것도 비판적으로 보아야 할 대목이다.

이에 필자는 전문적인 내용을 다루되 일반인 독자들 역시 흥미를 느낄 수 있는 좀 더 '친절하고도 친숙한' 학술 서적을 출간해보려는 최종적인 목표하에 2009년부터 2011년까지 한국연구재단이 지원하는 인문사회 연구역량 강화사업의 사회과학 지정 주제로 '세대 간 문화 경험과 문화 갈등' 연구 프로젝트를 진행했다. 이를 통해 세대 관련 이론 및 선행 연구들을 엄격하게 고찰했으며, 이를 기반으로 마련된 설문지를 바탕으로 전국 규모의 견고한 양적 데이터가 산출되었다. 이와 동시에 한국 사회와 우리의 삶에서 세대 간 차이 및 갈등이 표출되고 있고 또 표출될 수 있는 다양한 영역에서 다양한 연령대를 대상으로 한 양질의 질적 자료 역시 축적되었다. 또한 한국의 세대별 특성을 잘 보여주는 대규모의 양적 자료와 풍부한 질적 자료를 토대로 한국 사회의 세대별 가치관 차이 및 정치정치 성향 및 대외관, 경제소비 생활, 직장 생활, 사회인권, 사회 부조리, 사회문제, 문화문화 생활, 대중문화에 대한 인식 및 기타 다양한 일상 영역에서 나타나는 세대별 특성을 밝히는 다수의 학술적인 논문을 출판했다. 이를 발전시켜 좀 더 '친절하고도 친숙한' 학술 서적의 집필을 구상하던 중에 2014년 한국연구재단의 인문학 진흥사업의 일환인 저술성과 확산 지원사업에 선정되어 첫 번째 조사 이후 진행한 여러 사회적 사건이나 변화

등을 담을 수 있는 기회를 얻었다.

이 책은 전술한 연구 성과와 추가 연구를 바탕으로 한국 사회의 세대를 둘러싸고 진행되어온 논의 및 문제점들을 개괄해 제시하는 한편, 기존 연구 및 서적들에서는 다루지 않았던 세대 간의 상호 교차적 인식이나 세대 자체의 특성에 대한 보다 심화된 논의들을 발전시켜보려는 기획 의도를 담고 있다. 특히 매스컴이나 전문가 집단이 각 세대의 특성을 특정 이미지로 환원하거나 과장함으로써 세대차를 섣불리 재단했던 우를 범하지 않도록, 각 세대를 이루는 사람들의 일상적인 시각, 그리고 그들의 목소리로 세대라는 현상을 구현해내려 한다는 점이 이 책의 차별적인 특성이라 할 것이다. 또한, 본문을 구성함에 있어서는 단순히 수치화된 표나 그래프를 통해 세대 간 차이를 보여주기보다 다양한 시각 자료와 함께 실제 각 세대에 해당하는 사람들의 생생한 이야기가 담긴 질적 자료들을 제시함으로써 학문적 내용을 전달함과 동시에 독자들에게 흥미롭게 다가갈 수 있는 방법을 모색하려 했다.

연구재단에 제출할 연구 계획서 준비를 시작한 것이 2009년 초반이었으니, 근 10년 만에 초기에 구상한 책이 나온 셈이다. 생각보다 한국 사회 전 세대의 스펙트럼을 그려내는 작업이 쉽지 않았던 것도 사실이지만, 이 책을 마무리하려고 할 때마다 필자가 생각하기에 한국 사회 세대 논의에 꼭 들어가야 할 것 같은 사건과 현상들이 지속적으로 나타났기 때문이기도 했다. 그러나 세대에 관한 모든 연구는, 심지어 단편적인 연구일지라도 세대를 연구하는 후속 학자에게 많은 것을 줄 수 있다는, 짧지 않은 시간 동안 세대 연구를 하면서 필자가 갖게 된 작은 확신에 기대어 졸고를 마감하고자 한다. 세대 연구는 어쩌면 연구자가 살고 있는 이 세대에 대한 하나의 스냅샷일 것이다. 필자가 부족해 시대의 큰 흐름을 짚어내거나 예측하지 못하더라도 지난 10년 동안 문화사회학자로서 고민하고 생각하면서 찍어낸 한국 세대에 대한 하나의 스냅샷이 세대 문제와 문화 현상에 대해 알고자 하는 독자들의 학문적 호기심을 작게라도 충족시키고, 나아가 보다 실천적인 논의로 확장해 나아갈 수 있게 하는 작은 계기가 되길 바라본다.

대규모로 진행된 양적·질적 조사 자료와 방대한 문헌 조사를 바탕으로 하고 있기 때문에 이 책은 필자 한 사람의 단독 작품이라기보다는 많은 연구자와 학생들의 공동 작품이다. 그중에서도 이 책을 집필하는 내내 젊은 세대의 시각에서 함께 고민해주고 양적·질적 자료를 정리해주고 흥미롭고 다양한 시각 자료를 찾아준 이화여대 사회학과 대학원의 김수정, 고명지, 오지현, 최미라 학생에게 깊은 사랑과 고마움을 전한다. 그리고 연구 사업 진행 시 박사급 연구원으로 2년 동안 양적 자료 집적 및 문헌 자료 정리, 그리고 〈부록 2〉의 세대 연표 작성에 큰 역할을 해준 최슬기 KDI 국제정책대학원 교수님에게도 이 자리를 빌려 감사의 인사를 전하고 싶다. 또한 연구단에 공동연구원으로 참여하셨던 이화여대 사회학과 조성남 교수님, 경제학과 이명휘 교수님, 국방대학교 김병조 교수님을 포함해 연구보조원으로 참여했던 많은 학생들에게도 감사의 말을 전한다.

2018년 6월

최샛별

| 차례 |

머리말 _ 4

## 1부. 세대: 경계와 구별 짓기

1장 세대를 둘러싼 그간의 이야기들 _ 19

1. 세대란 무엇이며 어떻게 경계 지어지는가 _ 19
2. 한국 세대 연구의 역사를 조망하다 _ 33

2장 세대의 경계, '우리'와 '당신들'의 이야기 _ 40

1. 세대의 경계: 세대 명칭과 연령 범주 _ 40
2. 조사 방법과 대상 _ 47

3장 나에게 묻다, 너는 무슨 세대니? _ 55

1. 주관적 세대 의식에 따른 세대의 경계: 일반적 세대 인식과의 차이 _ 56
2. 연표 이야기: 나의 세대 좌표를 확인하다 _ 61

## 2부. 한국 사회의 세대 경계와 각 세대의 이야기

4장 88만원 세대의 역설, 물려받은 것이 많은 세대는 행복한가 _ 67

1. 88만원 세대, 그들은 누구인가 _ 68
2. 풍요 속에 태어나 절망의 아이콘이 되다 _ 73
3. 사회, 그들을 상반된 두 개의 모습으로 그려내다 _ 80
4. 글로벌한 평등주의자, 기성세대의 권위를 비틀다 _ 85
5. 88만원 세대는 왜 불행한가 _ 107
6. 이해와 포용, 그리고 공존으로 나아가자 _ 116

5장 X세대, 문화의 시대를 열다 _ 118

1. X세대, 그들은 누구인가 _ 119
2. 1970년대생, '달라도 너무 다른' 삶을 살다 _ 124
3. 새로운 모든 것의 시작이 되다 _ 135
4. 탈정치 세대, 문화의 헤게모니를 장악하다 _ 148
5. X세대는 88만원 세대를 비난하지 않는다 _ 158

6장 베이비붐 세대, 우리 사회의 진정한 '낀 세대' _ 164

1. 베이비붐 세대, 그들은 누구인가 _ 166
2. 경제 성장의 아이콘, 풍요와 빈곤의 극단을 경험하다 _ 168
3. 베이비붐 세대의 오늘을 보다 _ 179
4. 노년 세대와 청년 세대 사이에서 완충지 역할을 하다 _ 188
5. 베이비붐 세대에 대한 오해를 풀다 _ 191

7장 산업화 세대, 준비되지 않은 노년의 슬픔 _ 197

1. 산업화 세대, 그들은 누구인가 _ 198
2. 당신이 생각하는 '노인'은 누구입니까 _ 201
3. 준비되지 않은 노년을 마주하다 _ 215
4. 노인이 된 산업화 세대, 혐오와 회피의 대상이 되다 _ 223
5. 산업화 세대를 세대 담론 속으로 다시 불러들이자 _ 238

부록

1. 연표 이야기: 한국의 세대를 탄생시킨 정치적·경제적·문화적 사건들 _ 243

1) 1950년대 이전: 전쟁과 절대빈곤의 시절을 보내다 _ 244

2) 1960~1970년대: 정치적 암흑기, 경제 성장의 씨앗을 심다 _ 251

3) 1980년대: 급속한 경제 성장 속 민주주의가 태동하다 _ 260

4) 1990~2000년대: 세계화 속 정보화 및 문화의 시대가 도래하다 _ 271

5) 2010년대 이후: 각종 사건·사고의 발생, 그리고 촛불 문화가 탄생하다 _ 284

2. 한국의 세대 연표

참고문헌 _ 290

찾아보기 _ 316

# <표 차례>

〈표 2-1〉 이 책에서 사용한 세대 구분 • 46
〈표 2-2〉 선행 연구 세대 연구표 • 48
〈표 2-3〉 양적 연구 조사 대상자의 일반적 특성 • 52
〈표 2-4〉 질적 연구 조사 참여자의 일반적 특성 • 53
〈표 3-1〉 세대별 젊은 세대와 기성세대의 연령 기준에 대한 의견 • 57
〈표 4-1〉 88만원 세대를 명명하는 다양한 명칭 • 69
〈표 4-2〉 88만원 세대가 경험한 주요 사건 및 사고 • 74
〈표 4-3〉 베이비붐 세대와 88만원 세대의 사회구조적 상황 • 77
〈표 4-4〉 88만원 세대를 바라보는 신문 미디어의 시각 • 81
〈표 4-5〉 세대별 남자와 여자의 외모에 대한 의견 • 87
〈표 4-6〉 20대의 주요 고민이라고 생각되는 것에 대한 세대별 인식 • 96
〈표 4-7〉 세대별 상사와 가장의 권위에 대한 의견 • 107
〈표 5-1〉 X세대가 경험한 주요 사건 및 사고 • 124
〈표 5-2〉 세대별 정치 관심 정도, 정치 성향, 그리고 공권력에 대한 의견 • 138
〈표 5-3〉 세대별 결혼에 대한 의견 • 142
〈표 5-4〉 세대별 결혼 적령기에 대한 의견 • 143
〈표 5-5〉 세대별 가정과 일에 대한 의견 • 144
〈표 5-6〉 세대별 골드미스와 딩크족에 대한 의견 • 146
〈표 5-7〉 세대별 팬클럽 활동에 대한 의견 • 158
〈표 6-1〉 베이비붐 세대가 경험한 주요 사건 및 사고 • 169
〈표 6-2〉 세대별 정치 관심 정도, 정치 성향, 그리고 공권력에 대한 의견 • 173
〈표 6-3〉 세대별 본인 세대가 누린 가장 좋은 점 1~3순위 • 174
〈표 6-4〉 베이비붐 세대와 88만원 세대의 사회구조적 상황 • 175
〈표 6-5〉 세대별 학벌과 사회적 성공의 연관성에 대한 의견 • 176
〈표 6-6〉 세대별 안정 추구 가치관과 가치 성향 • 178
〈표 6-7〉 세대별 노화·노후에 대한 의견 • 181
〈표 6-8〉 세대별 노후 및 노후 준비에 대한 의견 • 185
〈표 6-9〉 세대별 정년 단축과 젊은 세대의 일자리 확대에 대한 의견 • 186
〈표 6-10〉 세대별 윗세대와 아랫세대에 대한 태도 • 189

〈표 6-11〉 세대별 가장 고생을 많이 했다고 응답한 연령대 • 191
〈표 7-1〉 산업화 세대가 경험한 주요 사건 및 사고 • 202
〈표 7-2〉 세대별 노인 시작 연령에 대한 의견 • 205
〈표 7-3〉 '노인'을 수식하거나 그와 연관된 표현들(빈도별 1~30위) • 208
〈표 7-4〉 세대별 '노인' 하면 가장 먼저 떠오르는 단어, 문구, 생각 • 209
〈표 7-5〉 세대별 가장 고생을 많이 했다고 응답한 연령대 • 213
〈표 7-6〉 세대별 우리나라 경제 성장에 가장 크게 기여했다고 응답한 연령대 • 214
〈표 7-7〉 60·70대의 주요 고민이라고 생각되는 것 중 '건강'과 '경제적 문제'에 대한 세대별 인식 • 218
〈표 7-8〉 세대별 본인 세대가 누린 가장 좋은 점 1~3순위 • 220
〈표 7-9〉 세대별 장수 및 노화에 대한 의견 • 231
〈표 7-10〉 세대별 노후 및 노후 준비에 대한 의견 • 237
〈표 A-1〉 1950년대 이전 주요 사건 • 244
〈표 A-2〉 1960~1970년대 주요 사건 • 251
〈표 A-3〉 1980년대 주요 사건 • 260
〈표 A-4〉 1980년대 한국 경제의 주요 지표 • 265
〈표 A-5〉 1990~2000년대 주요 사건 • 271
〈표 A-6〉 2010년 이후 주요 사건 • 284

## <그림 차례>

[그림 1-1] 세대를 규정하는 네 가지 방식과 경계로서의 새로운 세대 개념 • 30
[그림 1-2] 한국 세대 연구의 역사 • 34
[그림 2-1] 한국 사회 세대의 스펙트럼 • 45
[그림 3-1] 자신이 속한 세대의 규정 • 59
[그림 3-2] 나와 같은 세대에 속하는 사람들의 연령: (　)세부터 (　)세까지 • 60
[그림 4-1] 88만원 세대의 삶의 궤적 • 74
[그림 4-2] 베이비붐 세대와 88만원 세대의 대학 진학률 • 77
[그림 4-3] 베이비붐 세대와 88만원 세대의 청년기 진입 시 1인당 국민 총소득(GNI) 변화 • 78
[그림 4-4] 88만원 세대의 현실 • 79
[그림 4-5] 88만원 세대를 바라보는 미디어의 시각 변화 • 81
[그림 4-6] 88만원 세대의 현실을 다룬 서적 • 83
[그림 4-7] 88만원 세대의 정치적 패러디 • 89
[그림 4-8] 허언증 갤러리의 게시글 • 90
[그림 4-9] 금수저, 흙수저 빙고 게임 • 91
[그림 4-10] 연차 및 휴가 사용과 휴일 근무에 대한 세대별 인식 차이 • 92
[그림 4-11] 세대별 직장 생활 관련 가치관 차이 • 97
[그림 4-12] 세대별 직장 내 회식 문화에 대한 인식 차이 • 105
[그림 5-1] 오렌지족을 비판하는 1990년대 TV 뉴스 • 123
[그림 5-2] X세대의 삶의 궤적 • 125
[그림 5-3] 한국 1인당 실질 국내총생산 • 128
[그림 5-4] 드라마 〈응답하라 1988〉(2015) 중 PC통신 에피소드 • 133
[그림 5-5] 다음(Daum) 한메일 서비스 • 136
[그림 5-6] 〈SBS스페셜〉 "아저씨, 어쩌다 보니 개저씨"(2016. 03. 13.) • 139
[그림 5-7] 영화 〈비트〉(1997)와 〈접속〉(1997) • 151
[그림 5-8] 드라마 〈내 이름은 김삼순〉(2005)과 〈신사의 품격〉(2012) • 152
[그림 5-9] 30대의 고두심과 40대의 김혜자 • 153
[그림 5-10] 30대의 김혜수와 40대의 엄정화 • 153
[그림 5-11] 다양한 배역을 맡은 김혜수 • 154

[그림 5-12] 영화 〈건축학개론〉(2012)과 드라마 〈응답하라 1994〉(2013) • 155
[그림 6-1] 베이비붐 세대의 삶의 궤적 • 169
[그림 6-2] 2015년 서울 베이비붐 세대 가계 수지 상태 • 184
[그림 6-3] 은퇴에 적정 연령은 없다는 데 대한 세대별 의견 • 186
[그림 7-1] 산업화 세대의 삶의 궤적 • 202
[그림 7-2] 영화 〈국제시장〉(2014)과 〈수상한 그녀〉(2014) • 211
[그림 7-3] 2015년도 한국의 노인 빈곤 실태 • 216
[그림 7-4] 어린이 분야 인권 관련 서적 • 226
[그림 7-5] 예비 노년층의 노후 준비에 대한 관심을 보여주는 서적 • 236
[그림 A-1] 6·25 전쟁 피난민 행렬과 전쟁고아 • 246
[그림 A-2] 한국전쟁 이후 빈곤한 생활상 • 248
[그림 A-3] 박단마 쇼와 센츄리 쇼 • 250
[그림 A-4] 4·19 혁명 시위대와 『Life』에 실린 4·19 혁명 관련 기사 • 252
[그림 A-5] 5·16 군사정변 당시 기사 • 253
[그림 A-6] 열악한 노동 환경에서 근무하는 여성들 • 254
[그림 A-7] 6·3 항쟁과 그 이후 계엄령 관련 기사 • 255
[그림 A-8] 베트남 전쟁에 파병된 군인들 • 256
[그림 A-9] 1세대 여배우 트로이카(문희, 남정임, 윤정희) • 258
[그림 A-10] 1980년 5·18 광주 민주화 운동 • 261
[그림 A-11] 1987년 6월 민주항쟁 • 262
[그림 A-12] KBS 〈누가 이 사람을 모르시나요〉(1983)와 1985년 이산가족 방문단 • 263
[그림 A-13] 서울의 대표적인 '중산층 타운'이 된 목동 아파트 단지와 중산층 신화 • 266
[그림 A-14] 1982년 출범한 6개 프로야구단 • 268
[그림 A-15] 프로야구 출범 경기에서 시구 중인 전두환 전 대통령 • 268
[그림 A-16] 1988년 서울 올림픽 • 269
[그림 A-17] 대한민국 최초 컬러 TV와 MBC 대학가요제 • 270
[그림 A-18] 김영삼 대통령 취임과 전두환 전 대통령 구속 • 272
[그림 A-19] 제1차 남북 정상회담 • 273
[그림 A-20] 전체 실업률과 청년 실업률 • 275

[그림 A-21] 가계 부채 및 가계 부채/처분 가능 소득 비율 추정 • 277
[그림 A-22] 하이텔 PC통신과 1990년대 한 초등학교의 컴퓨터 실습 시간 • 278
[그림 A-23] 1998년 유행한 PC게임, 〈스타크래프트1〉 • 279
[그림 A-24] 2002년 한일 월드컵 • 280
[그림 A-25] 서태지와 아이들(좌)과 박진영(우) • 281
[그림 A-26] 영화 〈쉬리〉(1999)와 〈투캅스〉(1993) • 282
[그림 A-27] 박근혜 대통령 탄핵 집회 • 286
[그림 A-28] 세월호 참사 사건 • 288
[그림 A-29] 싸이의 〈강남스타일〉(2012) 뮤직비디오 • 289

# 1부

# 세대:
# 경계와 구별 짓기

# 1장

# 세대를 둘러싼 그간의 이야기들

## 1. 세대란 무엇이며 어떻게 경계 지어지는가

### 세대 개념과 구분: 세대를 규정하는 네 가지 방식

'세대' 개념은 어떤 특정 집단의 존재를 전제로 하고 그와 다른 새로운 집단의 출현을 설명하거나, 같은 세대에 속하는 사람들이 갖는 공통점과 이들이 다른 세대에 속하는 사람들과 갖는 차이점을 설명하기 위해 고안된 것이다. 따라서 집단들 간의 '경계'를 기술하려는 목적으로 만들어진 이 개념은 우리가 세대를 이해하기 위해서는 필연적으로 동일한 세대 내의 유사성과 여러 세대들 간에 존재하는 이질성을 전제해야 한다는 점을 시사한다(Nash, 1978; Bengtson, Cutler, Mangen, & Marshall, 1985). 그리고 바로 이러한 유사성과 이질성의 문제 때문에, 어떤 기준으로 세대를 범주화하고 비교할 것인가와 같은 질문에 대한 답을 찾는 것이 모든 세대 연구에서 우선적으로 해결되어야 하는 과제가 된다.

그러나 '세대를 어떻게 구분할 것인가?'의 문제에 앞서 보다 근본적인 수준에서 '과연 그러한 구분이 가능한가?'의 문제가 세대 연구의 역사 안에서 중요한 화두로 논의되어왔다(최유정·최샛별, 2013). 세대를 일정한 간격으로 나눠 구분할 수 있다고 보는 학자들은 각각의 세대가 어떠한 역사적 시간 속에서 교체되는지를 밝히려는 실증주의적인 관점하에 연대기적 시간을 특정한 간격으로 끊는 방식을 통해 세대를 구분했다(Marías, 1974). 그러나 이와는 달리, 다른 일부 학자는 세대를 일정 간격으로 구분할 수 있다는 생각 자체가 매우 상상적이고 허구적이라고 반박하면서 동시대에 살고 있는 사람들이라고 할지라도 각각의 개인이 머물러 있는 주관적 혹은 내면적인 시간이 다르기 때문에 기계적인 세대 구분은 불가능하다고 주장했다(Mannheim, 1952; Sorokin, 1962).

하지만 세대를 연대기적인 시간 구분에 따라 범주화하든 주관적 또는 내면적 시간을 근거로 경계 짓든지 간에 세대라는 것이 공통점과 차이점을 전제로 한다는 점에서 각각의 세대를 구분 지음에 있어 어느 정도의 '임의성'은 불가피하다(Spitzer, 1973). 경험적인 연구 차원에서 각 세대를 설명하고 또 비교하는 작업을 수행하기 위해서는 어떤 방식을 통해서든 '어떻게 세대를 구분할 것인가'의 문제를 해결해야만 하고 이 구분은 세대를 연구하는 연구자가 세대 개념을 어떻게 규정하느냐에 따라 많은 부분 달라지는 측면이 있다.

사회과학 분야에서 세대를 규정하는 방식으로는 크게 다음의 네 가지를 꼽을 수 있다(Kertzer, 1983). 첫 번째는 세대를 조부모와 부모, 자녀와 같이 친족 계보에서 같은 항렬에 속하는 사람들이란 의미로 보는 경우이다. 이러한 규정 방식에 따를 경우 세대는 '가계 계승의 원리'로 이해될 수 있으며, 이러한 세대 개념을 가지고 연구를 진행할 때는 가족 내에서 개인이 성장하면서 어떠한 사회심리학적 발달 과정을 거치느냐의 문제와 항렬에 따른 차이, 즉 부모-자녀 간 차이를 살펴보는 것이 연구의 주요 관심사가 된다(Bengtson, 1975; Acock, 1984).

두 번째 규정 방식은 세대를 비슷한 시기에 태어나 특정한 기간에 중요한 사건들을 공통적으로 경험한 사람들로 이루어진 '코호트cohort'로 이해하는 것이다. 칼 만하임(Karl Manheim, 1952)에 의해 강조된 코호트적 의미의 세대 개념은 개인이 (청)소년기에 경험한 사건들이 쌓이면서 이후 이들 집단을 구분하는 중요한 심리적 속성이 된다는 것을 전제로 한다. 이러한 코호트적 의미의 세대 구분은 각 세대가 차별적으로 보유한 가치관, 생활양식 등을 연구하는 데 주로 사용된다. 가령, 청소년기에 '전쟁'을 경험한 사람들은 그렇지 않은 사람들에 비해 국가 안보나 안전에 대한 의식 정도가 높다는 것이나, 어린 시절부터 컴퓨터나 인터넷에 친숙한 삶을 살았던 사람들은 그렇지 않은 사람들에 비해 정보화 기기를 활용한 생활양식을 더 많이 향유한다는 등의 사실이 그 예가 된다 할 수 있다.

세 번째는 세대를 '생애 주기상 동일한 단계에 있는 사람들'이자, 인간의 발달 과정에서 동일한 과제에 마주한 '과제 동질적 집단'(Acock, 1984)으로 보는 것이다. 이때의 과제는 학령기나 결혼적령기, 은퇴기 등의 용어를 통해 가늠해볼 수 있듯 학업이나 결혼, 은퇴 등 비슷한 나이대에 있는 모든 사람에게 공통적으로 주어지는 과업을 의미한다. 일생에 걸쳐 그 특성이 지속되는 코호트적 의미의 세대 개념과 달리, 여기서의 세대는 연령 효과age effect에 초점이 맞추어져 있기 때문에 특정 연령대를 지나치면 이들 세대가 갖는 특성은 사라지게 된다.

세대를 규정하는 마지막 관점은, 특정한 역사적 시기에 생존한 사람들로 보는 역사학계의 세대 관점이다. 가령, 조선시대에 살았던 사람들이나 일제강점기에 살았던 사람들을 각각의 세대로 보는 것을 그 예로 들 수 있다. 이 같은 규정 방식에 따른 세대 구분은 하나의 세대를 규정하는 역사적 시간이 상대적으로 매우 길기 때문에 코호트적 의미의 세대나 생애 주기 과정에 따른 세대와 달리 여러 세대 간 특성을 비교하는 경험적 연구를 수행하기에는 한계가 있다.

세대의 구분은 이상에서 설명한 규정 방법들 중 어느 것을 사용하느냐에 좌우된다. 친족 관계와 관련된 첫 번째 방법을 사용할 경우 가족 내에 존재하는 항렬 체계가 세대를 구분하는 기준이 되고, 코호트 개념을 근거로 할 경우에는 나름의 문제의식을 가지고 사물과 사건을 대하는 능력이 생기는 청소년기에 경험한 역사적 사건이나 사회 변화 등을 토대로 세대를 구분하는 것이 일반적이다. 그리고 세대를 '과제 동질적 집단'으로 볼 경우에는 사회심리학적 발달 과정에 따른 분류법이 적용된다. 한편 역사학계에서 사용하는 방법에 따르게 되면 세대는 특정한 역사적 사건을 기준으로 그 사건을 경험한 세대와 경험하지 않은 세대로 구분된다.

그런데 이때 동일한 출생 코호트에 속한 사람들은 필연적으로 인간의 발달단계상 같은 단계에 있고 사회적으로 중요한 경험들 역시 공유하기 때문에, 사회심리학적 발달 과정에 따른 세대의 구분은 코호트에 따른 세대 구분과 일정 부분 겹칠 수밖에 없다. 하나의 역사적 사건을 기준으로 세대를 나누는 역사학계의 세대 구분을 따른다고 해도, 역시 여러 코호트를 포함하는 통합적인 세대 범주가 된다. 종합해보면, 친족 계보와 관련한 첫 번째 세대 개념을 제외한 나머지 세대 개념들에서는 모두 연령을 기준으로 하는 세대 범주가 가장 기본적인 세대 구분의 기준이 되는 셈이다. 지금까지 대체로 일정한 시간 간격을 기준으로 세대를 구분하고, 이들 각 세대별 차이를 실증적으로 규명하려고 했던 한국의 세대 관련 연구들은 이러한 세대 규정 방식의 큰 틀을 직간접적으로 사용하고 있다.

먼저, 세대 연구의 초기부터 오늘날까지 세대와 관련된 논의의 커다란 흐름을 형성하고 있는 것은 세대를 기성세대와 젊은 세대의 이분법적 형태로 구분하고 각 세대의 역사적 경험과 그로부터 형성된 세대 차이를 살펴보는 것이다. 이러한 구분을 사용한 연구들은 두 세대가 차별적으로 가지고 있는 세대 경험에 주목한다는 점에서 부분적으로는 코호트적 세대 개념을 사용하기도 하나, 실질적으로는 '사회의 계승'이라는 맥락에서 두 세대의 연속과 단절의 문제, 즉 기성세대에서 젊은 세대로 전승된 것과 전승되지 않은 것에 관한 문제를 다루는 것 같은 느낌을 준다. 이러한 이분법적 세대 구분은 특히 '신세대'라는 신조어가 등장했던 1990년대 초에 크게 증가해, 많은 연구가 40대를 기준으로 그 이상의 연령대를 기성세대로, 그 이하의 연령대를 젊은 세대로 대비시켜 이들의 특징을 살펴보았다(한국사회학회 편, 1990; 한완상, 1991; 박재흥, 1995; 임희섭, 1996).

세대 연구가 본격화되기 시작한 1980년대 무렵부터는 코호트적 세대 개념을 사용해 보다 세분화된 범주를 도출해내는 방식이 사회과학적인 세대 구분의 보편적 접근법으로 자리 잡았다(오찬호, 2009). 신세대나 민주화 세대, 베이비붐 세대 등 특정한 세대만을 다루는 경우를 제외한 세대 관련 연구들은 대체로 '압축적 근대화'로 요약되는 한국의 급격한 사회 변동 속도를 고려해 10년 단위로 세대를 구분해서 다양한 코호트들 간의 비교를 시도했다. 구체적으로 10대와 20대, 30대 등 다소 기계적으로 연령 집단을 구분하는 방식(이내영, 2010)과 태어난 시점을 기준으로 10년 단위로 세대를 나누어 이해하면서 각 세대의 성격을 살펴보는 방식(황상민·양진영, 2002; 강원택, 2009; 정진민, 2012)이 공존했다. 특히 태어난 시점에 주목하는 연구들은 세대를 민주화 세대 이전과 이후로 구분해 비교하거나(강원택, 2009; 정진민, 2012), 1950년대부터 1980년대까지 해당 시점에 출생한 개인들이 청소년기에 경험한 시대적 배경을 기준으로 세대를 명명하고, 각각의 특징이나 이들 세대에 대한 사회적 평가를 밝히려는 다양한 시도를 보여주었다(황상민, 1999; 황상민·양진영, 2002; 정진민, 2012). 그러나 다양한 시도에도 불구하고 기존 연구들은 연구자에 따라 세대를 구분하는 시점에 차이를 보여, 명확한 세대 구분의 기준점과 그 기준점에 근거해 도출된 각 세대의 특성에 대한 충분한 학문적 공감대가 형성되어 있다고 보기는 어렵다는 한계를 갖는다.

### 세대 문제를 바라보는 또 하나의 시각: 상징적 경계와 구별 짓기

코호트 개념으로 세대 연구에 가장 큰 학문적 영향을 미친 만하임은 세대를 '세대 위치generation location', '실제 세대generation as an actuality', '세대 단위generation unit'의 세 수준으로 구분한다. 세대 위치는 세대 의식이 결여된 상태에서 그러한 의식을 공유할 수 있는 조건을 갖추고 있는 잠재적 상황을 의미하고, 실제 세대는 그 의식을 통해 일종의 세대 공동체를 만들어가는, 혹은 이미 공동체화 되어 있는 대중을 지칭한다. 즉 세대 위치는 마르크스Karl Marx의 즉자적 계급 개념과 마찬가지로 잠재력만을 가지고 있어서, 세대 위치를 공유한 사람들이 상호 구체적 연대감을 공유할 때 비로소 실제 세대로 발전되는 것이다. 또한 세대 단위는 이렇게 형성된 실제 세대 내의 보다 강고한 연대를 갖는 분파이다(Mannheim, 1952: 302-304).

그렇기 때문에 만하임은 세대가 '공통의 의미 지평common horizon of meaning'을 공유하고 있는 집단(Marshall, 1983; Esler, 1984; Eyerman &

Turner, 1998; Giesen, 2004)이긴 하지만 공통의 의미 지평을 지녔다고 해서 항상 같은 세대가 되는 것은 아니며, 동일한 역사적·문화적 권역에서 태어난 사람들이 공동의 운명체로서 구체적인 연대감을 가질 때 '실제 세대generation as an actuality'가 될 수 있다고 주장했다(Mannheim, 1952: 303). 이는 세대가 사회적, 그리고 역사적 과정에서 공통적인 위치를 점하며 특정한 사건·사고를 경험한 것에 대한 반응으로 공통의 '정체성'과 '유대감'을 형성할 때 성립된다는 것을 뜻한다. 이렇게 세대의 구성 요건으로 개인의 몸속에 체화된 연대 의식과 동질감을 전제할 때, 세대는 단순히 명목적 또는 분석적 범주가 아닌 그들을 사회 변동의 주체로 부르는 보다 실질적인 개념이 될 수 있다.

전상진(2004)은 이 같은 만하임의 논의를 수용해 특정 코호트를 하나의 세대로 규정하기 위한 조건으로 이들이 집합적인 수준의 행위자로 정치 영역과 같은 공적인 영역에 등장해야 하며, 동시에 고유의 세대 의식을 발전시키고 또 공유하고 있어야 한다는 사실을 명확히 했다. 이에 더해 박재흥(2009) 역시 '고유의 세대 의식'을 "세대를 묶는 공유된 개념과 가치"(Esler, 1984)라는 포괄적인 의미와, "유사성을 기반으로 성립되는 소속감이나 동류의식"(Rintala, 1974), "공동운명체로서의 연대감과 이해관계"(Mannheim, 1952; Marshall, 1983)의 세 차원으로 나누고 다소 제한적일 수 있는 세 번째를 제외한 나머지 두 차원을 세대의 현실적인 성립 조건으로 논의했다. 이때 첫 번째 수준은 세대 구분의 기준으로 바로 적용하기에는 너무 방대한 내용을 담고 있는 반면, 두 번째 수준인 '공통의 역사적 경험에 의해 배태된 정체성과 소속감' 등은 세대의 기준으로 충분히 활용할 수 있다고 판단된다.

그러나 세대를 구분하는 기준으로서 세대 의식에 중점을 두고 실제로 사회의 구성원들이 그들 자신의 세대를 어떤 세대와 동일시하며 소속감을 갖는지, 또 그러한 과정에서 세대 간에 형성되어 있는 경계가 어떻게 구체화되어 나타나고 있는지를 탐구한 연구는 쉽게 찾아보기 어렵다. 질적인 연구 방법을 사용해 세대별 특성과, 각각의 세대가 서로에 대해 어떻게 생각하고 있는지를 탐색한 박재흥(1992; 1999)의 연구 정도가 있을 뿐 경험 조사 자료를 바탕으로 통계 분석 기법을 사용해 사람들의 일상적인 의식으로부터 세대 구분의 근거를 확인해보려고 한 연구는 더욱 드문 실정이다. 만하임의 코호트 개념을 중심으로 세대를 구분한 선행 연구들조차도 외부자적인 입장에서 각각의 세대를 규정하고 있을 뿐이다. 이 같은 상황의 배경에는, 부분적으로 한동안 세대 명칭과 세대 논의의 홍수라고 할 정도로 학계 이외에도 정치권이나 마케팅 분야, 미디어 등이 앞장서서 우리 사회에 존재하는 세대 논의를 생성하고 확산시켜왔다는 사실이 존재한다. 특정한 이해관계를 가진 집단이 그들의 입장에 서서 세대 차이를 강조하고 세대별 특성을 일반화하다 보니 실제로 일반 사람들이 어떻게 자신과 타 세대를 규정하고 이해하는가의 문제는 상대적으로 부차적인 문제로 치부되었던 것이다.

사실상 세대는 '나와 너', '우리와 그들'로 규정지어지는 '관계적'인 개념이며, 세대 갈등은 개인의 내적 정체성을 고려하지 않고는 설명할 수 없는 매우 주관적 차원의 문제이다. '구세대'가 없이는 '신세대'를 논할 수 없고, 아무리 외부에서 세대를 다양하게 범주화한다 하더라도 각기 다른 세대로 이름 붙여진 개인들이 나와 다른 세대를 마주할 때 아무런 내적 동요를 느끼지 못한다면 갈등은 일어나지 않을 것이기 때문이다. 만하임의 코호트 개념을 중심으로 세대 연구를 진행해온 기존의 연구들이 크게 간과해온 부분이자, 후속 연구들에서 중요하게 다뤄져야 할 부분을 여기서 찾을 수 있다. 그것은 바로 세대 구성원들끼리 실질적인 '연대감'을 가져야만 이들을 진짜 하나의 세대로 구분할 수 있다는 것,

즉 실제로 다른 사람들 또는 학자들에 의해 하나의 세대라 분류되는 사람들이 그들 스스로를 해당 세대라고, 동질적인 집단이라고 인지하는지 분석의 대상이 되는 각 세대의 주관적 의식 측면을 강조해야 한다는 점이다.

한국 사회를 살아가는 많은 개개인이 갖는 세대 구성원으로서의 정체성은 상대적이며 타 세대와의 상호작용을 통해 형성된다. 분석을 위해 어쩔 수 없이 인위적으로 세대를 구분하고는 있지만, 세대는 분절적 개념이 아니라 매우 연속적인 개념이다. 개인이 스스로를 젊은 세대라고 인식하는지 아니면 기성세대라고 인식하는지에 따라, 혹은 나의 세대 정체성을 민주화 세대로 규정하는지 아니면 X세대로 규정하는지에 따라 타인과 느끼는 세대 연대감 정도는 달라지게 되고, 다른 세대를 바라볼 때의 관점과 시각 역시 달라지게 된다.

세대에 대한 이러한 관점을 염두에 둘 때, 세대를 바라보는 또 하나의 시각으로 주목할 만한 것이 바로 '경계boundary'와 '구별 짓기distinction'의 개념이다. 문화사회학 분야에서 큰 중심축을 이뤄온 이 두 가지 개념은 세대라는 사회적 실재가 형성됨에 있어 개인의 인지와 타인과의 상호작용이 핵심적인 역할을 수행한다는 것을 보여주며, 각 세대가 '우리'와 '그들' 간 차이와 경계를 어떻게 적극적으로 구분 짓는지를 잘 드러내준다.

경계라는 개념은 인지, 사회·집단 정체성, 센서스 범주, 문화 자본, 문화적 자격cultural membership, 인종·민족, 과학적 논쟁, 집단 권익, 이미지, 정치 분쟁 등의 수많은 영역의 수많은 주제와 접합되면서 그 영향력을 넓혀왔다(최샛별, 2006; Lamont & Molnar, 2002: 167). 사실상 경계는 사회를 연구하는 것과 불가분의 관계에 있는 개념이다. 사회는 특징적인 생활양식, 사상, 제도 등을 가진 다양한 집단으로 이루어져 있으며, 이처럼 차이가 있는 곳에서는 그 차이를 표시하는 경계가 있기 마련이기 때문이다. 경계의 개념은 크게 사회적 경계와 상징적 경계의 두 가지로 구분될 수 있는데, 이 중 상징적 경계는 행위자들이 사물들, 사람들, 일상적 행위들, 더 나아가 시간과 공간까지도 범주화하는 데 사용하는 개념적 구분이다(Lamont & Molnar, 2002: 168). 이 용어는 분류 체계들의 내부적인 구분, 좀 더 구체적으로 말하면 시간적, 공간적, 그리고 시각적 인지 구분cognitive distinctions을 의미하는 것으로 사용된다(Zerubavel, 1997; Wagner-Pacifici, 2000). 그렇기 때문에 상징적 경계는 특정한 사람·집단·사물을 포함하고 규정하는 동시에 그 외의 것들을 배제하는 속성을 가진다(Epstein, 1992: 23). 이러한 구별은 터부taboo와 같은 규범적인 금지, 문화적 태도와 실천, 그리고 좀 더 일반적으로는 선호와 혐오의 유형을 통해서 나타날 수 있으며, 소속성과 유사성의 감정을 발생시킨다. 또한 상징적 경계는 다방면의 사회적 현상, 제도, 지위에 근본적인 관계적 과정이 작동되고 있음을 시사한다는 점에서 사회적 과정, 특히 관계성의 측면을 잘 포착하게 해주는 가장 좋은 수단으로 평가된다(Somers, 1994; Emirbater, 1997).

한편 사회적 경계란 사회적 차이가 객관화된 것으로, 현실에서는 물질적 또는 비물질적인 자원이나 사회적 기회에 대한 접근성, 혹은 분배 등에 있어서의 불평등으로 재현된다. 또한 혼인이나 친교 같은 관계적인 결합들의 안정적인 행동 유형에서 잘 드러난다. 인과관계적 차원에서, 상징적 경계는 사회적 경계가 존재하기 위한 필요조건이지만 충분조건은 아니다(Lamont, 1992). 상징적 경계에 대한 사람들의 합의가 폭넓게 확장되면 강제적 성격을 띠게 되고 사회적 상호작용에도 영향을 미칠 수 있다. 그때서야 비로소 사회적 배제, 계급적·인종적 차별 등의 사회적으로 확인할 수 있는 형태의 사회적 경계가 되기 때문이다(Massey &

Denton, 1993; Stinchcombe, 1995; Logan, Alba, & Leung, 1996).

그러나 상징적 경계와 사회적 경계는 모두 실재하는 것이다. 단지 상징적 경계는 간주관적 수준에서 존재하며, 후자는 개인들로 구성된 집단들의 배치라는 형태로 현시된다는 차이가 있을 뿐이다. 여기에서 사회학적으로 중요한 것은 개념적 구분, 해석적 전략, 문화적 전통과 같은 상징적 자원들이 계급, 성별, 인종, 지리적 불평등, 세대와 같은 '사회적 차이'를 창조·유지·문제화·약화시키는 중요한 역할을 담당한다는 점이다. 개개인과 집단들은 상징적 자원을 도구로 현실을 정의 내리는 것에 대해 투쟁하고 또 동의해나간다. 이는 결국 상징적인 경계가 사람들이 지위를 획득하고 자원을 독점할 수 있도록 해주는 핵심적인 매개체의 역할을 한다는 것을 의미한다. 따라서 상징적 경계를 연구하게 되면 범주화의 대안적 체계와 원칙들을 만들어내고, 확산시키고, 제도화하기 위한 집단들의 경쟁 등과 같은 사회적 경계들의 역동적인 측면을 파악할 수 있다.

라몽과 푸르니에(Lamont & Fournier, 1992)에 따르면, 상징적 경계와 그들의 기원을 개념화하기 위해서 사회학자들은 문화적 삶의 주요한 세 차원인 인지적 차원과 의사소통적 차원, 그리고 정치적 차원을 바탕으로 하는 세 가지 접근법을 사용해왔다. 물론 이 세 가지 차원의 접근법은 배타적인 것이 아니다. 단지 경계, 경계선, 상징적 경계 등의 비슷한 개념을 공유하는 방대한 연구들 중에서 사회적 경계와 상징적 경계 간의 역동을 다루는 연구들을 보다 체계적으로 정리하기 위한 구분일 뿐이다. 각각의 차원은 상징적 경계와 사회적 경계 사이의 역동 중 어떤 부분을 더 강조하는지를 중심으로 구분된다. 인지적 차원에서의 접근법은 상징적 경계가 인지적 도구로서 사람들의 사고 속에 자리 잡고 있다는 측면을 강조하는 입장이다. 여기에서는 상징적 경계가 사회적 경계

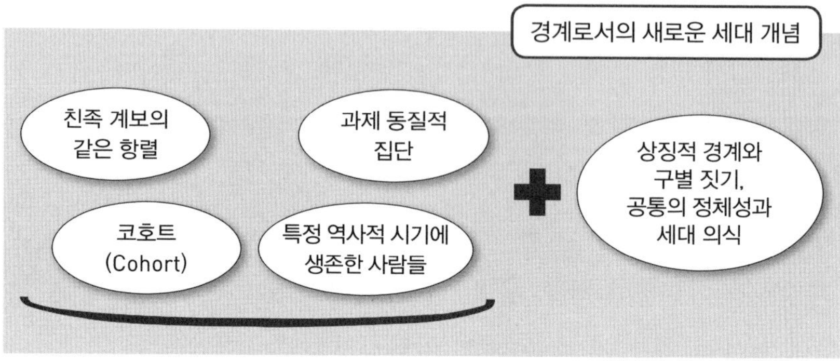


[그림 1-1] 세대를 규정하는 네 가지 방식과 경계로서의 새로운 세대 개념

로 변화하기 위한 원동력으로 사람들의 머릿속에 위치한 개념적 구분에 초점을 맞춘다. 의사소통적 차원에서의 접근법은 상징적 경계가 다른 사람들과의 상호작용을 통해서 사회적 경계로 변화되어가는 과정에 관심을 갖는 연구들이라 할 수 있다. 마지막으로 정치적 차원에서의 접근법은 보다 거시적인 수준에서 지배와 정당화의 도구로서 상징적 경계가 사용된다는 점에 중점을 둔다. 정치적 차원의 접근법에서 사회적 경계는 주로 계급이 상정되며, 상징적인 경계가 계급이라는 사회적 경계와 조응함으로써 사회 전반에 이데올로기적인 힘을 갖는다는 것에 강조점을 둔다.[1]

마르셀 모스(Marcel Mauss, 1969)는 사회적 생활의 주요 영역은 기본적으로 '차이들'의 영역이며, 집단들과 사회 사이에 경계와 차이는 언제나 존재했고, 앞으로도 존재할 것이라고 단언한다. 라몽과 푸르니에(Lamont & Fournier, 1992) 역시 상징적 경계에 대한 연구들을 엮은 책의 머리말을 "만약에 문화사회학자들이 동의할 수 있는 근본적인

1 상징적 경계의 각 차원에 대한 보다 자세한 설명은 최샛별(2006)을 참고할 것.

전제가 있다면, 그것은 인류는 '그들의 관습과 믿음과 제도에 의해 구별되는' 사회적 집단으로 구성되어진다는 것"이라는 문장으로 시작하고 있다. 이와 같이 경계와 차이, 그리고 이를 통한 구별 짓기는 서로 분리될 수 없는 개념이다.

구별 짓기라는 용어는 '21세기의 가장 위대한 사회과학자'라는 수식어가 어울리는 프랑스의 사회학자 피에르 부르디외Pierre Bourdieu에 의해 널리 알려지게 되었다. 문화 관련 논의에 있어 가장 영향력 있는 그의 저서 『구별 짓기Distinction: 문화와 취향의 사회학』(1984[1979])에서 부르디외는 1960년대 프랑스 파리에 거주하는 시민들을 대상으로 수행한 설문 조사 결과를 토대로 문화 예술에 대한 취향과 참여를 포괄한 문화 생활 및 의식주 영역에서 드러나는 취향, 스포츠 참여, 대인관계 등 일상의 모든 영역에 있어서의 계급이라는 사회적 경계를 재생산해내는 각 계급의 구별 짓기의 전략을 포착해냈다. 프랑스 사회의 상층 계급, 중층 계급, 그리고 하층 계급의 취향에 대한 상세한 조사와 그에 대한 날카로운 분석을 통해, 부르디외는 선호와 참여의 형태로 드러나는 개인의 취향이 선천적으로 타고나는 '개인적인' 것이 아니라 개인의 출신 계급에 따라 가정과 학교에서 상이하게 진행되는 사회화의 과정에서 각기 다르게 경험되고 획득되는 '사회적인' 것임을 주장했다. 부르디외 이후 전 세계적으로 계급별 구별 짓기의 형태와 전략에 대한 연구가 진행되었으며, 점차 성, 연령, 인종 등 다양한 사회적 경계에 대한 연구로 확장되었다. 결국 '구별 짓기'는 경계를 구성하고 재생산하고자 하는 인간의 욕구와 그 실천을 지칭하는 개념이라고 할 수 있다.

이에 이 책에서는 전술한 '경계'와 '구별 짓기'의 개념을 활용해 세대를 둘러싼 논의들의 역동성과 현장성을 포착해내려고 한다. 그간 다양한 생활 영역에서 나타나는 한국인의 문화적 취향을 살펴보고, 이를 통해 한국 사회의 문화적 지형을 그려보고자 했던 기존의 많은 연구에서 '세대'는 '계급'과 더불어 한국 사회를 가르는 주요한 '축'이자 '경계'임이 반복적으로 확인되어왔다(김수정·이명진·최샛별, 2012; 2014; 최샛별·이명진, 2012; Choi, 2013). 한국 사회의 세대 현상을 분석하는 데 있어 상징적 경계와 사회적 경계의 개념을 적극적으로 받아들일 때, '외부에서 바라보는 세대'뿐만 아니라 '세대 내부에서 바라보는 세대'까지를 종합적으로 고려한 우리 사회의 진정한 세대론에 대한 완전한 그림을 그려볼 수 있을 것이다.

이 책은 상징적 경계와 구별 짓기라는 시각에서 한국인들이 세대에 대해 내면화하고 있는 '자기 인식' 차원에 주목한다. 그동안 세대에 대한 구분은 세대 문제를 연구하는 학자들의 시선에서 이루어져 왔으며, 사회 구성원들 스스로가 자신을 어떻게 명명하고 타 세대와의 관계 속에서 규정하는지에 주목한 연구는 극히 드물었다. 그러나 이 책에서는 각 연령대가 어떤 세대에 속하는지를 전문가적 입장에서만 분석하는 것이 아니라, 그들 스스로가 자신이 어떤 세대에 속한다고 생각하는지를 보다 구체적으로 제시하는 한편, 우리가 일상적으로 사용하는 젊은 세대와 낀 세대, 기성세대 등의 세대 개념을 어떤 식으로 이해하고 있는지, 마음속에 설정해두고 있는 세대의 경계는 무엇인지에 대한 이야기를 풀어내고자 한다. 또한 자신의 세대에 대한 자화상과 긍정적·부정적 특징들에 기반해 특정 세대를 '타자화'하고 자신의 세대를 그와 '구별' 짓는 방식에 대해서도 제시해보고자 한다.

그 기초 작업으로 그동안 각 세대를 중심으로 등장했던 세대론의 특성을 알아보고, 이러한 세대론에 대해 당사자들은 어떻게 인지하고 있으며 자신의 세대 정체성을 어떻게 형성하고 있는지, 또 이러한 정체성을 토대로 다른 세대와 자신 사이에 어떤 경계를 만들고 어떻게 구분 짓고 있는지를 면밀하게 살펴보고자 한다. 세대가 말하는 세대의 이야기는 그동안 우리가 알고 있던 세대 논의와 어떻게 같고, 또 다른지를 지금부터 살펴보도록 하자.

## 2. 한국 세대 연구의 역사를 조망하다

새로운 세대가 탄생하기까지 보통 30년이 걸린다는 일반적 논의와 달리, 지난 60년간 압축적 근대화로 요약되는 격변의 시기를 거쳐온 한국 사회는 약 10년 단위로 새로운 세대론이 만들어져왔다. '10년이면 강산이 변한다'라는 말처럼 우리 사회는 10년 간격으로 정치와 경제, 사회문화 분야에서 비약적인 변화를 경험해왔고, 이러한 변화는 그 시대에 청소년기를 보낸 각 세대의 정체성이 형성되는 데 중요한 영향을 미쳤다. 그리고 이처럼 각기 다른 세대론의 등장은 학계에서 진행된 세대 연구에 뚜렷하게 반영되어 있다. 이를 고려할 때, 1960년대부터 2000년대까지 시대별 사회구조상의 변화에 따른 세대 문제를 진단해온 한국 세대 연구의 역사를 조망하는 것은 한국의 세대사史를 이해하는 좋은 방법이 될 것이다.

한국 세대 연구의 역사를 살펴보면, [그림 1-2]와 같이 크게 세 단계를 거치며 변화해왔음을 알 수 있다. 가장 초기 연구라 할 수 있는 1960년대부터 1980년대까지의 연구들은 1950년대 절대빈곤기를 겪었던 당시의 기성세대들과 달리, 경제 발전으로 인한 경제적 안정기를 누렸던 젊은 세대들 간의 가치관 차이에 주목했으며, 이후 1990년대에 등장하기 시작한 연구들은 경제적 안정뿐만 아니라 민주화 운동을 통한 정치적

[그림 1-2] 한국 세대 연구의 역사

안정까지 이룬 1990년대 초에 새롭게 부상한 'X세대'에 초점을 맞춰 이들의 패션이나 소비 문화 등 새로운 라이프스타일에 집중하는 경향을 보였다. 그리고 가장 최근인 2000년대 이후의 연구들은, 다시금 정치와 경제 현실로 돌아와 각 세대가 당면한 문제들에 대한 분석을 진행해오고 있다. 이제, 이러한 큰 그림을 염두에 두고 시대별 세대 연구들을 좀 더 자세히 들여다보도록 하자.

1950년대 전후戰後 절대빈곤기 이후에 도래한 1960, 1970년대가 급속한 경제 성장과 사회 변동이 진행된 시기였던 만큼, 세대 연구 역시 이와 관련된 사회심리학적 차원에 집중되는 경향이 두드러졌다(박종홍, 1978; 손인수, 1978; 이수애, 1979). 특히 근대화 과정에서 발생한 전통과 근대, 전통과 서구의 대립이 세대 논의에서도 진행되었는데, 이는 기존의 사회 질서를 유지하려는 세대와 이에 도전하고 변화를 시도하는 세대, 즉 '신·구 세력'의 갈등을 중심으로 전개되었다. 이 시기까지의 세대 연구는, 분석 단위가 되는 세대를 '신세대'와 '기성세대'와 같이 이분법적으로 구분하는 것이 일반적이었다.

1980년대 또한 경제 발전의 격동기로서 사회 변화에 따른 가치관의 변화에 주목했다. 따라서 세대 간 갈등이 가장 극적으로 드러나는 영역인 기업(이경의, 1982; 김광억, 1986)이나 학교(신인수, 1984), 가족(한남제,

1989)에서 나타나는 세대 간 가치관이나 태도 차이가 관심의 대상이 되었다. 그러나 1980년대 연구들은 세대별 의식 차이를 사회구조적 변수들과 사회적 경험의 상호작용 속에서 이해하려는 방향으로 나아갔다는 점에서 이전의 연구들과 차이를 보인다. 또한 이때 이루어진 연구들은 세대 논의의 폭을 사회심리적 차원에서 사회구조로 확장함으로써 역사적 경험의 차이에 따른 코호트 구분을 세대 연구에 도입하는 계기가 되었다. 당시 연구들은 연령에 따라 경험이 달라지고, 10년 정도의 간격에 따른 경험의 차이가 명확한 구분점으로 작용할 것이라는 가정하에 연령집단을 기준으로 세대를 구분하기 시작했는데(임희섭, 1984; 김재은, 1987; 안청시·최일섭, 1987), 그렇게 도출된 세대 간의 차이는 공유된 사회 경험에서 오는 코호트 효과의 산물로 전제되었다.

세대에 따른 여러 행동 양식과 가치관을 한국 사회의 맥락 및 환경의 변화와 연계한 설명들은 이후에도 꾸준히 이어졌지만(나은영·민경환, 1998; 나은영·차재호, 1999; 한규석·신수진, 1999), 1990년대에는 '신인류의 탄생'이라 불린 신세대 열풍, 그리고 이에 기반한 기성세대에의 도전적인 화두들이 새롭게 세대 연구의 주제로 떠올랐다. 1993년을 전후해 서태지와 아이들, X세대, 신세대, 오렌지족 등과 같이 기존의 형식을 크게 파괴한 문화가 등장했고, 세대 역시 '문화적' 개념으로 채색되어갔다(홍덕률, 2003). 이로 인해 당시 세대 연구는 신세대들의 일상적인 하위문화 위주로 이루어졌으며(강내희·이성욱 편, 1994; 안영노, 1994; 주은우, 1994; 박재흥, 1995), 이들이 사이버 공간에서 만들어가는 독특한 문화, 그리고 주변 세대와의 격차로 인해 초래될 수 있는 세대 관계와 위계질서의 변화를 측정하려는 시도 또한 활발하게 이루어졌다(조동성, 1995; 박명진, 1996; 이인규, 1999; 최선희, 1999).

2000년대에 들어서면서 세대 논의의 중심이 가치관이나 문화에서 정치나 경제적 현실로 옮겨갔다. 한때 '붉은악마'를 필두로 한 월드컵 거리 응원 같은 문화 현상이 관심을 불러일으키기도 했으나(송호근, 2003), 제16대 대통령 선거에서의 노무현 대통령 당선, 탄핵 정국을 둘러싼 촛불 시위와 같은 정치적 이슈들이 부각됨에 따라 2000년대 초반 세대 연구의 흐름은 주로 정치에 집중되었다. 세대 간 정치적 견해 차이 및 소통의 문제, 나아가 세대별 정치적 주체로서의 실질적·잠재적 존재감을 측정하는 연구들이 다수 진행되었다(박길성, 2002; 정진민, 2002; 조대엽, 2002; 김정훈, 2003; 이동연, 2003; 온만금, 2004; 전상진, 2004; 홍성태, 2004; 박병영, 2006; 박명호, 2009; 배규한·이창호, 2009). 한편 지역주의 약화, 이념 분화 등과 맞물려 세대 정치의 시대로 나아갈 것이라 전망한 연구들도 있었는데(강원택, 2002; 이내영, 2002), 이들 연구들은 2002년 대선과 2004년 총선 전후의 여론 조사를 분석한 결과를 통해 지지를 얻었다(방정배·최세경, 2003; 설동훈, 2005; 이현출, 2005; 윤상철, 2009).

2000년대 중후반까지 이러한 흐름이 지속되면서 정치 이념을 측정하는 다양한 척도가 개발되었다. 이를 통해 보수-진보로 대별되는 세대 간의 차이를 확인하거나(설동훈, 2005), 정치적 주체로서 자유롭게 자기를 표현하는 젊은 세대들의 역량에 주목하는 연구들이 꾸준히 수행되었다(한덕웅·이경선, 2003). 그러나 한나라당이 30대를 제외한 전 연령대에서 고른 지지를 얻은 2007년 대선과 2008년 총선의 결과는 정치적 세대 담론의 약화라는 새로운 현실을 설명해야 하는 사회적 과제로 대두시켰다. 청년 실업 문제, 진보 정권에 대한 실망과 이로 인한 20대의 탈정치화, 실용화 경향(박재홍, 2009; 윤상철, 2009; 박명호, 2012; 정진민, 2012), 그리고 신세대와 386세대로 일컬어졌던 30대와 40대의 중도화, 보수화에 대한 여러 논의(서현진, 2008; 이갑윤, 2008; 이갑윤·이현우, 2008; 황아란, 2008; 박명호, 2009; 윤상철, 2009)는 그러한 현실을 학문적으로 설명하고

자 하는 시도들이었다.

쇠고기 파동과 관련한 대대적인 촛불 집회로 알 수 있는 젊은 세대의 정치적 특성과 세대 갈등 역시 중요하게 부상했던 의제 중 하나이다(박명호, 2009; 배규한·이창호, 2009; 오찬호, 2009; 윤상철, 2009; 전상진, 2009). 2011년 서울시장 보궐선거 이후에는 세대 관련 논의가 2040세대와 50대 이상의 대결 구도로 다루어졌으며 2040세대의 정치적 역할을 강조하는 논의가 활발해졌다(유창오, 2011; 김정훈, 2012; 박권일, 2012; 윤성이, 2012; 이광석, 2012; 전상진, 2012; 정철희, 2012). 이러한 연구는 386세대를 포함하는 2040세대가 능동적인 정치적 주체로서 진보적 가치를 지향하고, 네트워크를 통해 정치에 참여하고 있음을 보여주었다.

정치 영역과 더불어 경제 영역에서 드러나는 세대 문제에 대한 연구도 집적되고 있다. 오늘날 한국의 사회문제는 단연 '경제'라는 용어로 집약될 수 있으며 정치계와 경제계, 사회계와 문화계 모두 작금의 경제적 암흑기를 타계하려는 노력에 매진하고 있다. '한강의 기적'을 이룬 한국 사회에서 '경제 성장'과 '민생 안정'은 정치 영역에서 달성해야 할 주요 의제로 제시되어왔다. 1990년대 중반까지 우리나라는 해방 이후의 절대빈곤기를 국가 주도 경제 정책을 통해 극복했고, 산업화 과정을 거쳐 고도 성장기를 경험했다. 그러나 1990년대 중반 IMF 금융 위기 이후 시작된 경제적 불황은 현재까지 크고 작은 변화 속에 이어져 오고 있다. 이러한 상황에서 급격한 사회 변동으로 인한 가치관 차이에서 비롯되었던 과거의 세대 간 갈등 양상은 점차 경제적 자원을 둘러싼 양상으로 변화하게 되었다.

1990년대 세대 갈등에 관한 미디어 및 학계의 기사와 학술 자료들은 그 당시 청년 세대들의 새로운 생활양식과 정보화 능력 등에 초점을 맞추었다. 그러나 최근으로 오면서 미디어, 학계, 출판계 할 것 없이 경제를 핵심 키워드로 한 세대 간 갈등을 다룬 자료들을 쏟아내고 있다. 이러한 현상의 신호탄을 쏘아올린 것이 '88만원 세대론'(우석훈·박권일, 2007)으로 통칭되는 경제적 세대 담론의 부상이다. 신자유주의를 주창하는 경제 구조에서의 세대 간 일자리 경쟁의 심화, 그리고 월 소득 88만 원 이하의 비정규직에서 벗어날 수 없는 20대 청년들의 현실이 심각한 사회문제로 대두되며 세대 문제를 정치적 태도가 아닌 경제적 생존의 문제로 해석하는 연구들이 증가하기 시작했다(김대철, 2013; 김이배, 2013, 이혜정·우규창, 2013; 최기홍, 2013; 윤민재, 2014). 대학생을 중심으로 한 청년 세대에 대한 연구들은 이들이 처한 암울한 상황을 '기업의 노예'나 '믿을 것은 9급 공무원뿐'이라는 표현으로 나타내며(오찬호, 2015; 2016) 학업과 진학, 그리고 이성 관계보다는 취업을 고민하는 20대의 현실을 보여주었다. 이와 더불어 고령화 문제와 맞물린 고령층의 경제적 어려움이 조명받기 시작하면서는 이제 곧 예비 노인이 되는 베이비붐 세대의 노후와 재정 문제를 분석하고, 이들의 근로 생애사 및 은퇴 이후 삶의 질을 다룬 연구들이 지속적으로 등장하고 있다(박태정, 2013; 서미라·박상진, 2013; 신동균, 2013; 김은영, 2014; 김정미·엄기욱, 2014; 최원석·이진숙, 2014; 이미숙·김희섭·홍순구, 2015; 김은석, 2016). 모든 세대에게 '경제적 어려움'은 심각한 문제로 자리하게 되어 청년 세대는 3포·5포·7포 세대로 불리며 취업난과 주거난 등에 시달리고 있고, 중년 세대는 은퇴 후 재취업의 어려움을 겪고 있으며, 노인 세대는 고령화되어가는 사회에서 준비되지 않은 노후를 보내며 빈곤 상황에 직면해 있다. 2000년대 후반부터 현재까지 이어지고 있는 세대 간 전쟁, 특히 경제 문제를 둘러싼 학문적·사회적 논의들은 앞으로도 지속될 전망이다.

종합해보면, 지금까지의 세대 연구들은 특정 시기 두드러졌던 사회현상이나 구조적 변화를 토대로 그러한 변화가 극적으로 드러나는 어느 한 측면에 집중해왔음을 알 수 있다. 이와 같은 접근 방식은 세대 간 차이를 극명하게 드러낸다는 점에서 강점이 있지만 각 세대가 가지고 있는 정치·경제·문화 영역별 의식이나 생활상을 포괄적으로 보여주지 못한다는 점, 그리고 세대에 대한 관심과 방향이 특정 연령대를 가리키고 있다는 점은 한계로 남는다. 이에 이 책에서는 어느 한 세대와 영역에 국한된 논의를 펼치기보다는 전 세대와 전 영역을 아우르는 분석을 진행하고자 한다.

# 2장

## 세대의 경계, '우리'와 '당신들'의 이야기

### 1. 세대의 경계: 세대 명칭과 연령 범주

**세대 명칭의 선정**

세대론은 그 시대를 드러내는 거울이다.

– YTN 뉴스 중에서(2015. 08. 13.)

우리나라가 광복 70주년을 맞이했던 지난 2015년, 한 뉴스에서는 이를 기리기 위해 대한민국 역사에 등장한 다양한 세대를 조명했다(YTN, 2015. 08. 13.). 1945년에 태어난 '해방둥이'들과 6·25 전쟁 이후 궁핍한 환경에서 성장한 '베이비붐 세대', 학생운동사의 첫 세대로 자리매김한 '4·19세대'와 이후 민주화운동 세대라 불리게 된 '386세대', 1990년대 중반 386세대에 대항해 등장한 'X세대', 그리고 1980년대 이후 태어나 고용 불안에 시달리는 '88만원 세대'까지 격동적이었던 한국사의 특성을 고스란히 드러내는 세대 명칭을 대거 소개한 후, 이를 중심으로 한 각각의 세대론이 한편으로는 세대 간 갈등을 부추기기도 하고, 또 다른 한편으로는 화합과 연대를 촉구하기도 하면서 한국 사회의 각 시대를 비추는 거울로서의 역할을 톡톡히 해왔음을 보여주었다. 한국의 세대들에 부여된 '이름'은 결국 각 시대에 벌어진 주요 사건·사고의 장면들을 체화하고 있는 하나의 표상이자 상징이라는 점에서, 한국 세대론을 회고하는 작업은 새로운 대한민국이 시작한 날이기도 한 광복절을 기념하는 의미 있는 시도였다.

우리는 흔히 누군가를 만났을 때 그 사람의 출생 연도 혹은 나이를 물어 그가 속한 세대를 파악하거나, 특정 연령 집단에 부여된 세대 명칭을 통해 그 사람이 살아온 삶의 궤적을 어림짐작한다. 한국의 세대 문제를 연구해온 학자들 역시 해방 이후 한국 근현대사에 등장한 역사적 사건들을 토대로 세대의 경계를 설정하고 이름을 붙이되, 만하임의 세대 구분 논의를 받아들여 청소년기의 경험을 특히 중요하게 고려했다. 중요한 정치적·경제적·사회문화적 사건들로는 공통적으로 한국전쟁이나 유신체제, 3저 호황 및 IMF 경제 위기, 그리고 컴퓨터와 인터넷의 발달로 인한 정보화 사회의 도래 등을 제시했다. 가령, 박재흥(2003)은 일본 식민지 시절의 경험과 한국전쟁 때의 경험, 산업화와 정보화 경험, 그리고 사회운동 경험과 국내외 정치 상황에 기초해 세대를 전쟁체험·산업화 1세대, 민주화·산업화 2세대, 탈냉전·정보화 세대로 구분했고, 홍덕률(2003)은 한국 사회의 구조적 변동 과정이 산업화와 민주화, 정보화의 세 가지로 요약될 수 있다고 보고 한국의 세대를 산업화 세대와 민주화 세대, 그리고 정보화 세대로 구분했다. 이와 유사하게 함인희(2007)는 그간의 세대 구분에 대한 논의들을 토대로 한국 사회의 세대를 근대화·산업화 세대, 386·민주화 세대, 정보화·디지털 세대로 구분한 바 있다.

이 책 역시 세대를 구분하고 그 명칭을 부여함에 있어 기본적으로 지난 60여 년간 한국 사회에서 발생한 역사적 사건들을 중요하게 고려해 코호트적 관점을 견지하되, 각 세대의 연령 혹은 생애 주기에 따라 갖게 되는 특성을 고려했다. 세대명을 결정하기 위해 첫 번째 단계로 그 동안 각 세대에게 부여되었던 세대 명칭들을 조사하고 가장 대표적인 명칭을 선정했다. 두 번째 단계로 '상징적 경계와 구별 짓기'라는 시각에서 한국인들이 세대에 대해 내면화하고 있는 자기 인식 차원에 주목하고자 하는 이 책의 목적에 부합하도록, 질적 연구를 통해 이러한 세대 구분과 명칭의 적합성을 확인하는 절차를 거쳤다. 연령대별 집단들을 대상으로 한 초점집단면접FGI: Focus Group Interview과 심층면접에서 자신들이 속하는 세대 명칭과 타 세대의 명칭들에 대한 논의가 심도 있게 진행되었으며, 결과는 세대 명칭을 결정하는 최종 단계에서 가장 중요한 선정 요인으로 고려되었다. 마지막 단계로 기존의 논의에서 사용된 세대 명칭들 중 과연 어떤 명칭을 사용하는 것이 타당하고 적절한지를 판단하기 위해 이 책의 질문지 자료 분석 결과에서 도출한 각 세대의 특징과 연구 결과를 종합적으로 분석·판단한 근거로 각 세대의 명칭을 선정했다. 세대 명칭으로는 '88만원 세대', 'X세대', '베이비붐 세대', '산업화 세대'를 최종 확정했다. '산업화 세대'가 비교적 용이하게 선정된 반면 '베이비붐 세대', 'X세대', '88만원 세대'는 연구자의 입장에서 많은 고민이 있었다. 각 세대 명칭을 선정하는 데 있어서 고민했던 부분은 다음과 같다.

소위 X세대라고 불리는 세대가 탄생하기 이전까지, 각각의 세대는 주로 해당 세대가 주요하게 경험한 사건이나 한국 사회의 발전에 크게 기여했던 점을 바탕으로 이름 붙여졌다. 어린 시절 한국전쟁을 겪고 자라 성인이 된 이후 한국 경제 성장의 주역으로서 유례없는 산업화를 이끌었던 이들에게는 '전쟁체험 세대'와 '산업화 세대'라는 이름이, 유신체제와 군정 시기를 거치며 청소년기를 보낸 후 치열한 사회운동을 통해 한국 정치사의 발전을 가져온 이들에게는 '유신 세대'나 '민주화 세대'와 같은 아픔과 영광이 공존하는 이름이 부여되었다. '유신 세대'나 '민주화 세대' 혹은 '산업화 2세대'나 '386세대'라고도 불리는 연령층의 사람들은 이들이 전戰후 출산율이 급격하게 증가한 시기에 태어났다고 해 '베이비붐 세대'라고 불리기도 한다.

엄격하게 말해 '베이비붐 세대'라는 세대명은 인구학적 구조에 따른 세대 명칭으로 특정 세대의 공통적인 경험, 즉 코호트적 성향이 반영되기 어렵다는 비판의 여지를 가지고 있다. 그러나 한국의 베이비붐 세대는 그들이 태어난 시기적 특성상 매우 독특한 사회구조적·사회문화적 궤적을 밟아왔다는 점에서 코호트적 관점의 세대 명칭과 혼용되어 사용되기도 한다. 또한 코호트적인 관점에서는 분명한 차이가 있음에도 불구하고 이 책의 질문지 조사 결과 유사한 특징을 나타내고 면접 결과 타 세대로부터 현대 한국 사회의 기득권이자 기성세대를 대표하는 세대로 간주되고 있는 민주화 세대와 유신 세대를 한데 묶을 수 있는 명칭이기도 했다. 그리고 이들을 분석함에 있어서는, 기득권으로서 가장 많은 사회적 자원을 가졌으나 바로 그 점 때문에 윗세대와 아랫세대를 부양해야만 하는 아이러니한 상황에 처해 있는 이들 세대의 특수성에 대해 깊이 있는 이해를 도모할 수 있는 명칭이라고 판단했다.

한편 한국 사회의 정치와 경제 영역에서 이 같은 굵직한 안정화가 이루어진 후 도래하게 된 소비주의 시대의 젊은이들에게는 기존의 산업화 세대나 민주화 세대와는 모든 면에서 이질적이지만 개성이 강해 정의하기 어려운 세대라는 의미에서 'X세대'라는 모호한 이름이 부여되었다. 그러나 X세대가 등장한 시기로부터 20여 년이 지난 지금 이들 세대가 이룬 업적을 바탕으로 새로운 명칭을 붙여본다면, 이들이 현재 대중문화와 미디어 분야를 장악하고 있다는 점에서 '문화 세대'로 명명할 수 있다. 마지막까지 문화 세대와 X세대 사이에서 고민했으나 면접 결과 이 세대에 해당하는 사람들 스스로가 자신의 세대를 규정하는, 또한 타 세대가 이들 세대를 규정하는 데 가장 적합한 용어로 'X세대'를 선택해 이 책에서는 이 명칭을 사용하고자 한다.

또한 이 세대의 후배 세대라 할 수 있는 오늘날의 20·30대 청년들의 경우, 2000년대 초반 컴퓨터와 인터넷 사용에 익숙하다는 점에서 '네트워크 세대' 혹은 축약해서 'N세대'라고 불렸으나 이 책에서는 이들이 현재 처해 있는 상황에 근거해 '88만원 세대'라 부르고자 한다. 이들 세대를 다룬 장에서 보다 자세한 설명이 이루어지겠지만, 이러한 명칭은 이전에 X세대라는 명칭이 그러했듯이 아직 명확히 이룬 것이 없는 것처럼 보이는 이들 세대를 규정하기에 가장 적합한 명칭이라고 판단된다. 더욱이 각 세대 구성원들을 대상으로 수행한 인터뷰에서, 이 세대에 해당하는 사람들 스스로가 자신의 세대를 규정하는 가장 적합한 용어로 88만원 세대를 제시했다.

## 세대별 연령 범주

분석에 사용할 세대 명칭을 결정했다고 하더라도, 그 세대에 포함되는 연령 범주를 설정하는 더 어려운 작업이 남는다. '몇 살부터 몇 살까지를 각 세대에 포함시킬 것인가'에 관한 문제는 오랜 시간 세대 문제를 연구해온 학자들 사이에서도 아직 명확하게 합의되지 않은 부분이다. 기존의 연구들을 살펴보면, 세대를 10대, 20대, 30대처럼 10세 간격으로 기계적으로 끊어 분석하는 경우도 있고, 만하임의 논의에 따라 청소년기에 경험한 주요 정치·경제·문화적 사건을 기준으로 구분하는 경우

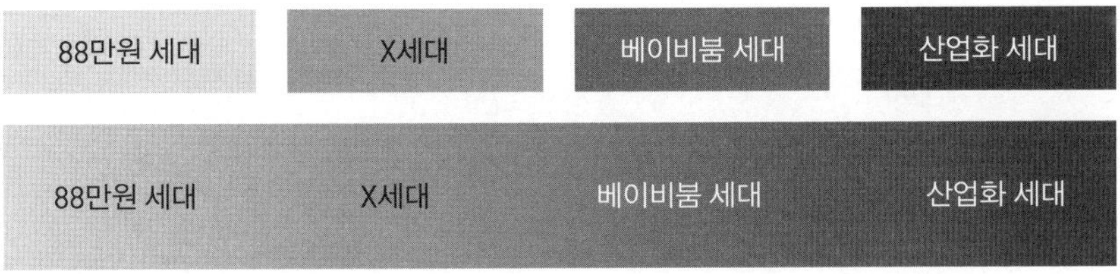


[그림 2-1] 한국 사회 세대의 스펙트럼

도 있으며, 한 세대만 특정해 분석할 때는 연구자마다 그 경계를 조금씩 다르게 설정하기도 한다. 달리 말해, 실증적인 분석을 위해 각 세대에 포함된 연령 범주를 명확하게 구분하는 것은 매우 어려운 일이다. 가령, 일반적으로 많이 사용되는 세대명인 X세대와 베이비붐 세대조차도 그 구분선을 정확하게 몇 년생부터 몇 년생까지로 볼 것인지 규정하는 것은 쉽지 않은 작업이다. 이는 세대와 세대를 가르는 '연령'이라는 경계의 구분선이 행정구역을 가르는 지리적인 구분처럼 분명하게 단절되어 있지 않기 때문이다. 특정 세대에서 그다음 세대로 넘어가는 중간 지점에는 이전 세대의 특성과 다음 세대의 특성을 부분적으로 체화하고 있는 '혼재된 세대' 혹은 '끼어 있는 세대'들이 존재한다. 우리의 일상에서, 그리고 사회적·학문적 논의 속에서 사용되는 세대 명칭과 세대론은 결국 분절되지 않고 흐르는 역사의 순간순간을 포착해낸 것이라는 점에서, 결국 한국 사회의 세대는 [그림 2-1]에서처럼 여러 세대의 색들로 단절 없이 채워져 있는 스펙트럼과 같은 형상을 띨 수밖에 없다.

이처럼 세대를 구체적인 연령 범주로 명확하게 구분하는 것은 어려운 일이지만 동시에 세대 연구를 위해 꼭 필요한 과정이기도 하다. 이 책에서는 최대한 객관적이고 타당한 구분선을 찾고자 다음과 같은 작업들을 수행했다. 먼저, 한국 사회의 세대 문제를 다룬 기존의 서적과 연구 논문들을 광범위하게 검색·검토해 한국 사회의 세대 구분을 제시한 문헌들

〈표 2-1〉 이 책에서 사용한 세대 구분

| 세대명 | 출생 연도 | 2016년 기준 연령 |
|---|---|---|
| 88만원 세대 | 1980～1992년생 | 25～37세 |
| X세대 | 1970～1979년생 | 38～47세 |
| 베이비붐 세대 | 1950～1969년생 | 48～67세 |
| 산업화 세대 | ～1949년생 | 68세 이상 |

을 선정했고, 이 중 정확하고 구체적인 연령 범주를 제시하지 않은 문헌들을 제외하고 총 11개 문헌을 최종 선정했다. 선정된 문헌들은 현재 생존하고 있는 세대를 광범위하게 포괄하는 6개 문헌(홍덕률, 2003; 박재흥, 2005; 2009; 김귀원, 2011; 노환희·송정민·강원택, 2013; 김병조·김수정·조성남, 2014)과 특정 세대를 다룬 5개 문헌(장윤정, 2000; 함인희, 2002; 김원동, 2010; 오세제, 2015; Lee & Huh, 2003)이다.

선정된 11개 문헌은 각 문헌이 제시한 세대 구분상의 공통점과 차이점을 분석하기 위해 출생 연도를 기준으로 하나의 표로 정리했으며, 그 결과는 〈표 2-1〉에 제시되어 있다.[1] 이를 기반으로 다양한 세대명과 연령 범주를 사용한 11개의 문헌에서 공통적으로 하나의 세대로 분류하고 있는 연령 범주, 즉 세대별로 반드시 들어가야 하는 핵심 연령 범주를 도출했다. 구체적으로, 88만원 세대 혹은 에코 세대라고 불리는 세대의 핵심 연령 범주는 1980년생부터 1992년생까지2016년 기준 25~37세가 포함되며, X세대 혹은 문화 세대라고 명명할 수 있는 세대의 핵심 연령 범주는 1970년생부터 1976년생까지2016년 기준 41~47세이다. 그리고 일반적으로 베이비붐 세대로 구분되는 세대의 핵심 연령 범주는 1955년생부터 1964년생까지2016년 기준 53~62세이며, 산업화 세대 혹은 전쟁체험 세대라

1 〈표 2-1〉의 연령은 본 연구의 인터뷰가 수행된 2016년의 연령을 기준으로 환산한 것이다.

부를 수 있는 이들의 핵심 연령 범주에는 1950년 이전 출생자2016년 기준 67세 이상가 해당된다. 추가적인 작업으로, 이상의 핵심 연령 범주에서 누락되는 연령이 없도록 연령 구분 기준을 조정했다. 이와 같은 절차를 거쳐 최종적으로 1980~1992년생2016년 기준 25~37세, 1970~1979년생2016년 기준 38~47세, 1950~1969년생2016년 기준 48~67세, 1949년 이전 출생자2016년 기준 68세 이상의 4개의 연령 집단으로 구분했다.

## 2. 조사 방법과 대상

### 광범위한 문헌 고찰

이 책에서는 산업화 세대부터 88만원 세대까지를 아우르는 한국 사회의 세대 스펙트럼에 대한 기본적인 이해와 기초적인 분석을 위해 다양한 분야와 영역의 문헌을 체계적으로 조사·정리하고 이를 심도 있게 고찰했다. 문헌 조사 대상으로는 세대를 주제로 다루는 국내외 서적, 국내외 학술 논문과 국내 언론 기사를 선정했다. 언론 기사는 학술적인 정교함과 객관성은 떨어지나 세대라는 이슈가 제기되었을 당시의 상황을 시의성 있게 보여줌으로써 그 시대상을 생생하게 살펴볼 수 있는 장점이 있다는 점에서 문헌 고찰 대상으로 선정했다. 국내외 학술 논문 대상에는 사회학 분야뿐만 아니라 경영학, 사회복지학, 심리학, 가족학 등 인접 분야의 학술지에 게재된 논문들도 포함했다.

검색된 국내 학술지 논문은 가족, 학교, 기업, 군대 등 분야별로 나누어 1990년 이후 나온 주요 학술지의 관련 논문, 저서, 학위 논문을 저자, 제목, 발행 연도, 출처, 주요 이론, 방법론, 분석 데이터, 데이터 파일의

〈표 2-2〉 선행 연구 세대 연구표

<table>
<tr><th>출생 연도</th><th>이 책의 세대 명칭과 연령 범주</th><th>이 책의 분석 설문지 자료 (2016)</th><th>김병조 김수정 조성남 (2014)</th><th>노환희 송정민 강원택 (2013)</th><th>김귀원 (2011)</th><th>박재흥 (2009)</th><th>박재흥 (2005)</th><th>홍덕률 (2003)</th><th>오세제 (2015)</th><th>김원동 (2010)</th><th>Lee&Huh (2003)</th><th>함인희 (2002)</th><th>장윤정 (2001)</th><th>인터넷 검색</th></tr>
<tr><td>2005</td><td></td><td></td><td></td><td></td><td></td><td rowspan="5">웹2.0세대<br>2.0세대<br>1991~<br>2005</td><td></td><td></td><td></td><td></td><td></td><td></td><td></td><td></td></tr>
<tr><td>1999</td><td></td><td></td><td></td><td></td><td rowspan="2"></td><td></td><td></td><td></td><td></td><td></td><td></td><td></td><td></td></tr>
<tr><td>1993</td><td></td><td></td><td></td><td></td><td></td><td></td><td></td><td></td><td></td><td></td><td></td><td></td></tr>
<tr><td>1992</td><td rowspan="9">88만원<br>세대<br>1980~<br>1992<br>(25~37세)</td><td rowspan="6">20대<br>1983~<br>1992<br>(25~34세)</td><td rowspan="8">국제 테러<br>세대<br>1981~<br>1992<br>(25~36세)</td><td rowspan="4">촛불세대<br>1988~<br>1993</td><td rowspan="9">Y세대<br>1980~<br>1999</td><td rowspan="15">탈이념 ·<br>정보화<br>세대<br>1970 이후</td><td rowspan="16">정보화<br>세대<br>1970<br>이후</td><td></td><td></td><td></td><td></td><td></td><td rowspan="9">에코 세대<br>1979~<br>1992</td></tr>
<tr><td>1991</td><td></td><td></td><td></td><td></td><td></td></tr>
<tr><td>1990</td><td rowspan="6">W세대<br>광장세대<br>88만원<br>세대<br>1981~<br>1990</td><td></td><td></td><td></td><td></td><td></td></tr>
<tr><td>1988</td><td></td><td></td><td></td><td></td><td></td></tr>
<tr><td>1987</td><td rowspan="5">월드컵<br>세대<br>1979~<br>1987</td><td></td><td></td><td></td><td></td><td></td></tr>
<tr><td>1983</td><td></td><td></td><td></td><td></td><td></td></tr>
<tr><td>1982</td><td rowspan="7">30대<br>1973~<br>1982<br>(35~44세)</td><td></td><td></td><td></td><td></td><td></td></tr>
<tr><td>1981</td><td></td><td></td><td></td><td></td><td></td></tr>
<tr><td>1980</td><td rowspan="7">탈냉전<br>세대<br>1971~<br>1980<br>(37~46세)</td><td rowspan="7">신세대<br>IMF세대<br>1971~<br>1980</td><td></td><td></td><td></td><td></td><td></td></tr>
<tr><td>1979</td><td rowspan="2"></td><td></td><td rowspan="7">X세대<br>1965~<br>1979</td><td></td><td></td><td></td><td></td><td></td><td rowspan="2"></td></tr>
<tr><td>1978</td><td rowspan="6">IMF세대<br>1970~<br>1978</td><td></td><td></td><td></td><td></td><td></td></tr>
<tr><td>1976</td><td rowspan="5">X세대<br>1970~<br>1979<br>(38~47세)</td><td></td><td></td><td></td><td></td><td rowspan="5">X세대<br>1968~<br>1976</td><td rowspan="5">X세대<br>1970년대</td></tr>
<tr><td>1973</td><td></td><td></td><td></td><td></td></tr>
<tr><td>1972</td><td rowspan="3">40대<br>1963~<br>1972<br>(45~54세)</td><td></td><td></td><td></td><td></td></tr>
<tr><td>1971</td><td rowspan="2"></td><td></td><td></td><td></td></tr>
<tr><td>1970</td><td></td><td></td><td></td><td></td><td></td><td></td></tr>
</table>

<table>
<tr><td>1969</td><td rowspan="3"></td><td rowspan="5"></td><td rowspan="7">민주화<br>세대<br>1961~<br>1970<br>(47~56세)</td><td rowspan="3"></td><td rowspan="3"></td><td rowspan="7">386세대<br>민주화<br>세대<br>1961~<br>1970</td><td rowspan="7">386세대<br>1961~<br>1970</td><td rowspan="11">민주화<br>세대<br>(유신 +<br>386)<br>1953~<br>1969</td><td rowspan="6">386세대<br>1962~<br>1971</td><td></td><td></td><td></td><td></td><td></td></tr>
<tr><td>1968</td><td></td><td></td><td></td><td></td><td></td></tr>
<tr><td>1965</td><td></td><td></td><td></td><td></td><td></td></tr>
<tr><td>1964</td><td rowspan="7">베이비붐<br>세대<br>1950~<br>1969<br>(48~67세)</td><td rowspan="5">386세대<br>1960~<br>1969</td><td rowspan="8">베이비붐<br>세대<br>1953~<br>1964</td><td></td><td rowspan="7">386세대<br>1961~<br>1968</td><td></td><td></td><td rowspan="7">베이비붐<br>세대<br>1955~<br>1964</td></tr>
<tr><td>1963</td><td></td><td></td><td></td></tr>
<tr><td>1962</td><td rowspan="5">50대<br>1953~<br>1962<br>(55~64세)</td><td></td><td></td><td></td></tr>
<tr><td>1961</td><td></td><td></td><td rowspan="4">베이비붐<br>세대<br>1955~<br>1961</td><td></td></tr>
<tr><td>1960</td><td rowspan="6">유신 세대<br>1951~<br>1960</td><td rowspan="6">베이비붐<br>세대<br>유신 세대<br>1951~<br>1960</td><td rowspan="12">산업화 ·<br>민주화운동<br>세대<br>1941~<br>1960</td><td></td><td></td><td></td></tr>
<tr><td>1959</td><td rowspan="4">유신 세대<br>1952~<br>1959</td><td></td><td></td><td></td></tr>
<tr><td>1955</td><td></td><td></td><td></td></tr>
<tr><td>1953</td><td rowspan="4"></td><td></td><td></td><td rowspan="13">산업화<br>세대<br>1944~<br>1953</td><td></td><td></td><td></td><td rowspan="4"></td></tr>
<tr><td>1952</td><td rowspan="6">60대<br>1943~<br>1952<br>(65~74세)</td><td></td><td rowspan="12">산업화<br>세대<br>1953<br>이전</td><td></td><td></td><td></td><td></td></tr>
<tr><td>1951</td><td rowspan="6">전후<br>산업화<br>세대<br>1942~<br>1951</td><td></td><td></td><td></td><td></td><td></td></tr>
<tr><td>1950</td><td rowspan="9">전쟁체험<br>세대<br>1933~<br>1950</td><td></td><td rowspan="6">탈식민지<br>세대<br>4 · 19 /<br>6 · 3 세대<br>1941~<br>1950</td><td></td><td></td><td></td><td></td></tr>
<tr><td>1949</td><td rowspan="9">산업화<br>세대<br>~1949<br>(68세<br>이상)</td><td></td><td></td><td colspan="3" rowspan="9">표의 음영:<br>세대별로 꼭 들어가야 하는 핵심<br>연령 범주<br><br>① 에코 · 88만원 세대:<br>1980~1992년생(25~37세)<br>② X · 문화 세대:<br>1970~1976년생(41~47세)<br>③ 베이비붐 · 유신 세대:<br>1955~1964년생(53~62세)<br>④ 산업화 · 전쟁체험 세대:<br>1950년 이전(65세 이상)</td><td rowspan="7">산업화<br>세대<br>1935~<br>1953</td></tr>
<tr><td>1944</td><td></td><td></td></tr>
<tr><td>1943</td><td></td><td></td></tr>
<tr><td>1942</td><td rowspan="5">70대<br>1933~<br>1942<br>(75~84세)</td><td></td><td></td></tr>
<tr><td>1941</td><td rowspan="4">한국전쟁<br>세대<br>1941 이전</td><td></td><td></td></tr>
<tr><td>1940</td><td></td><td rowspan="4">식민지 ·<br>전쟁체험<br>세대<br>1940 이전</td><td rowspan="4">식민지 ·<br>전쟁체험<br>세대<br>1940 이전</td><td></td></tr>
<tr><td>1935</td><td></td><td></td></tr>
<tr><td>1933</td><td></td><td></td><td></td></tr>
<tr><td>1930</td><td></td><td></td><td></td><td></td><td></td><td></td></tr>
</table>

유무, 사용된 설문지의 획득 가능 유무, 키워드, 중심 내용 및 가설, 연구 결과를 표 형태로 체계적으로 정리했다. 또한 국내 언론에 소개된 세대 관련 기사들은 1990년대부터 연구 시점까지 일간지, 주간지, 월간지로 나누어 시기별로 정리해 문헌 자료 데이터베이스를 구축했다. 이와 같은 체계적인 문헌 고찰 작업을 통해 한국 사회의 세대론에 대한 전반적인 이해와 각 세대의 특징을 파악할 수 있었으며 연구 조사와 저술 작업 전반에 걸쳐 자료를 분석하고 결과를 도출하는 기틀이 마련되었다.

### 양적 분석과 질적 분석을 포함한 실증 연구

이 책에서는 세대 간 갈등 및 격차와 세대별 문화 경험에 대한 보다 정확하고 구체적인 연구를 위해 양적 조사와 질적 조사 결과를 동시에 활용했다. 먼저, 양적 연구는 한국연구재단의 사회과학 지정 주제 지원 사업인 '세대 간 문화 경험과 문화 갈등'에서 전국의 20세 이상 성인 남녀 1,500명을 대상으로 2011년 7월 22일부터 8월 13일까지 실시한 설문 조사를 분석 대상으로 삼았다. 대상자 표집과 설문지 배포 및 수합, 자료 처리는 사회·여론 조사 전문 기관인 (주)한국리서치가 담당했다. 이 연구의 목표가 세대 간의 비교 분석에 있기 때문에, 지역 간 차이가 지나치게 커서 결과에 편향을 줄 수 있는 읍, 면 등 농촌 지역 거주자와 설문 응답이 어려운 80세 이상의 초고령 노인은 조사 대상에서 제외했다. 설문 조사의 응답자 표본 추출은 59세 이하 응답자와 60세 이상 응답자를 각각 다른 방식으로 표집하는 '이중 틀dual frame' 방식으로 이루어졌다. 20~59세의 조사 대상자는 한국리서치의 마스터 샘플[2]에 1차 표집된 사

2 한국리서치가 자체적으로 확보하고 있는 무작위 추출된 21만 명 규모의 도시 지역 응답자 표집 틀.

람들 중 지역, 성, 연령대별로 표본 수를 할당해 무작위로 추출했으며, 60세 이상은 대도시와 중소도시에서 100개의 동을 1차 표본 추출 단위PSU: Primary Sampling Unit로 삼고 추출한 각 PSU에서 60세 이상의 표본 응답자를 5명씩 선정하는 2단계 군집 추출 방식을 적용했다.

총 1,500명의 응답자 중에서 59세 이하와 60세 이상을 각각 1,000명과 500명으로 나누어 배정하되, 10세 간격으로 연령대별로 동일한 표본 수를 할당했다. 연령대별 표본 응답자 수를 동일하게 설계했으므로 분석 과정에서 10세 간격 인구의 표본 응답자 수와 실제 해당 연령대의 인구수의 비율을 적용한 '사후 층화 가중치post-stratification weights'를 두어 셀별로 가중값을 부여하는 방식cell weighting으로 조사 모집단과 표본 응답자의 분포를 통일하는 작업을 거쳤다. 60세 이상 응답자에게는 훈련된 면접원이 가구별로 방문해 대면 면접 조사 방법을, 59세 이하의 응답자에게는 웹 설문을 이용한 자기 기입식 조사CAWI: Computer Aided Web Interview 방법을 사용했다. 조사 대상자의 일반적 특성은 〈표 2-3〉과 같다.

다음으로, 세대별 인식과 세대 간의 갈등에 관해 양적 방법을 통해서는 확인하기 어려운 좀 더 구체적이고 현실적인 의견 또는 의미를 파악하기 위해, 각 세대에 해당하는 이들을 대상으로 질적 연구를 수행했다. 이를 위해, 비슷한 연령대의 응답자 4~6명을 하나의 집단으로 구성하고 함께 모여 면접을 진행하는 초점집단면접 방식과 일대일로 진행하는 심층면접법을 활용했다. 인터뷰는 총 41사례로 88만원세대 12사례, X세대 9사례, 베이비붐 세대 10사례, 기타 세대 10사례에 대해 2010년부터 2016년까지 진행되었다. 인터뷰에 참여한 조사 참여자의 성별, 직업 등은 〈표 2-4〉에 제시되어 있다.

인터뷰는 크게 두 부분으로 나누어 진행되었다. 일차적으로는 자유로운 분위기에서 자신들의 세대가 처해 있는 혹은 직면해왔던 사회적 조건

〈표 2-3〉 양적 연구 조사 대상자의 일반적 특성

| 특성 | 구분 | 사례수(명) | 비율(%) |
|---|---|---|---|
| 전체 | | 1,500 | 100.0 |
| 성별 | 남자 | 750 | 50.0 |
| | 여자 | 750 | 50.0 |
| 세대 | 88만원 세대 | 339 | 22.6 |
| | X세대 | 259 | 17.3 |
| | 베이비붐 세대 | 485 | 32.3 |
| | 산업화 세대 | 417 | 27.8 |
| 교육 수준 | 중졸 이하 | 344 | 22.9 |
| | 고졸 이하 | 281 | 18.7 |
| | 4년제 대졸 미만 | 270 | 18.0 |
| | 4년제 대졸 이상 | 491 | 32.7 |
| | 대학원 이상 | 113 | 7.5 |
| | 모름/무응답 | 1 | 0.1 |
| 직업 | 관리자 | 114 | 7.6 |
| | 전문가 | 177 | 11.8 |
| | 사무직 | 113 | 7.5 |
| | 서비스직 | 135 | 9.0 |
| | 판매직 | 104 | 6.9 |
| | 기능/장치/기계조작 | 69 | 4.6 |
| | 단순노무 | 70 | 4.7 |
| | 무직/기타 | 718 | 47.9 |
| 월 평균 소득 | 199만 원 이하 | 402 | 26.8 |
| | 200~399만 원 | 506 | 33.7 |
| | 400~599만 원 | 342 | 22.8 |
| | 600~799만 원 | 127 | 8.5 |
| | 800만 원 이상 | 11 | 7.7 |
| | 모름/무응답 | 8 | 0.5 |

과 문화적 경험 그리고 연구 참여자 본인이 경험한 다른 세대와의 갈등 상황에 대해 이야기하는 시간을 가졌다. 다음으로는 양적 조사를 분석해 도출된 각 세대별 가치관과 의식 구조 및 행동 유형을 제시하고 연구 참여자들에게 왜 이런 결과가 나왔다고 생각하는지에 대해 토론하도록 했다. 특히 자신들의 세대의 응답 결과 중 다른 세대와 차이가 큰 부분

에 초점을 맞추어 진행했다. 인터뷰를 통해 연구 참여자 자신이 속한 세대에 대한 자화상을 이해하고 그 의미를 파악함은 물론이고, 다른 세대와의 경계와 타 세대에 대한 인식을 정밀하게 이해하고자 했다.

〈표 2-4〉 질적 연구 조사 참여자의 일반적 특성

| 사례 | 이름 | 성별 | 직업 | 연령<br>(2016년 기준) | 세대 구분 |
|---|---|---|---|---|---|
| 1 | 전○○ | 여성 | 대학생 | 20세 | 기타 세대 |
| 2 | 고○○ | 여성 | 대학생 | 21세 | 기타 세대 |
| 3 | 차○○ | 여성 | 대학생 | 21세 | 기타 세대 |
| 4 | 황○○ | 여성 | 대학생 | 21세 | 기타 세대 |
| 5 | 강○○ | 여성 | 대학생 | 23세 | 기타 세대 |
| 6 | 유○○ | 여성 | 대학생 | 23세 | 기타 세대 |
| 7 | 박○○ | 남성 | 대학생 | 23세 | 기타 세대 |
| 8 | 신○○ | 남성 | 대학생 | 23세 | 기타 세대 |
| 9 | 오○○ | 여성 | 대학생 | 23세 | 기타 세대 |
| 10 | 박○○ | 남성 | 대학생 | 24세 | 기타 세대 |
| 1 | 최△△ | 여성 | 대학원생(석사) | 25세 | 88만원 세대 |
| 2 | 김△△ | 남성 | 대학생 | 25세 | 88만원 세대 |
| 3 | 윤△△ | 남성 | 금융업계 | 31세 | 88만원 세대 |
| 4 | 이△△ | 여성 | 금융업계 | 32세 | 88만원 세대 |
| 5 | 김△△ | 여성 | 의사 | 32세 | 88만원 세대 |
| 6 | 최△△ | 남성 | 금융업계 | 35세 | 88만원 세대 |
| 7 | 엄△△ | 여성 | 회사원 | 36세 | 88만원 세대 |
| 8 | 윤△△ | 여성 | 회사원 | 36세 | 88만원 세대 |
| 9 | 정△△ | 여성 | 회사원 | 36세 | 88만원 세대 |
| 10 | 이△△ | 남성 | 회사원 | 37세 | 88만원 세대 |
| 11 | 허△△ | 여성 | 회사원 | 37세 | 88만원 세대 |
| 12 | 임△△ | 남성 | 회사원 | 37세 | 88만원 세대 |

| | | | | | |
|---|---|---|---|---|---|
| 1 | 박□□ | 여성 | 대학원생(박사) | 39세 | X세대 |
| 2 | 주□□ | 여성 | 전업주부 | 39세 | X세대 |
| 3 | 장□□ | 남성 | 회사원 | 40세 | X세대 |
| 4 | 서□□ | 여성 | 회사원(시간제) | 40세 | X세대 |
| 5 | 김□□ | 남성 | 회사원 | 42세 | X세대 |
| 6 | 하□□ | 남성 | 일식조리사 | 43세 | X세대 |
| 7 | 박□□ | 남성 | 사진 관련 종사자 | 44세 | X세대 |
| 8 | 강□□ | 여성 | 강사 | 46세 | X세대 |
| 9 | 정□□ | 여성 | 강사 | 47세 | X세대 |
| 1 | 권** | 여성 | 전업주부 | 49세 | 베이비붐 세대 |
| 2 | 오** | 여성 | 전업주부 | 50세 | 베이비붐 세대 |
| 3 | 오** | 여성 | 전업주부 | 52세 | 베이비붐 세대 |
| 4 | 안** | 여성 | 전업주부 | 52세 | 베이비붐 세대 |
| 5 | 이** | 여성 | 전업주부 | 54세 | 베이비붐 세대 |
| 6 | 이** | 여성 | 강사 | 55세 | 베이비붐 세대 |
| 7 | 이** | 남성 | 퇴직 | 59세 | 베이비붐 세대 |
| 8 | 전** | 여성 | 전업주부 | 59세 | 베이비붐 세대 |
| 9 | 조** | 남성 | 교사 | 59세 | 베이비붐 세대 |
| 10 | 나** | 여성 | 전업주부 | 60세 | 베이비붐 세대 |

# 3장

# 나에게 묻다, 너는 무슨 세대니?

일반적으로 사람들은 일상 속에서 어떠한 방식으로 세대를 구분하거나 인식할까? 그동안 학계에서 구분해온 방식대로 코호트적 관점에서 구분하고 있을까? 이 질문에 대한 답을 찾고, 나아가 세대를 보다 실질적으로 분석하기 위해서는 일상생활에서 우리 사회를 살아가는 평범한 사람들이 세대를 어떻게 인식하고 구분하는지, 즉 이들이 갖고 있는 주관적 차원의 세대 의식을 살펴볼 필요가 있다. 세대 문제에 대한 관심과 분석은 전문 연구자의 전유물만은 아니며 평범한 사람들의 일상적 사고 속에도 반영되어 있기 때문이다(박재흥, 1992: 25). 따라서 전문적 연구자가 아닌 보통 사람들이 일상생활에서 세대 차이와 세대 간 갈등을 어떻게 인지하고 경험하는지, 그러한 일상적 사고 과정을 통해 어떠한 세대 이론을 구성하는지, 그리고 그러한 상식적 수준의 이론이 세대 간 상호작용이라는 실천 영역에 어떻게 반영되고 변모를 겪게 되는지를 포괄적으로 살펴보는 작업이 필요하다.

이 작업은 각 세대를 대상으로 한 질적 연구의 일환인 초점집단면접을 통해 이루어졌다. 세대 문제에 대해 이야기할 때, 사람들이 어떤 용어를 사용하고 또 어떤 식으로 구술하는지를 통해 인지적 차원에서 사람들이 세대를 어떤 식으로 구분하고 있는지 알 수 있다. 인터뷰를 진행한 결과, 응답자들이 공통적으로 가장 많이 했던 세대 구분은 '젊은 세대', '낀 세대', '기성세대', 그리고 '노인 세대' 네 가지였다. 40대 응답자의 경우, 자신의 세대가 X세대라는 점을 밝히기도 했지만 대체로 본인 세대를 기준으로 '윗세대'와 '아랫세대'라는 명칭을 사용해 세대 차이를 논했고, 20·30대에 해당하는 응답자들은 '윗세대'를 지칭할 때 '선배 세대'와 '부모 세대', 그리고 '노인 세대조부모 세대'를 구분하기도 했다. 그렇다면 이러한 주관적 세대 의식에 따른 세대의 경계는 이를 계량적으로 살펴보았을 때의 일반적 세대 의식과 어떻게 같고 또 다를까?

## 1. 주관적 세대 의식에 따른 세대의 경계: 일반적 세대 인식과의 차이

세대 의식이 세대 내 집단 구성원들 간의 상호 동류의식을 기반으로 한다고 할 때, '주관적 세대 의식'의 실체와 그 경계를 보다 명확하게 파악하기 위해서는 각각의 세대가 스스로를 규정하고 있는 의식과 일반론적인 인식을 비교해 파악하는 작업이 필요하다. 먼저 세대별로 가장 일반적인 수준에서 논의되는 세대 구분법인 '기성세대'와 '젊은 세대'를 인식하는 방식을 통해 사람들의 마음속 세대가 어떻게 구분되는지를 확인해보고자 했다(〈표 3-1〉 참조).

응답자들의 응답에 따르면, 전체 평균 약 47.7세부터 기성세대에 속하

〈표 3-1〉 세대별 젊은 세대와 기성세대의 연령 기준에 대한 의견

| 기준 \ 세대 | 88만원 세대 (25~37세) | X세대 (38~47세) | 베이비붐 세대 (48~67세) | 산업화 세대 (68세 이상) | 평균 |
|---|---|---|---|---|---|
| 젊은 세대 | 31.7세 | 34.8세 | 39.1세 | 39.6세 | 36.8세 |
| 기성세대 | 37.3세 | 43.2세 | 50.0세 | 56.1세 | 47.7세 |

는 연령으로 간주되고 있는데, 이를 통해 기성세대의 시작점을 약 40세라고 밝혀온 지난 10여 년간의 기존 연구들(조혜선, 1990; 한국사회학회 편, 1990; 박재흥, 1999)과 비교할 때 세대의 대별점이 7세 이상 높아진 것을 확인할 수 있다. 뿐만 아니라 세대의 연령이 높아질수록 기성세대로 보는 연령의 평균도 약 7세 정도씩 높아져 88만원 세대는 30대 후반, X세대는 40대 초반, 베이비붐 세대는 50세부터를, 그리고 산업화 세대는 가장 늦은 나이인 50대 중반부터를 기성세대라고 규정하는 모습을 보인다.

반면 젊은 세대라고 보는 연령의 전체 평균은 36.8세까지로, 이는 약 35.9세까지를 젊은 세대로 간주한 20여 년 전의 인식(박재흥, 1992)과 1세 정도 차이가 나는 것으로 수치상 큰 변화가 없다(〈표 3-1〉 참조). 세대별로 살펴보면 2016년 기준 25세부터 37세까지에 해당하는 88만원 세대와 38세부터 47세까지에 해당하는 X세대는 각각 30대 초반과 중반까지를, 48세 이상인 베이비붐 세대와 산업화 세대는 30대 후반까지를 젊은 세대로 인식하고 있음을 알 수 있다. 요약해보면 세대의 연령대가 높아질수록 기성세대의 시작점과 젊은 세대의 끝점으로 보는 나이도 함께 높아지기는 하지만 대체로 40대를 기성세대의 시작으로, 30대까지를 젊은 세대로 보는 의견이 모든 세대에서 지배적이라고 할 수 있다.

앞서 살펴본 바와 같이 일반적인 차원의 세대 인식에서 88만원 세대와 X세대의 경우 기성세대와 젊은 세대를 주로 40대 이상과 30대 이하

로 구분하고 있으며, 베이비붐 세대와 산업화 세대는 50대부터를 기성세대로, 40대까지를 젊은 세대로 간주한다. 이는 세대의 경계가 각각 '20·30대', '40대', '50대', '60·70대' 사이에 설정되고 있는 것으로 볼 수 있다. 그리고 이러한 일반적 세대 구분을 사람들이 내면화해 받아들이고 있다면 30대 중후반에서 40대에 이르는 많은 사람이 본인 세대를 '기성세대'와 '젊은 세대'의 중간에 위치한 '낀 세대'로 인식할 확률이 높다는 점을 알 수 있다.

실제로 본인이 어느 세대에 속하는지를 질문한 결과 X세대의 대다수가 본인 세대를 '낀 세대'로 인식하고 있음이 드러났다. 주관적 세대 의식의 지형은 앞서 살펴본 일반적 차원의 세대 인식과 매우 유사한 양상을 띤다. 30대 이하인 88만원 세대는 대다수가 스스로를 젊은 세대라고 응답한 반면 40대 후반부터 시작되는 베이비붐 세대, 그리고 산업화 세대의 대다수는 스스로를 기성세대라고 규정하고 있었다. [그림 3-1]은 이 결과를 한눈에 파악하기 쉽게 원그래프 형태로 도식화한 것이다.

88만원 세대의 76.1%가 스스로를 젊은 세대라고 생각하고 20.9%는 스스로를 낀 세대로 규정하고 있다. X세대는 61.8%가 스스로를 낀 세대라고 정의하는 한편, 28.6%는 스스로를 젊은 세대로 보고 있다. 베이비붐 세대는 61.9%, 산업화 세대는 84.2%가 스스로를 기성세대로 인식하며, 베이비붐 세대의 32.6%가 자신을 낀 세대로 보고 있다는 점은 흥미롭다. 산업화 세대를 제외하면 모든 세대가 어느 정도 자신을 낀 세대로 규정한다는 점은 산업화 세대 이후의 모든 연령층이 자신이 속한 세대의 위아래 사람들과 자신을 구분하고, 이들에게 치이는 상황적 현실을 인식하고 있는 것으로 볼 수 있다. 하지만 세대별로 어떤 의미에서 '낀' 세대인지, 즉 주관적으로 어떤 측면에서 자신이 '끼어 있음'을 강하게 느끼는지에 대해서는 다르게 나타날 수 있다. 예를 들어 X세대는 "아날

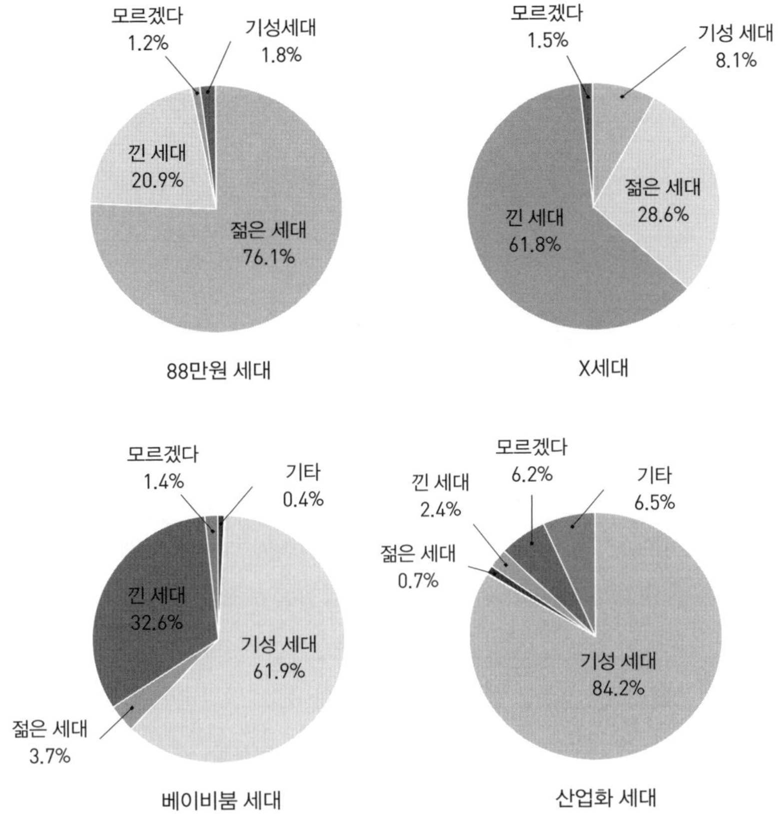


[그림 3-1] 자신이 속한 세대의 규정

로그와 디지털이 정확하게 중첩하는 지점이 바로 우리 세대이다."(동아일보, 2011. 05. 28.)라고 이야기하기도 하는데, 이는 급속하게 변화하는 문화적 흐름에서 세대 간 격차가 극심해지는 오늘날, 문화 세대인 X세대가 스스로를 젊은 세대와 윗세대의 중개자라고 정의하는 것으로 해석할 수 있다. 반면 베이비붐 세대가 스스로를 '낀 세대'라고 응답할 때에 이들은 경제적으로 자식과 부모 모두를 부양해야 하는 경제적 현실에서 그런 느낌을 받는 경향이 강할 수 있다.

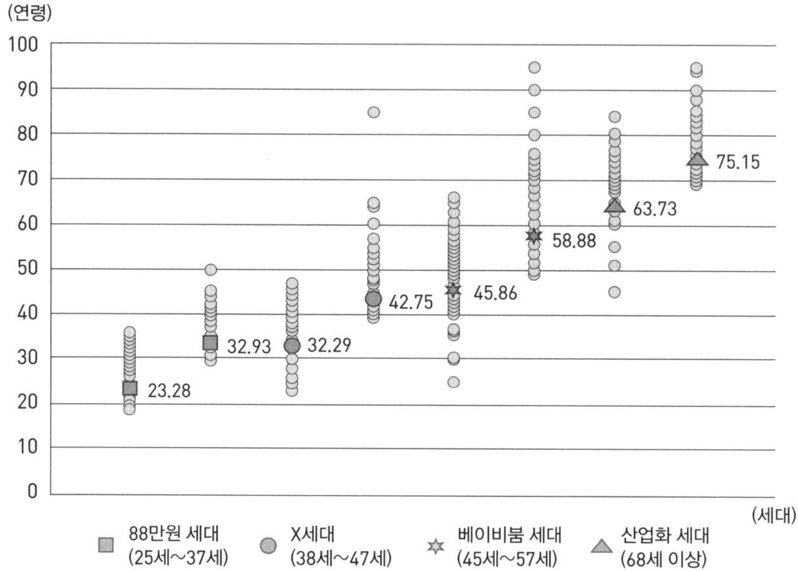


[그림 3-2] 나와 같은 세대에 속하는 사람들의 연령: (　)세부터 (　)세까지

[그림 3-2]를 보면, 나와 같은 세대에 속한다고 생각하는 연령을 물었을 때 88만원 세대는 20·30대, X세대는 30·40대, 베이비붐 세대는 40·50대, 산업화 세대는 60·70대라고 생각하는 것으로 나타나는데 평균 하한치와 상한치를 기준으로 응답의 분포를 보면 젊은 세대일수록 촘촘하며, 50대보다는 노인 세대가 더 촘촘한 편이다. 이는 20·30대와 30·40대에 해당하는 88만원 세대와 X세대, 그리고 68세 이상의 산업화 세대가 같은 세대에 속하는 연령층에 대해 가지고 있는 범주보다, 50대가 스스로를 정의하는 연령의 범주가 상대적으로 더 넓은 것으로 해석할 수 있다. 50대인 베이비붐 세대는 상한층과 하한층 모두 폭넓게 분포해 그들보다 어린 세대와 나이든 세대 양쪽에 더 걸쳐 있는 사람들로 스스로를 보는 것으로 해석할 수 있다.

## 2. 연표 이야기: 나의 세대 좌표를 확인하다

이 책에서는 광범위한 문헌 연구를 바탕으로 해방 이후부터 2018년까지의 주요 사건들을 코호트적인 관점에서 조망할 수 있는 세대 연표를 작성하고 한국의 세대를 탄생시킨 정치적·경제적·문화적 사건들에 대한 정보를 제공하는 연표 이야기를 부록에 제시했다.

연대기별 연표는 연도별 주요 사건이나 제도의 변화만을 보여준다면, 이 책의 부록에 제시된 세대 연표는 이에 더해 해당 연도에 각 출생 코호트가 어떠한 연령대에 위치해 있는지를 추가해 보여준다. 정치, 경제, 사회, 문화, 기술, 교육 등 국내외 사건 및 제도 변화가 모든 사람에게 동일한 영향을 주는 것이 아니라 특정 연령대에 그 효과가 집중되거나 차별적으로 영향을 줄 수 있다. 즉 어떠한 사람들의 사고방식이나 행위양식이 연령에 따라 차이를 보인다고 가정할 때 그 차이는 단순한 나이의 차이, 즉 사회적 생물학적 성숙도의 차이인 연령 효과에 기인한 것일 수도 있고, 특정한 역사적 경험을 공유하는 코호트 효과의 차이일 수도 있으며, 경우에 따라서는 어느 시대의 역사적 사건 상황이 당시에 생존한 사람들 모두에게 영향을 준 기간 효과일 수도 있다(Glenn, 1977). 세대 연표는 다양한 측면을 하나의 지면에 담아냄으로써 연구자로 하여금 연령 효과, 코호트 효과세대 효과, 기간 효과를 분석할 수 있는 좌표를 제시한다.

또한 세대 연표는 과거 사건과 경험들을 있는 그대로 보여줌으로써 일반인은 물론이고 연구자들로 하여금 객관성을 유지하도록 한다. 인간은 자신이 직간접적으로 체험한 것들을 과도하게 강조하는 인지적 편향성을 가지고 있다. 인지적 편향은 연구자들에게서도 발견된다. 예를 들어, 박재흥(2009)은 1950년대 출생 연구자들은 민주화 세대를 1950년경 혹은 그 이전 출생자들로 정의하는 데 비해, 1960년대 출생 연구자들은 386세대를 민주화 세대로 보는 경향이 강하다며, 연구자들의 자세대 중심주의를 지적했다. 이는 연구자 역시 사회의 구성원으로 특정 세대에 속해서 세상을 경험하고 분석한다는 사실에 기인한다.

부록에 담긴 세대 연표는 기간 연도로는 1945년부터 2010년까지를, 출생연도로는 1941년생부터 1990년생까지를 대상으로 하고 있다. 세대 연표 작성을 위해 먼저 연도별 정치, 경제, 사회, 문화, 기술, 교육 분야에서의 주요한 국내외 사건 및 제도 변화를 분야별로 글자색을 구분해 정리했다. 이후 연령대별로 각 사건 및 제도의 변화가 미치는 영향력의 정도를 논의해 바탕색과 음영의 농도를 달리해서 표시했다. 마지막으로 이 두 가지 결과를 조합해 하나의 도표 형태로 구성했다.

그리고 이와 함께 〈부록 1〉의 연표 이야기는 한국의 세대를 탄생시킨 정치적·경제적·문화적 사건들을 보다 상세하게 제시하고 있다. 이는 세대 연표를 바탕으로 시기를 '전후 절대빈곤 해결과 경제 발전 문제가 가장 중요했던 1950년대', '정치적 암흑기였으나 경제 성장이 시작된 1960~1970년대', '정치적 쟁점이 대두되었던 1980년대', '세계화 속 정보화 및 문화의 시대였던 1990~2000년대', 그리고 '2010년대 이후' 등 5개로 구분하고, 각 시기에서 중요하다고 생각하는 사건들을 선별해 관련 정보를 제공함으로써 독자의 이해를 돕고자 했다. 이 시기를 기반으로 각 세대가 코호트적 기반을 다지고 가치관 및 태도 형성에 영향을 끼친 핵심 사건들을 제시하고 있다는 점에서 의미 있는 작업이라고 할 수 있다.

또한 시기별로 정치·경제와 사회·문화 2개의 영역으로 나누어 주요 사건을 정리했다. 특히 사회·문화 분야의 경우 그 영역을 폭넓게 다루기보다는 대중문화 영역을 중점적으로 제시했는데, 이는 주로 문화적 경험과 갈등에 초점을 맞추고 있는 이 책의 특성에 따른 것이다. 부록에 제시된 세대 연표와 연표 이야기를 통해 대한민국에서 살아가는 개인들이 각 세대의 특성을 이해할 수 있도록 하고, 특히 기성세대의 역사적인 경험과 성장 과정에 대해 잘 알지 못하는 젊은 세대에게도 이해의 토대를 제공하고자 한다.

# 2부

# 한국 사회의 세대 경계와 각 세대의 이야기

# 4장

## 88만원 세대의 역설, 물려받은 것이 많은 세대는 행복한가[1]

오늘날의 20·30대의 청년 세대를 정의하는 가장 대표적인 표현 중 하나가 바로 '88만원 세대'일 것이다. 취업의 어려움으로 인해 연애와 결혼, 출산을 포기한다고 해 '3포 세대'라고도 불리는 88만원 세대는 현재 그들이 처한 상황과는 역설적으로 한국의 다른 모든 세대에 비해 사회와 부모로부터 물려받은 경제적·문화적 자산이 가장 많은 세대이다. 그래서 기성세대는 늘 이들에게 묻는다. 맨손으로, 맨바닥에서 일어선 우리에 비해 풍요 속에서 성장하며 어느 세대보다 많은 것을 누려온 너희가 무슨 불만이 그리도 많으냐고. 젊음의 패기와 열정으로 장래를 극복할 생각을 하지 않은 채 현실만을 탓하고 있는 것은 아니냐고. 20대는 '희망'과 '비전'의 상실을 이야기하고 기성세대는 '절대적 비교'를 통해 그들을 혜택받은 존재로 단정 짓는다. 이에 이 장에서는 많은 유·무형

---

1 4장은 최샛별(2016)의 내용을 토대로 확장·발전시켰다.

의 자산을 전수받았으면서도 스스로 불행하다고 이야기하는 20대의 목소리와 타 세대의 시선을 교차시킴으로써, 보고, 듣고, 아는 것이 많아 삶에 대한 기준치가 높아졌지만 지나친 경쟁 구도로 인해 언제나 스스로의 기대에 부응하지 못해 불행한 삶을 사는 20·30대 88만원 세대의 역설적 상황을 구체적으로 드러내보고자 한다.

## 1. 88만원 세대, 그들은 누구인가

### 88만원 세대를 명명하는 다양한 명칭

오늘날 '세대'의 개념이 생애 단계, 문화적 특성, 그리고 시대 상황적 특성 등 다양한 측면으로 구성된 것으로 이해된다는 점에서, 사회에 존재하는 각각의 세대는 부모 세대와 자녀 세대, 청년 세대와 중년 세대, X세대와 N세대처럼 다양하게 불릴 수 있다. 88만원 세대 역시 미디어와 학술 분야에서 88만원 세대의 어떤 측면을 조망하느냐에 따라 여러 형태의 명칭으로 상황에 따라 다르게 명명되어왔는데, 이를 ① 나이 및 생애 단계에 따른 구분, ② 문화적·행태적 특성에 따른 구분, 그리고 ③ 시대 상황적 특성에 따른 구분의 세 가지 구분 방식에 따라 나눠보면 〈표 4-1〉과 같이 정리할 수 있다.

가장 먼저, 88만원 세대와 관련된 명칭으로 2030세대와 청년 세대를 들 수 있다. 2030세대는 세대 간 구분을 용이하게 하기 위해 각 세대를 임의적으로 10세 간격으로 끊어놓은 것으로 현재 한국의 88만원 세대의 출생 연도1979~1992년를 고려하면 2030세대에 해당한다고 할 수 있으며, 이 연령대에 포함된 사람들을 생애 단계상 청년 세대로 부른다는 점

〈표 4-1〉 88만원 세대를 명명하는 다양한 명칭

| 나이 및 생애 단계 | 문화적 · 행태적 특성 | 시대 상황적 특성 |
|---|---|---|
| ■ 2030 세대<br>■ 청년 세대<br>■ 에코 세대 | ■ N세대<br>■ 디지털 세대<br>■ P세대<br>■ IP세대 | ■ 88만원 세대<br>■ 3포 · 5포 · 7포 · n포 세대<br>■ 절망 세대<br>■ 달관 세대 |

에서 오늘날 88만원 세대는 2030 청년 세대로 불릴 수 있다. 또한 88만원 세대를 포함하는 인구학적 명칭으로 에코 세대가 있는데 이들은 베이비붐 세대의 자녀로 메아리echo처럼 다시 출생 붐을 일으켰다고 해서 에코붐 세대, 줄여서 에코 세대라고 불린다. 일반적으로 에코 세대는 1979년부터 1992년 사이에 태어난 20·30대의 청년들을 지칭한다.

문화적·행태적 특성과 관련해서는 N세대, 디지털 세대, P세대, 그리고 IP세대를 88만원 세대를 명명하는 또 다른 명칭으로 꼽을 수 있다. 영어 단어 '네트워크Network'의 앞글자를 딴 N세대와 디지털 세대는, 컴퓨터와 인터넷 등 IT기기에 친숙한 젊은 세대의 특성을 드러내주는 용어들로 문화적·행태적인 측면에서 현 한국 사회의 88만원 세대를 설명할 때 가장 많이 사용되는 표현이라 할 수 있다. 한편 P세대는 한 광고기획사의 트렌드 보고서에서 등장한 용어로, 사회 전반에 걸친 적극적인 참여Participation 속에서 열정Passion과 힘Potential Power을 바탕으로 사회 패러다임의 변화를 일으키는 세대Paradigm-Shifter라는 의미를 가지고 있다. IP세대는 2008년 동아일보에서 연재한 기사에서 사용된 용어로, IP는 재미와 열정Interest and Passion, 국제적 잠재 역량International Potential, 혁신의 개척자Innovative Pathfinder, 똑똑한 재테크족Intelligent Portfolio 등을 의미한다. P세대와 IP세대는 모두 2000년대의 청년 세대가 기성세대와 달리 가지고 있는 특색 및 라이프스타일을 잘 보여준다.

끝으로, 88만원 세대, 3포·5포·7포 세대 등은 그들이 처한 시대 상황적 특성을 드러내는 명칭으로 최근 청년 실업이 중요한 사회문제로 대두됨에 따라 많이 사용되고 있다. 이 중 가장 대표적이라 할 수 있는 '88만원 세대'는 2007년 동일한 제목으로 출간된 책에서 유래된 용어로 비자발적 실업 상태에 있거나, 취업을 하더라도 대부분 비정규직에 머물러 있는 20대의 암울한 상황을 보여주는 명칭이다. 3포 세대는 이 같은 취업난으로 인해 젊은 세대가 연애와 결혼, 그리고 출산을 포기했다는 데서 유래한 명칭으로 최근에는 이에 더해 인간관계, 주택 구입, 꿈, 희망 등을 포기한다고 해서 5포, 7포 세대로까지 불리고 있다. 이처럼 암울한 상황을 종합해 이들 세대를 '절망 세대'라 부르기도 하며, 나아가 아무런 희망 없이 무기력해졌다고 해 '달관 세대'라고 부르기도 한다.

### 왜 88만원 세대인가: 청년 세대가 그리는 자화상

X세대, 민주화 세대, 베이비붐 세대, 산업화 세대 등 이미 공고화된 세대 명칭을 가지고 있는 윗세대들과 달리 20·30대의 젊은 세대는 윗세대들보다 더 많은 이름으로 불렸으나 아직 딱 하나의 세대 명칭으로 규정된 바가 없다. 이상의 논의를 통해 알 수 있듯, 현대 한국 사회의 청년 세대는 생애 단계와 문화적·행태적 특성, 그리고 시대 특성 차원에서 여러 다양한 명칭으로 불릴 수 있는 입체적인 존재들이고, 바로 이러한 이유에서 하나의 명칭으로는 규정할 수 없다는 점이 이 세대가 갖는 고유한 특징이라고 할 수도 있을 것이다. 그러나 만약 이러한 상황에서 오늘날의 청년 세대를 기성세대의 시각에서 바라보는 것이 아니라, 그들이 스스로를 규정한다면 그들은 본인 세대를 어떤 이름으로 명명할까? 이를 확인하기 위해 20·30대의 응답자들에게 스스로를 어떤 세대로 규정하

고 있는지 물어보았다. 그동안 부여되었던 다양한 세대 명칭을 소개한 후 이러한 명칭에 얼마나 동의하는지, 동의하지 않는다면 이유는 무엇인지, 만약 더 적합한 이름이 있다면 무엇이 있다고 생각하는지를 물었다.

인터뷰 결과, 본인 세대를 '청년 세대'나 '2030세대'로 인지하고 있는 경우는 단 한 사례도 찾을 수 없었다. '에코 세대'라는 용어에 대해서는 생경해 하기까지 하면서, 질문자를 향해 "에코 세대라는 게 친환경 세대를 의미하는 건가요?"라고 묻기도 했다. 이들의 응답 중 흥미로운 부분은 문화적·행태적 특성에 기반해 붙여진 이름들N세대, P세대 등에 대해서도 동의하지 않는 모습을 보였다는 것이다. 그리고 이러한 명칭에 동의하지 않는 이유에 대해서는 "우리 아랫세대가 훨씬 더 인터넷이나 뉴미디어에 친숙하기 때문"(88만원 세대 사례3, 31세, 남성)이라고 응답했다. 장년기에 진입한 이후 등장한 인터넷·디지털 문화를 청소년기부터 접하고 자란 아랫세대의 모습을 두고 기성세대가 이들 세대에게 붙인 네트워크 세대N세대라는 이름에 대해, 정작 이들은 태어날 때부터 고도로 발전된 스마트 기기와 인터넷 망이 갖춰진 시대를 살아온 더 어린 세대에게 어울린다고 보고 있는 것이다. 이들에게 있어 현 시점에서 그들의 세대 정체성은 '시대 상황적 특성'에 근거한 '88만원 세대'였다.

88만원 세대나 3포 세대, 절망세대처럼 뭔가 부정적인 이미지가 있는 명칭이 더 적합하다고 생각해요. 꿈도 희망도 없는 나에게는 탈조선의 꿈만 있을 뿐이고, 이 세대는 거세된 세대 같은 느낌이 든달까.

(88만원 세대 사례4, 32세, 여성)

저도 제시된 명칭들 중에서는 3포 세대랑 88만원 세대가 제일 와닿는 것 같아요. 사실 전 전문직(의사)이라 돈에 대한 부분에서 '88만원'이라고 보기는 어렵지만 사실 결혼이나 출산 문제에 대해서 고민이 많이 되는 건 맞거든요. 그리고 옛날처럼 전문 직종을 가진다고 해서 행복한 것도 아니라는 생각이 들어서… 아이를 낳았을 때 행복하게 기를 수 있을까 하는 두려움도 있고, 그것 때문에 나 스스로도 불행해지면 어쩌지 하는 그런 공포감? 그런 게 가장 고민되는 부분이에요.

(88만원 세대 사례5, 32세, 여성)

전 굳이 고르자면 88만원 세대? 이게 맞는 거 같아요. 대학만 졸업하면 대기업 취직하는 게 큰 문제가 아니었던 부모님 세대랑 다르게 요즘 청년들은 대기업 취직은 물론이고 내 집 마련하는 거랑 정년 보장도 어려운 상황이고, 금수저로 태어났든 흙수저로 태어났든 적어도 본인 부모님보다 못사는 건 경제적인 측면에서 이 세대의 상당 부분을 설명하고 있다고 생각해요. 그런 의미에서 보자면 저희 세대를 '부모보다 가난한 1세대'라고 이름 붙일 수도 있을 것 같습니다.

(88만원 세대 사례6, 35세, 남성)

사실상 일부 응답자가 전문 직종에 정규직으로 종사하며 고액의 연봉을 받고 있으면서도 본인 세대를 '88만원 세대'로 규정하는 모습은 매우 흥미롭다.[2] 어떤 측면이 이들 세대로 하여금 이 같은 세대 정체성을 갖게 만든 것일까? 응답자들은 자신이 얼마를 버느냐와 상관없이 자신이 부모 때보다 못살게 될 거라는 사실, 결혼과 출산이 걱정된다는 점, 현재 우리 사회가 가지고 있는 다양한 문제점을 바탕으로 한 실망감 등 현재 그들이 당면하고 있는 다양한 과업과 그 과업을 달성하기 위한 과정

2 인터뷰의 응답자 일부는 의사이거나 금융업계와 같은 전문 직종에 종사하고 있었다.

에서 느껴지는 어려움들을 '88만원 세대'나 '3포 세대' 등 이들 세대의 힘듦을 강조하는 세대 명칭에 투영시키는 듯 보였다. 그렇다면 기존의 세대들과 비교할 때 유례없이 풍요로운 성장 과정을 거쳤다고 평가되는 이 세대가 불행하다고 느끼는 이유는 무엇인지, 이들의 삶의 궤적을 따라가보도록 하자.

## 2. 풍요 속에 태어나 절망의 아이콘이 되다

### 88만원 세대의 삶의 궤적

특정 기간에 태어난 개인들이 하나의 동일한 '세대'로 묶이는 데 있어 무엇보다 중요한 것은 그들이 공통적으로 경험해온 삶의 궤적이다. 인간은 환경의 영향을 받아 사회화되는 사회적 동물이기 때문이다. 따라서 이 연구에서 주목하는 88만원 세대가 갖는 독특한 특성을 이해하기 위해서는 먼저 이들이 생애 과정에서 어떤 사회문화적·역사적 사건들을 겪어왔는지에 대해 살펴볼 필요가 있다. 〈표 4-2〉와 [그림 4-1]은 88만원 세대가 경험한 주요 사건들을 정리한 것이다.

정치적인 측면에서 88만원 세대는 김영삼 대통령의 취임으로 대한민국 첫 문민정부의 출범과 함께 유년기를 시작한 세대이다. 이전 세대들이 독재 및 군부 정권에 맞서 정치적 민주화를 위해 투쟁했던 것과 달리, 88만원 세대는 정치적으로 안정된 상황에서 삶을 시작했다. 뿐만 아니라 이들 세대는 문민정부 출범 이후 전직 대통령들이 구속되고, 이후 노무현 대통령에 대한 탄핵의 목소리가 높아지는 등 과거 절대적 권위를 갖는 것으로 여겼던 대통령도 권위를 상실할 수 있다는 점을 보고 자

〈표 4-2〉 88만원 세대가 경험한 주요 사건 및 사고

| 정치 | 경제 |
|---|---|
| ■ 사상 첫 문민정부 출범(1993),<br>전두환 · 노태우 전 대통령 구속(1995),<br>노무현 대통령 탄핵(2004)<br>■ 김일성 사망(1994),<br>남북정상회담(2000, 2007) | ■ WTO 출범(1995),<br>OECD 가입(1996),<br>한미 FTA 타결(2010)<br>■ IMF 경제 위기와 극복(1997~2001)<br>■ 집값 폭등(2002, 2006),<br>카드 대란(2003) |
| **사회** | **문화** |
| ■ 심야 영업 규제 해제(1999)<br>■ 호주제 헌법 불합치 선고(2005)<br>■ 광우병 촛불집회(2008) | ■ 케이블 TV(1995),<br>PC통신 도입(1995),<br>무료 이메일 서비스(1997)<br>■ 초등 교과목에 영어 추가(1997),<br>해외 유학 자율화(2000)<br>■ 가정용 PC 보편화(1998)<br>■ 일본 대중문화 개방(1998),<br>한류 열풍(2001)<br>■ 한일월드컵 4강 진출(2002),<br>김연아 올림픽 금메달(2010) |

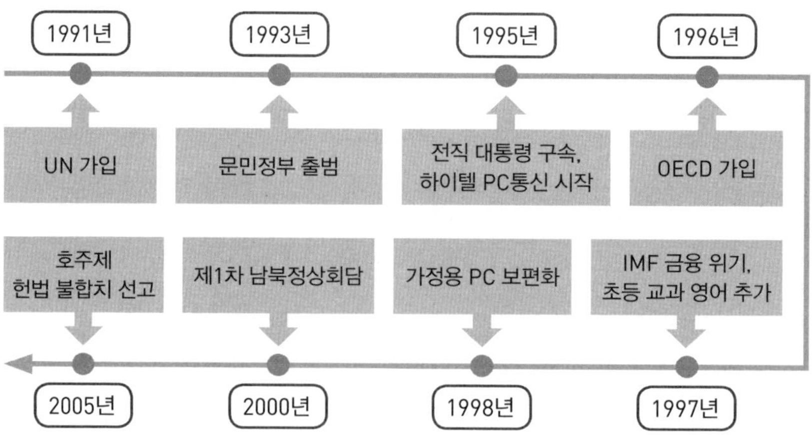


[그림 4-1] 88만원 세대의 삶의 궤적

랐다. 또한 이들이 유년기를 보낼 당시, 남북 관계에 있어서도 김일성이 사망하고 1, 2차 남북정상회담이 열리는 등 남북 간 긴장이 완화되어 전반적으로 88만원 세대는 정치적 탈권위 및 긴장 완화의 상황에서 성장했다.

베이비붐 세대가 일궈놓은 물질적 풍요 속에서 자란 88만원 세대는 경제적 측면에 있어서도 다양한 사건을 경험했다. 이들은 WTO 출범 및 OECD 가입, 한미 FTA 체결 등 한국이 경제적 측면에 있어 세계 선진국들과 어깨를 나란히 하는 모습을 지켜봤다. 88만원 세대에게 있어 자신이 사는 대한민국이라는 나라는 '처음엔 어려웠으나 점차 성장한 나라'가 아니라 '처음부터 경제적으로 풍족했던 나라'로 인식되어온 셈이다. 그러나 동시에 이들 세대는 1997년 외환 위기를 기점으로 풍족했던 국가가, 여유로웠던 가정이 한순간에 무너질 수 있다는 사실을 온몸으로 느낀 세대이기도 하다. 전문가들은 외환위기 이후 성장 가도를 달리며 핑크빛 미래를 꿈꾸던 사회적 분위기가 미래에 대한 불안이 심화되며 급격하게 잿빛으로 전환되었다고 보고하는데, 정서적으로 예민한 청소년기에 부모 세대의 어려움을 보고 자란 88만원 세대는 이후 카드대란이나 집값 폭등 등의 사회문제들을 연달아 겪었으며 최근에 와서는 취업난 등에 시달리고 있다.

한편 88만원 세대가 겪어온 일련의 사회적 사건들은 일차적으로 이들 세대가 이전 세대들보다 한층 자유롭고 평등한 사회적 분위기에서 성장해왔다는 사실을 보여준다. 과거 심야 통행 금지 해제에 이어 심야영업 규제 역시 해제되면서, 88만원 세대는 시간의 제약 없이 이동할 수 있는 자유가 생긴 시대에서 성장했다. 헌법재판소에 의해 호주제가 헌법 불합치 선고를 받고 폐지되면서는 한국 사회에 뿌리 깊게 존재해온 가부장제로 인해 발생했던 사회적 문제들이 해소되는 것을 경험했고, 출산율 저하로 인해 아들과 딸의 구분 없이 부모의 애정과 보호를 받으며 남녀평등에 대한 인식이 강화된 환경에서 성장했다.

88만원 세대의 삶의 궤적에 있어 문화적 측면의 사건들은 이 세대를 기존의 기성세대들과 구분 짓는 가장 큰 부분이라 할 수 있다. 88만원 세대가 유년기를 보내던 시절 한국에서는 가정과 학교에 개인용 PC가 보급되었고, 케이블 TV 프로그램이 처음으로 방영되었으며, 무료 이메일 서비스가 시작되는 등 각종 IT 산업이 활기를 띄었다. 이와 더불어 김대중 대통령 때는 일본의 대중문화가 개방되는 등 해외의 문화를 더욱 쉽게 접할 수 있는 바탕이 형성되었으며, 한국의 인기 드라마와 가요 등이 해외로 수출되며 한류 열풍을 일으켜 자국 문화에 대한 자부심을 기를 수 있는 계기도 마련되었다. 나아가 88만원 세대가 학교를 다닐 때는 초등학교 교과목에 영어가 추가되었으며, 자비 해외 유학의 자율화가 확대되어 어렸을 때부터 외국어를 배우고 해외 경험을 할 수 있는 환경이 조성되었다. 이러한 일련의 문화적 사건들을 바탕으로 88만원 세대는 디지털 세대와 글로벌리스트Globalist로 성장했다고 할 수 있다.

## 수치로 보는 88만원 세대의 오늘

다음으로는 88만원 세대가 처해 있는 작금의 상황을 살펴보자. 〈표 4-3〉은 이들 세대가 현재 처해 있는 사회구조적 특성을 극명하게 보여주기 위해 이들의 부모 세대인 베이비붐 세대 때의 사회구조적 상황과 비교해놓은 것이다.

표에 드러나 있듯, 2015년 현재 각각 은퇴기와 경제활동기 진입 상황에 놓여 있는 베이비붐 세대와 88만원 세대는 대학 진학률, 성장기 1인당 국민 총소득, 사회 진입 당시 경제 환경, 그리고 사회 진입 상황에서

〈표 4-3〉 베이비붐 세대와 88만원 세대의 사회구조적 상황

| 관련 지표 \ 세대 | 베이비붐(유신+민주화) 세대 | 88만원 세대 |
|---|---|---|
| 2018년 현 상황 | 은퇴기 진입 | 경제활동기 진입 |
| 대학 진학률 | 27.7% | 75.8% |
| 성장기<br>1인당 국민 총소득 | 1970년 $255 →<br>1985년 $2,355 | 1995년 $11,735 →<br>2010년 $20,562 |
| 사회 진입기 경제 환경 | 고도성장기(1980년대) | 저성장기(2010년대) |
| 사회 진입 상황 | 진입 후 안착<br>(취업→주거→결혼) | 진입 자체의 어려움<br>(3대 경제난, 3포) |

출처: 현대경제연구원(2012), 통계청(2012) 자료 재구성.

극명한 차이를 보인다. 먼저, 대학 진학률을 살펴보면 베이비붐 세대의 대학 진학률은 27.7%, 88만원 세대의 대학 진학률은 75.8%로 3배가량 차이가 남을 알 수 있다([그림 4-2] 참조). 88만원 세대의 대학 진학률은 이들의 부모 세대인 베이비붐 세대가 가졌던 뜨거운 교육열의 산물이라 할 수 있는데, 비단 대학 진학률뿐만 아니라 대학원 진학 및 유학 등 88만원 세대가 학교 및 교육기관에 머무르는 시간은 점점 더 길어지고

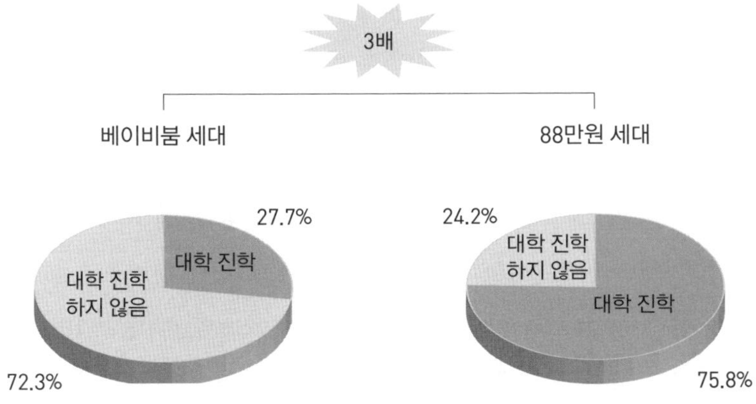


[그림 4-2] 베이비붐 세대와 88만원 세대의 대학 진학률

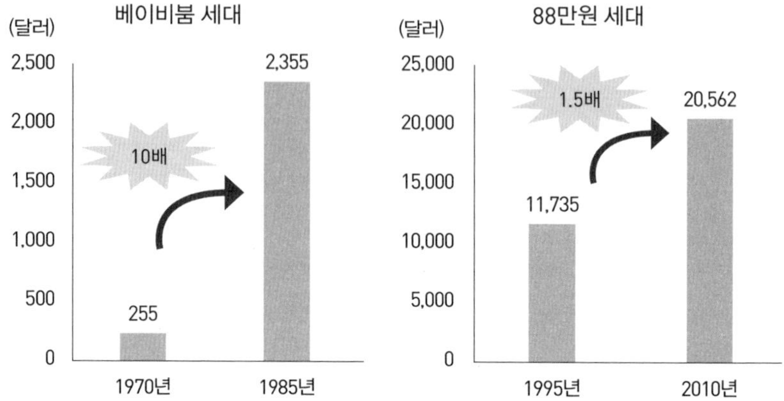


[그림 4-3] 베이비붐 세대와 88만원 세대의 청년기 진입 시 1인당 국민 총소득GNI 변화

있는 추세이다.

다음으로, 성장기 1인당 국민 총소득을 살펴보면 베이비붐 세대의 경우 이들이 청년기를 보낸 1970년부터 1985년 사이 1인당 국민 총소득은 255달러에서 2,355달러로 약 10배가 증가해 엄청난 경제 성장을 경험했다. 그러나 88만원 세대의 경우, 1995년 1만 1,735달러로 매우 높은 시작을 보였지만 15년이 지난 2010년, 베이비붐 세대 때와 비교할 때 불과 10분의 1에 해당하는 1.5배 증가한 2만 562달러로 매우 저조한 성장률을 경험해 부모 세대와 엄청난 차이를 보이고 있음을 알 수 있다([그림 4-3] 참조).

두 세대 간 차이는 이들이 사회에 진입할 때의 경제 환경에 있어서도 극명하게 나타난다. 베이비붐 세대가 학교 교육을 마친 이후 본격적으로 취업을 했던 시점은 1980년대 초반부터 1990년대 초반으로 그 당시는 1980년대 중반의 수출 산업 호조기를 거쳐 88올림픽 특수, 1990년대 초반의 건설 경기 호조에 이르기까지 고도성장이 지속되던 시기였다. 때문에 베이비붐 세대는 대학 진학 여부에 상관없이 모든 학력 계층에

[그림 4-4] 88만원 세대의 현실
출처: Story In Pictures (2016. 08. 14.), 문화일보(2009. 10. 16.)

서 확대·팽창하는 경제적·사회적 자원과 일자리 기회의 혜택을 보았다. 그러나 대학 진학률이 부모 세대의 3배에 가까운 88만원 세대가 사회 진입을 해야 하는 2010년대의 상황은 극심한 저성장기로서 제공되는 일자리가 한정되어 있는 반면, 구직자의 수는 많고, 또한 이들이 대부분 대학을 졸업함에 따라 일정 수준의 직장을 원하면서 구직자와 일자리 간 미스매치mismatch가 심각한 실정이다. 이 같은 차이 때문에 베이비붐 세대가 안정적으로 취업 시장에 자리를 잡고 주거를 마련하고 결혼해 자녀를 출산하는 등 사회 진입 후 사회 구성원으로 안착한 반면에 88만원 세대는 취업난, 신용난, 주거난 등 3대 경제난에 시달리며 사회인으로서 자리 잡는 것 자체가 어려워 '88만원 세대' 또는 '3포 세대'로 불리고 있다.

88만원 세대의 절망적인 현실을 다룬 기사들이 헤아릴 수 없을 만큼 많다는 것은 이와 같은 현상이 얼마나 심각한 사회의 문제인지를 역설한다. 특히 20대의 빈곤 문제에 대한 내용이 많은데, 고용률 57.4%에 그친 20대의 일자리 부족 문제는 88만원 세대의 빈곤율해당 연령대 전체 인구에서 평균 소득의 50% 미만을 버는 사람이 차지하는 비중을 함께 증가시키는 결과를 가져왔다(동아일보, 2016. 01. 01.). 통계청과 금융감독원, 한국은행의 '2015년 가계금융 복지조사' 결과에서도 20대의 빈곤율이 점증해 사상 처음으로 40대의 빈곤율을 초월했다는 점이 보도되었다(동아일보, 2016. 01. 02.). 이와 더불어, 청년층과 노인층이 동시에 소득 절벽에 직면하면서 '쌍봉형 빈곤쌍봉낙타처럼 부모 세대와 청년 세대가 동시에 빈곤해지는 현상'이 점차 심각해지고 있다는 기사도 보도되었으며(경향신문, 2016. 01. 26.), "대졸 청년 4명 중 1명은 교육·훈련을 받지 않으면서 고용 상태도 아닌 이른바 '니트NEET: Not in Education, Employment or Training'족인데, 이는 OECD 국가 중 3번째로 높은 수치"라는 기사도 보도돼 충격을 안겨주었다(연합뉴스, 2015. 12. 27.).

## 3. 사회, 그들을 상반된 두 개의 모습으로 그려내다

### 신문 기사: 축복받은 세대에서 불행한 세대로

88만원 세대를 바라보는 미디어와 학계의 시각은 줄곧 일관적이기보다는 시기별로 달라져온 경향이 있다. 가령, 2000년대 후반까지는 주로 88만원 세대가 갖는 문화적 특성과 능력 등 이들 세대의 밝고 긍정적인 측면이 부각되었다면, 2000년대 후반 이후부터는 우리나라의 경제 상황이 악화되고 그에 따라 취업 시장에의 진입이 어려워지면서 88만원 세대가 처하게 된 암울하고 부정적인 상황이 조명되어오고 있다. 동아일보와 조선일보가 2008년과 2015년에 각각 연재한 88만원 세대 관련 기사의 제목을 살펴보면 88만원 세대를 바라보는 시기별 미디어의 시각 차이가 극명하게 드러난다(〈표 4-4〉, [그림 4-5] 참조).

동아일보 기사에 등장하는 88만원 세대는 "축복받은 세대"이자 "태생

〈표 4-4〉 88만원 세대를 바라보는 신문 미디어의 시각

| 『동아일보』(2008) "IP세대" | 『조선일보』(2015) "20대를 말하다" |
|---|---|
| ① 재미와 열정Interest & Passion | ① 10명 중 7명 "미래 불안하다" |
| ② 국제적 잠재 역량International Potential | ② 너무 높은 취업 장벽… 첫발부터 좌절 |
| ③ 혁신의 개척자Innovative Pathfinder | ③ "취업하는 데 4,269만 원? 미친 나라죠!" |
| ④ 똑똑한 재테크족Intelligent Portfolio | ④ 모텔비, 식비에… "연애, 경제적으로 부담" 65% |
| ⑤ 만질 수 없는 파워Intangible Power | ⑤ "결혼 적령기 30~33세, 비용은 5,000만~1억 원" |
| ⑥ 상호작용하는 참여Interactive Participation | ⑥ "결혼 비용, 육아 · 가사는 남녀 공동 과제" |
| ⑦ 즉흥적 인간관계Instant Partnership | ⑦ 90%가 재테크 안 하거나 예적금만 납입 |

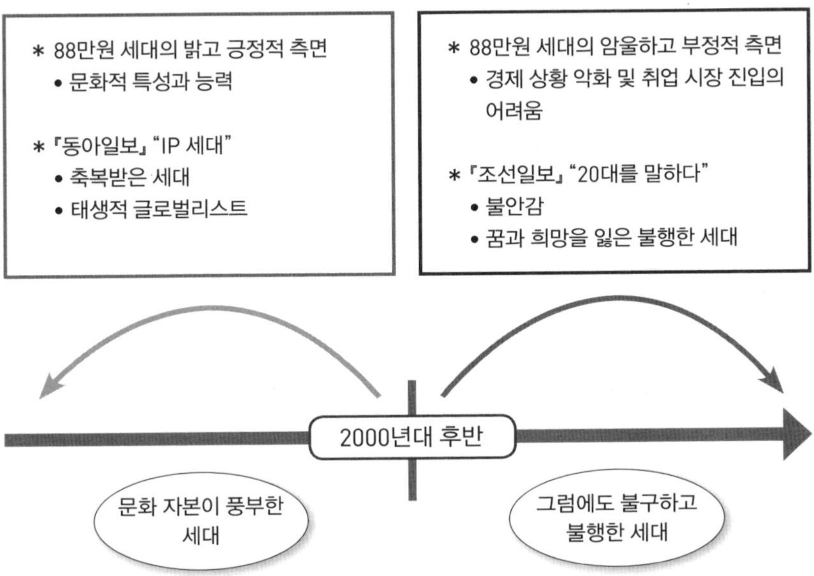


[그림 4-5] 88만원 세대를 바라보는 미디어의 시각 변화

적 글로벌리스트"이며, 자신에 대한 투자와 미래에 대한 준비가 남다른 모습으로 그려진다. 그러나 이와는 대조적으로 조선일보 기사에 등장하는 88만원 세대는 미래에 대해 불안감을 느끼며 꿈과 희망을 잃어버린 불행한 세대로 나타난다. 동아일보에 연재된 기사가, '물려받은 것이 많은', '문화 자본이 풍부한' 88만원 세대의 모습을 보여준다면, 조선일보

에 연재된 기사들은 '그럼에도 불구하고 불행한' 청년 세대의 모습을 보여준다고 할 수 있다.

### 단행본 서적: 3포 세대여, 자기계발에 매진하라

최근 들어 쏟아져나오고 있는 88만원 세대 관련 단행본 서적들 역시 이들 세대를 바라보는 사회적 시각을 확인할 수 있는 좋은 자료가 된다. 주요 인터넷 서점 홈페이지에서 '20대'를 검색하면 360권이 넘는 책이 검색되는데, 그중 절반 이상이 '자기계발'과 관련된 책들이다. 책들의 제목을 살펴보면 『20대 나만의 무대를 세워라』, 『20대 공부에 미쳐라: 부와 성공에 직결되는 공부법』, 『20대 자기계발에 미쳐라』, 『20대 컨셉력에 목숨 걸어라』, 『20대 자신의 재능을 깨워라』, 『20대 여성이 성공하고 행복할 수 있는 7가지 좋은 습관』 등 사회적으로 성공하기 위한 갖가지 실용적인 방법을 강조하는 것이 많다.

실제로 현재 우리 사회의 88만원 세대는 태어나고 자라오면서 '자신만의 꿈'을 가지고 '글로벌 무대'에 서서 사회적 '성공과 부'를 성취하기 위해 공부에 매진하고 스스로를 끊임없이 계발해야 하는 삶을 강요받아 온 경향이 있다. 그리고 그 결과 이전 세대들과 비교할 수 없을 만큼 많은 능력을 갖추게 되었으며, 동시에 삶에 대한 기준치 역시 높게 설정되었다. 그러나 현재 88만원 세대를 둘러싼 '3포 세대' 논쟁은 이들이 처한 상황이 이들이 기대했던 바와 다르다는 점을 보여주며, 최근 이들 세대에 관해 출간되고 있는 서적들 역시 이 같은 사실을 잘 보여준다([그림 4-6] 참조).

대표적으로, 2007년 출간된 『88만원 세대』(우석훈·박권일, 2007)는 그동안 N세대나 P세대와 같은 88만원 세대의 독특한 라이프스타일과 국

[그림 4-6] 88만원 세대의 현실을 다룬 서적

제적 감각, 넘치는 열정의 모습이 아닌 이들이 처한 어두운 면을 보여주는 신호탄 역할을 했다. 88만원 세대를 "비정규직 평균 임금 119만 원에 20대의 평균적 소득 비율 74%를 곱해 나온 88만 원을 사용한 단어로, 우리나라 여러 세대 중 처음으로 승자 독식 게임을 받아들인, 탈출구가 없는 세대"라 정의하는 이 책은 청년 세대에 대한 논의가 '축복받은 세대'에서 '절망적인 세대'에 관한 것으로 바뀌게 되는 데 일종의 전환점 역할을 했으며, 이 책이 출간된 이후 '88만원 세대'는 오늘날 청년 세대를 대표하는 수식어구로 기능하면서 이후 3포 세대, 5포 세대와 같은 용어가 등장하게 하는 발판이 되었다.

### 학술 연구: 문화적 특성과 청년 실업 사이에서

현재 우리가 주목하는 88만원 세대에 관한 학문적 논의는 2000년대 초반부터 중반까지 N세대에 관한 논의로 집중되어온 경향이 있다. N세대를 다룬 학술 논문들은 이들 세대가 가정용 PC와 인터넷, MP3, 스마트폰에 이르기까지 다양한 디지털 기기를 사용하며 유아기와 청소년기를 보내면서 이전 세대와는 다른 독특한 라이프스타일과 소비 패턴을 형성해왔다는 점에 주목해, 이들의 인터넷 문화, 쇼핑 행태, 이들 세대가 선호하는 정보기기 디자인 및 패션 상품 등을 분석했다. 한편 N세대에 대한 또 다른 논문들은 다른 세대와 비교할 때 이 세대가 갖는 독특한 가치관에 초점을 맞춰 군대, 교회, 직장 내에서 이들 세대를 어떻게 이해하고 수용해야 할 것인가에 대해 분석했다. 학문 분야마다 다루는 내용은 조금씩 다르지만, N세대라는 명칭이 현재 한국 사회의 88만원 세대가 갖는 문화적·행태적 특성을 반영한 용어라는 점에서 모두 논의의 무게중심을 이 세대가 갖는 사회문화적 특성에 두고 있다는 공통점을 갖는다.

88만원 세대와 관련해 가장 많은 논의가 이루어지고 있는 것은 역시 청년 실업에 관한 것이다. 2000년대 초반부터 중반까지의 연구들이 N세대와 같은 2030세대의 문화적 특성에 주목했다면, 2000년대 중반 이후부터는 이들이 처한 시대적 상황을 보여주는 연구들이 주를 이루고 있다. 구체적으로, 청년 실업에 관한 학위논문은 2000년 2건, 2002년 10건, 2003년 16건으로 서서히 증가하다가 2004년부터 2009년까지는 지속적으로 20여 편의 학위논문이 출간되었으며, 2010년을 기점으로 그 두 배 이상인 46~50편 정도씩이 매년 출간되고 있어, 2000년 이후로 점차 청년 실업이 사회적 문제로 대두되어왔음을 알 수 있다. 청년 실업에 관한 국내 학술지 논문 역시 2000년 이후 등장하기 시작해 2004년을 기점으로 매년 적게는 30편, 많게는 59편이 출간되고 있다. 출간 빈도가 높은 학회지는 『경기도경제동향』, 『국제노동브리프』, 『노동정책연구』, 『진로교육연구』, 『한국정책연구』 등으로 주로 경제·노동 분야와 행정·정책 분야, 그리고 진로 교육 분야에서 청년 실업 문제를 다루고 있으며, 이들 모두 청년 실업 문제의 실태를 파악하고 원인을 분석해 이 문제를 해소·완화하기 위한 대책 마련에 주목한다.

## 4. 글로벌한 평등주의자, 기성세대의 권위를 비틀다

앞서 살펴본 내용을 종합해볼 때, 88만원 세대에 해당하는 현 20·30대 청년들의 특성은 다음의 네 가지로 정리될 수 있다.

### 자기계발에 매진하는 디지털 네이티브와 태생적 글로벌리스트

88만원 세대를 이해하기 위해 가장 먼저 알아야 할 것은 이들이 기존의 어떤 세대보다도 뛰어난 능력과 풍부한 문화 자본을 갖춘 세대라는 점이다. 한국 88만원 세대의 대학 진학률은 한국의 기성세대뿐만 아니라 다른 국가의 청년 세대와 비교해볼 때도 세계 최고 수준이며, 이들의 수학능력 역시 탁월한 수준이라 할 수 있다. 베이비붐 세대의 뜨거운 교육열은 1980년대 20%대에 불과했던 대학 진학률을 75%까지 끌어올렸으며, 자녀를 위한 희생과 적극적인 지원을 통해 88만원 세대가 그 어느 세대와도 비교할 수 없을 정도로 좋은 여건에서 성장할 수 있도록 했다.

이들은 한국 역사상 처음으로 개인용 PC가 있고 인터넷을 사용할 수 있는 가정환경에서 성장했으며, 조기 외국어 학습과 해외여행 등 외국 문화를 상대적으로 쉽게 접할 수 있는 사회적 조건에서 유년기를 보냈다. 그리고 이들의 성장 과정에서 이루어진 이 같은 다양한 사회문화적 경험은 88만원 세대를 IT 활용에 능하고 온라인 문화에 친숙하며, 외국어 및 문화에 개방적인 디지털 네이티브Digital Native이자 태생적 글로벌리스트로 만들어놓았다. 실제로 88만원 세대의 윗세대 시각으로 볼 때, 이들 세대의 특징으로 언급되는 것들이 바로 영어 능력과 컴퓨터 능력에 관한 것이다. X세대와 베이비붐 세대의 응답자들을 대상으로 한 인터뷰에서 이들은 입을 모아 88만원 세대의 장점으로 '글로벌한 역량'과 '정보화 기기 능력'을 꼽았다.

저희 때는 영어를 글로 배워서 영어로 말을 한다는 건 거의 불가능하기도 하고, 그런 사람을 거의 본 적이 없어요. 그런데 요즘에는 운동선수들도 그렇고 (외국에서) 살다 오지 않은 사람들도 영어로 대화가 잘 되더라구요. 확실히 글로벌화되어 있는 것 같아요.

(베이비붐 세대 사례3, 52세, 여성)

스킬적인 것들은 이미 탑재를 해서 (회사에) 들어온 것 같아요. 저는 법률회사를 다니는데 저희는 살벌한 경쟁을 뚫고 들어오는 건 아니고 특채, 수시모집의 모습이 강해서 (다른 회사랑) 분위기가 다른데 이 회사를 목표로 해서 들어온 사람은 거의 없고 전공을 살리거나 어쩌다 보니 들어온 그런 분위긴데 최근에 스펙이 저희 때보다 높다는 생각이 많이 들어요. 미국에서 석사도 마치고 왜 얘가 사원으로 들어왔을까 싶은데 걔 말을 들어보면 다른 곳은 다 안 됐고 인턴만 하고 들어왔다 해요. 요즘 태어났음 우리는 취직도 못 하겠다는 말을 많이 해요. 영어도 잘하고, 컴퓨터도 잘 다루고 프레젠테이션도 잘해요.

(88만원 세대 사례7, 36세, 여성)

이처럼 높은 교육 수준과 출중한 컴퓨터 및 외국어 실력을 갖춘 88만원 세대는, 그러나 자기계발을 멈추지 않고 끊임없이 무언가를 배우고 이를 통해 자신들의 '스펙'과 '역량'을 기르려고 한다는 점에서 더욱 특징적이다. 더 좋은 학점을 받기 위해 대학 강의를 재수강하는 것은 기본이고, 영어를 비롯한 제2외국어를 배우기 위해 학원을 다니거나 인터넷 강의를 듣는다. 뿐만 아니라 '외모도 실력'이라는 생각을 강하게 갖고 있어 몸매 관리를 위해 피트니스 센터에 다니거나 더 좋은 외모를 갖기 위해 성형도 서슴지 않는다. 88만원 세대의 이러한 특성은 남자와 여자의 외모에 대한 의견에서도 나타나는데, 88만원 세대는 다른 세대보다 외모가 개인 경쟁력의 한 요소라는 데 동의하고 있으며, 외모의 향상을 위해 성형 수술을 할 수 있다고 생각하는 경향이 다른 세대에 비해 높게 나타났다(〈표 4-5〉 참조).

최근 들어서는 '취업 성형'이라는 말이 생길 정도로 취업 준비생들이 취업을 위해 성형을 하는 경우가 날로 늘어가고 있다. 비슷한 스펙을 가진 청년들끼리 경쟁을 하다 보니 신입사원 채용에 있어서 면접이 차지하는 비중이 커지게 되었고, 이에 따라 외모의 중요성이 부상하고 있는 것이다. 실제로도 취업 관련 설문 조사에서 '호감이 가는 외모'가 취업에 중요한 요소 1순위로 뽑힐 만큼 취업을 위한 외모 개선이 중요한 자기계발 요소가 되었다. 예전에는 쌍꺼풀 수술 정도만이 유행했다면, 요

〈표 4-5〉 세대별 남자와 여자의 외모에 대한 의견

| 문항 / 세대 | 남자에게 외모는 경쟁력이다 | 남자는 더 나은 외모를 위해서 성형 수술을 할 수 있다 | 여자에게 외모는 경쟁력이다 | 여자는 더 나은 외모를 위해서 성형 수술을 할 수 있다 |
|---|---|---|---|---|
| 전체 | 3.37 | 2.83 | 3.96 | 3.40 |
| **88만원 세대 (25~37세)** | **3.45** | **3.29** | **4.17** | **3.67** |
| X세대 (38~47세) | 3.42 | 3.00 | 4.02 | 3.52 |
| 베이비붐 세대 (48~67세) | 3.39 | 2.81 | 3.96 | 3.38 |
| 산업화 세대 (68세 이상) | 3.24 | 2.36 | 3.77 | 3.14 |

주: 각 문항은 5점 만점의 척도로 측정되었음.
* 전혀 동의하지 않는다(1점)~매우 동의한다(5점)

즘엔 눈뿐만 아니라 코 성형, 지방이식, 입술라인 등 다양한 종류의 성형이 생겨나고 있으며 콤플렉스와 이미지 개선을 위해 성형을 선택하는 젊은 세대가 많아지고 있다.

### "즐겁게 사는 것이 인생의 목표"

88만원 세대가 갖는 또 다른 주요한 특징 중 하나는 이들이 '재미와 즐거움'을 삶의 우선적인 가치로 생각한다는 점이다. "펀fun생펀사", 즉 재미에 살고 재미에 죽는다는 뜻인데, 이 말은 오늘날 88만원 세대에 해당하는 20·30대 청년들에게 있어 일상생활에서 '재미'를 느끼는 것이 얼마나 중요한 것인지를 보여준다. 실제로 한 광고 기획사가 각 세대의 라이프스타일에 대해 수행한 설문 조사에서 88만원 세대의 75% 이상이 "즐겁게 사는 것이 인생의 목표"라고 응답했으며, 88만원 세대에 관한 학술 연구들 역시 이들 세대에 대해 '일상생활의 모든 것이 놀이가 되는 세대'라고 지적하고 있다. 특히 온라인 문화에 익숙한 88만원 세대는 가상공간에서 페이스북, 트위터, 인스타그램 등 SNS를 통해 그들만의 놀이 문화를 형성·공유하며 새로운 놀이 공간을 창출하고 있다. 이와 함께 일상생활에서의 소비 역시 현재의 행복과 즐거움을 추구하는 방향으로 나타나고 있다. 청년세대들은 '욜로YOLO: You Only Live Once', '탕진잼소소하게 탕진하는 재미' 등 기성세대와 차별화된 방식의 소비에 열광한다.

이들이 놀이와 즐거움을 추구하는 삶의 방식을 향유하고 있다는 점은 이들이 세상에 대해 비판하는 방식의 차이에서도 드러난다. 윗세대가 같은 시간, 같은 장소에서 가시적 형태로 똘똘 뭉쳐 '물리적' 저항의 형태로 기득권에 저항했던 것에 반해, 요즘 88만원 세대는 온라인이라는 가상공간에서 약한 연대를 맺으며 권위에 대한 풍자를 통해 '상징적'으

[그림 4-7] 88만원 세대의 정치적 패러디

로, 또는 '기호학적'으로 저항한다. 이러한 저항 방식은 무겁고 지루한 방식이 아닌, 가볍지만 재미있게 작은 균열들을 내는 시위 문화로 재탄생했다. 그 한 예로 최근 젊은 세대를 중심으로 유행한 최순실 게이트에 대한 정치적 패러디가 있다([그림 4-7] 참조). 88만원 세대는 심각한 정치적 사안과 국정 혼란 사태에 대해 기존의 심각하고 진지한 방식의 접근보다는 정치인들의 발언에서 재미를 찾아 이들의 말을 따라 유행어를 만들거나, 풍자적인 짤[3]을 만들어 퍼트림으로써 정치적인 문제에 보다 재미있게 접근했다. 뿐만 아니라 박근혜 전 대통령과 최순실 씨를 풍자하는 '순실이 닭 키우기', '순실이 빨리 와', '최순실 게임', '순실런' 등의 스마트폰용 게임 앱을 만들기도 했다. 스마트폰 시대에 88만원 세대의 정치적 풍자는 진화하고 있다.

젊은 청년들이 중심이 되어 활동하는 '디시인사이드'의 '허언증 갤러

3 '짤' 또는 '짤방'이라는 용어는 '짤림 방지'의 줄임말로, 인터넷 사용자들이 게시판에 글을 올릴 때 재미있는 그림이나 사진, 짧은 동영상들을 함께 올려 자신의 글이 게시판 운영자에 의해 임의로 삭제되는('짤리는') 것을 막는다는 것에서 유래했다.

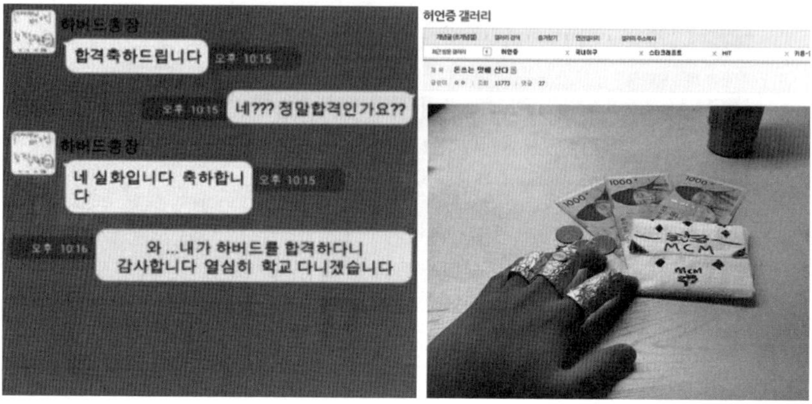


[그림 4-8] 허언증 갤러리의 게시글

리'라는 게시판 또한 88만원 세대가 어떻게 현실을 재미있고 가벼운 웃음거리로 치환시키는지를 보여준다([그림 4-8] 참조). 허언증 갤러리에서 활동하는 88만원 세대들은 결코 사실일 수 없는 과장된 거짓말로 자신들이 처한 경제적 빈곤, 학업 및 취업에 있어서의 과도한 경쟁 등의 어려운 현실을 희화화하며 잠시나마 자신들의 아픔을 웃음으로 승화시킨다. 그러나 수시로 올라오는 '금수저 인증사실은 흙수저 인증' 게시글과 자신이 흙수저인지 아닌지 테스트 하는 '흙수저 빙고 게임([그림 4-9] 참조)' 등의 등장은, 이들이 현실적인 문제를 겪고 있음에도 딱히 이를 해결할 수 있는 돌파구가 없다는 점에서 그저 웃고 넘기기엔 뭔가 씁쓸함이 남는다.

재미와 즐거움을 추구하는 88만원 세대의 특징은 이들 세대가 여가와 문화 생활을 중시하는 것과도 연관된다. '나만을 위한 시간'이 꼭 필요하고 취미 생활을 중시하는 88만원 세대의 모습은 직장 생활에 대한 이들의 태도에서 단적으로 드러나는데, 가령 2011년 세대 간 갈등에 대해 조사한 결과에 따르면, 이들 세대에게 있어 '주어진 연차나 휴가를 쓰는

| 서울 소재 대학교를 졸업했다. | 지름신이 오면 뭐가 됐든 그냥 사버린다. | 이성 친구를 2번 이상 사귀어봤다. | 게임, 웹서핑, 음악 감상, 독서 이외의 취미가 있다. | 10년 이상 연락하는 친구가 5명 이상 있다. |
|---|---|---|---|---|
| 연봉이 5,000만 원 이상이다. | 명절 때 은행에서 선물 보내준다. | 본가 차량이 7,000만 원 이상급 2대 이상이다. | 해외 여행 경험 2번 이상 있다. | 학부생 때 차를 끌고 다녔다. |
| 한 달에 통화 시간이 20시간 넘는다. | 본인 명의 1억 5,000만 원 이상의 집이 있다. | 본가 집값이 20억 원 이상이다. | 주식이나 펀드 1억 이상 가지고 있다. | 금융에서 발생하는 이자 순익이 1년에 3,000만 원 이상이다. |
| 국가 공인 자격증을 1개 이상 가지고 있다. | 영어, 중국어, 일본어, 독일어 중 1개 이상 가능하다. | 의료보험료 70만 원 이상 납부한다. | 본인 보유 차량 가격이 4,000만 원 이상이다. | 1년 이상 어학연수 및 유학 경험 있다. |
| 성매매, 성병 경험 없다. | 거래하는 은행 2개 이상, 통장은 4개 이상이다. | 카톡이나 페북 프로필 사진이 본인 사진이다. | 핸드폰 요금제 69 이상이다. | 대학 때 한 달 용돈이 100만 원 이상이었다. |

금수저 빙고: 체크된 항목이 7개 이상이면 금수저에 가깝다.

| 화장실에 물 받는 대야가 있다. | 연립주택에 살고 있다. | 세뱃돈이 10만 원 단위를 못 넘겨봤다. | 알바를 해 본 적이 있다. | 부모님이 정기 건강검진을 받지 않으신다. |
|---|---|---|---|---|
| 집에 욕조가 없다. | 집에 장판이 뜨거나 뜯긴 곳이 있다. | 부모님이 취미 생활이 없으시다. | 부모님이 자식 교육에 집착이 심한 편이다. | 집에 TV가 브라운관이거나 10인치 이하 평면 TV이다. |
| 냉동실에 비닐 안에 든 뭔가가 많다. | 부모님이 음식을 남기지 말라고 잔소리하신다. | 가계 부채가 있다. | 고기 요리를 할 때 국으로 된 요리를 자주 먹는다. | 중고나라 거래를 해본 적이 있다. |
| 부모님이 이혼을 하셨다. | 1년에 신발 한두 켤레를 번갈아 신는다. | 식탁 유리 아래 식탁보가 비닐로 돼 있다. | 집에 비데가 없다. | 여름에 에어컨을 잘 안 틀거나 에어컨이 없다. |
| 본가가 월세나 1억 원 이하의 전세이다. | 인터넷 쇼핑할 때 최저가를 찾는 데 시간을 많이 투자한다. | 집에 차가 없거나 연식이 오래됐다. (7년 이상) | 옷장 안에 유행이 지난 후 쟁여둔 옷이 많다. (특히 두꺼운 옷) | 집에 곰팡이 핀 곳이 있다. |

흙수저 빙고: 체크된 항목이 7개 이상이면 흙수저에 가깝다.

[그림 4-9] 금수저, 흙수저 빙고 게임

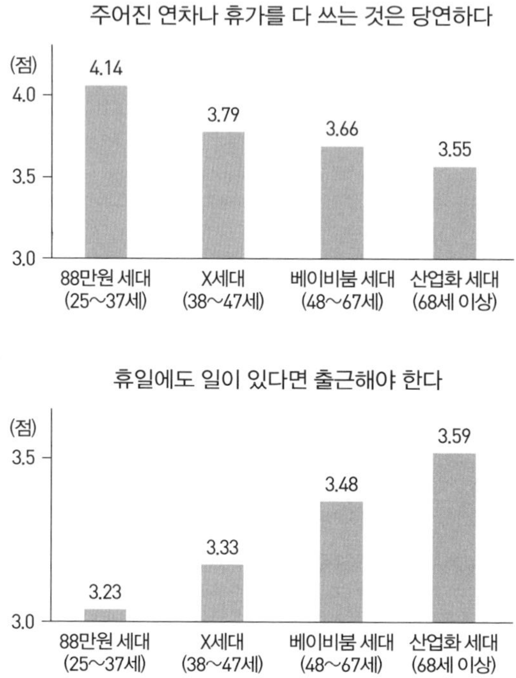


주: 각 문항은 5점 만점의 척도로 측정되었음.
* 전혀 동의하지 않는다(1점)~매우 동의한다(5점).

[그림 4-10] 연차 및 휴가 사용과 휴일 근무에 대한 세대별 인식 차이

것은 당연한 일'이며, '휴일에 일이 있다 해도 꼭 출근해야 하는 것은 아니라고 생각'한다. [그림 4-10]에 제시된 그래프를 살펴보면, '주어진 연차나 휴가를 다 쓰는 것은 당연하다'는 데 88만원 세대가 가장 높은 정도로 동의하고 있고, 반대로 '휴일에도 일이 있다면 출근해야 한다'는 의견에 대해서는 가장 낮은 정도의 동의 수준을 보이고 있음을 확인할 수 있다. 이 같은 결과는 88만원 세대에게 있어 '개인적인 시간'을 확보하는 것이 무엇보다 중요한 사안임을 알 수 있는 부분이다.

이렇게 확보된 여가 시간에 88만원 세대는 영화 및 콘서트 관람 등 문

화 활동을 하고, 개인적인 취미를 위해 노래나 춤을 배우기도 한다. 베이비붐 세대나 산업화 세대까지 가지 않더라도, 이들의 바로 윗세대인 X세대가 보기에도 88만원 세대의 '개인 시간'에 대한 가치 부여는 이들만의 뚜렷한 특성으로 인식되고 있다. 법률회사에서 근무하는 88만원 세대 사례7(36세, 여성)은 "업무가 바쁜 와중에도 요즘 어린 친구들은 짬을 내서 당일치기로라도 여행을 다녀오고, 출근 전이나 퇴근 이후 시간을 활용해 자기계발이나 취미 생활을 하는 것 같다."라고 말했고, 88만원 세대 사례11(37세, 여성) 역시 "회사 일을 다 하면서도 틈틈이 인터넷 쇼핑도 하고 나름대로 개인적인 시간을 보내는 것 같다."라고 지적했다.

그런데 이때, 이들 세대가 재미를 추구하고 여가를 향유하는 데 있어 소비가 차지하는 비중이 크다는 점은 눈여겨볼 만하다. 88만원 세대에 해당하는 20·30대 청년 세대는 자기 정체성과 개성을 매우 중요하게 여기는 세대이며, 이를 가장 효과적으로 드러내는 방식이 바로 '소비'를 통한 것이다. 88만원 세대의 소비 행태를 분석한 한 연구는, 이들 세대의 경우 자신이 특별하게 선호하는 부분에 있어서는 가격에 상관없이 최고를 선호하는 경향을 보이며 특히 감성, 문화, 유행 등에 민감해 가치 소비와 충동 소비를 많이 하는 편이라는 점을 지적한다(임미리, 2013). 그렇다면 88만원 세대의 이 같은 소비 행태에 대해 이들의 부모 세대라 할 수 있는 베이비붐 세대는 어떤 평가를 하고 있을까? 20·30대의 자녀를 두고 있다는 50·60대 남녀의 이야기를 들어보았다.

있는 아이들은 부모가 다 대주니까. 딸이 취직을 했는데 월급으로 생활이 안 되더래요. 엄마가 대학 때 백화점에서 화장품 사주고 옷 사주고 그래서 그 쓰던 게 있는 거지. 그래서 자기가 직장 들어가서 월급을 받았는데 그 돈으로 엄마가 사주던 거 비싸고 좋은 거 사니까 생활이 안 되고. 어려운 아이들은 그렇게 안 되니까 알바 하는 애들도 있고…

(베이비붐 세대 사례3, 52세, 여성)

저희 집에서 보면, 딸아이가 제 엄마하고 싸우는 걸 보니까 스타킹을 사서 한 번 신고 벗어서 쑤셔놓고 다시 사고. 엄마가 방을 치우다 보니까 (스타킹이) 한 자루가 나온 거야. 그래서 난리가 난 거죠. 물론 그때는 직장을 다닐 때라 바빠서 그랬다고 하더라도… 신다가 조금 흠이 있으면 벗어놓고 다시 사는 거야. 화장품도 이거하고 저거하고 잔뜩 쟁여놓고 버리고. 돈도 보면 잔돈 이런 걸 수북하게 쌓아놓고 서랍에 있는데 누가 가져가도 모르는 거고. 직장에서 봉투에 받은 차비도 그냥 두고. 정신없이 다니고.

(베이비붐 세대 사례7, 59세, 남성)

작은아이는 아르바이트를 항상 하더라고요. 힘들어서 쩔쩔매요. 그런데 왜 하냐 이러면 엄마가 준 용돈으로는 최소한의 경비로밖에 못 쓴대요. 그래서 뭐 옷 사고 화장품 사고 예쁘게 하고 다니고 그러기 위해서 아르바이트를 해야 한다고… 처음에는 이해가 안 되고. 저 같은 경우는 뭐 (몸에) 끼면 옷이죠.

(베이비붐 세대 사례6, 55세, 여성)

이들은 공통적으로 88만원 세대가 그들의 경제적 능력에 비해 '낭비적인 소비'를 한다고 언급했다. 특별히 사치를 한다고 생각하지는 않았지만 '스타킹을 한 번 신고 새로 사는 것'이나 '잔돈을 쌓아놓고 관리하지 않는 것', '당장 필요하지 않은 화장품을 습관적으로 사는 것'과 같이 작은 것들을 아끼지 않는 모습을 88만원 세대의 잘못된 소비 행태로 생각하고 있었다.

## '기브 앤 테이크'가 확실한 실용주의파

앞서 살펴본 88만원 세대의 두 가지 특징을 통해 짐작해볼 수 있듯, 뛰어난 스펙을 가지고 있으며 소비를 통한 즐거움이 큰 88만원 세대는 그만큼 스스로에 대한 기대, 즉 자신의 성장 과정에서 투자한 만큼 뽑아내야 한다는 강박이 심하고, 소비와 이를 가능하게 하는 돈에 대한 열망이 매우 크다. 때문에 이들은 '나에게 직접적인 도움이 되는 일'이라고 판단될 때만 행동을 취하는 경우가 많다. 2011년에 수행한 조사에 따르면, 40대 이상의 기성세대는 현재 20·30대인 88만원 세대가 '연애'나 '결혼'에 관심이 많고 또 고민할 것이라 생각하지만 실질적으로 이 세대가 고민하고 관심을 갖는 것은 취업과 경제 문제로, 연애나 결혼도 경제적 문제가 해결되어야만 할 수 있다고 생각한다. 〈표 4-6〉을 보면 모든 세대를 통틀어 20대의 고민으로 지목된 '학업과 진학', '일취업, 승진 등'을 제외하고, 88만원 세대를 제외한 모든 세대가 '이성 관계'를 큰 고민이라고 인지하고 있었다. 하지만 실제 88만원 세대는 이성 관계보다는 '경제적 문제'를 더 많이 고민하고 있었다. 경제적 문제 때문에 연애와 결혼, 출산을 포기했다고 해서 이 세대에게 붙은 '3포 세대'라는 용어는 이들의 이 같은 측면을 단적으로 보여준다.

88만원 세대는 1990년대 중반 금융 위기 속에서 청소년기를 보내며 소위 '불안 시대'를 살았다. 그리고 이러한 성장 배경은 88만원 세대가 '내 것'을 챙기는 것을 무엇보다 중요시 여기게끔 하는 데 영향을 미쳤다. 꼼꼼하게 이득을 따진다는 측면에서 일면 '합리적'으로 평가할 수 있는 이들의 실용주의는, 그러나 최근 취업난 등 경제적 문제가 88만원 세대의 피부에 와닿는 문제로 부각되면서 더욱 극단적인 형태로 나타나기도 한다. 즉 이제 '봉사도 스펙'인 사회에서, 모든 활동에서 확실하고

〈표 4-6〉 20대의 주요 고민이라고 생각되는 것에 대한 세대별 인식

(단위: %)

| 순위 | 응답자 세대 \ 항목 | 자기 계발 | 이성 관계 | 대인 관계 | 자녀 | 건강 | 결혼 생활 | 경제적 문제 | 외모 | 학업과 진학 | 일 (취업, 승진 등) |
|---|---|---|---|---|---|---|---|---|---|---|---|
| 1순위 | 전체 | 11.9 | 13.9 | 1.9 | 0.2 | 0.4 | 0.8 | 4.5 | 3.3 | 25.6 | 37.4 |
| | 88만원 세대 | 14.2 | 6.5 | 2.1 | 0.0 | 0.6 | 0.0 | 7.7 | 2.1 | 20.9 | 46.0 |
| | X세대 | 10.8 | 17.0 | 3.1 | 0.4 | 0.4 | 0.4 | 5.8 | 3.1 | 22.8 | 36.3 |
| | 베이비붐세대 | 12.6 | 15.3 | 2.1 | 0.4 | 0.4 | 1.0 | 5.4 | 3.5 | 23.7 | 35.7 |
| | 산업화 세대 | 9.8 | 16.5 | 1.0 | 0.0 | 0.2 | 1.4 | 0.2 | 4.3 | 33.3 | 33.1 |
| 2순위 | 전체 | 13.9 | 22.4 | 4.5 | 0.1 | 0.4 | 3.1 | 11.9 | 8.3 | 10.5 | 24.2 |
| | 88만원 세대 | 15.3 | 16.5 | 5.6 | 0.3 | 0.3 | 2.7 | 22.4 | 5.0 | 10.9 | 20.9 |
| | X세대 | 15.4 | 18.9 | 6.6 | 0.0 | 0.4 | 4.6 | 13.1 | 5.8 | 14.3 | 20.8 |
| | 베이비붐세대 | 10.9 | 24.9 | 4.7 | 0.2 | 0.4 | 3.7 | 10.7 | 6.8 | 11.3 | 26.0 |
| | 산업화 세대 | 15.3 | 26.4 | 2.2 | 0.0 | 0.5 | 1.9 | 3.8 | 14.1 | 7.0 | 26.9 |

실질적인 이득을 얻으려는 88만원 세대에게 무조건적인 희생과 봉사를 요구하기는 매우 어렵다고 할 수 있다.

기회가 있을 때 자신에게 이득이 되는 선택을 추구하는 88만원 세대의 실용주의적 가치관은 이들의 직장 생활에서도 나타난다. 88만원 세대는 다른 세대보다 '보수가 더 나은 회사에서 제안이 온다면 직장을 옮기는 것이 당연하다'는 생각에 가장 높은 정도로 동의한다([그림 4-11] 참조). 현재 다니고 있는 직장에서의 관계나 책임감 등 개인적인 요소들이 이직을 망설이게 하는 중요한 요소로 작용할 수 있지만, 적어도 88만원 세대 전반에 걸쳐 공유되고 있는 생각은 '한 번 들어간 직장은 평생 직장'이라는 과거의 직업관이 아닌 것은 분명한 듯하다.

군 복무 문제와 관련해서도 88만원 세대가 갖는 '실용주의적 성격'이 드러난다. 과거에도 남성 청년들이 군대에서 국방의 의무를 다하는 것에 대한 불만이 있어왔지만, 적어도 헌법에 국민의 의무라고 명시되어 있는 한 "국가의 요구에 응답해 조국을 지키는 일에 한 몸을 바치겠다."

보수가 더 나은 회사에서 제안이 온다면 직장을 옮기는 것이 당연하다

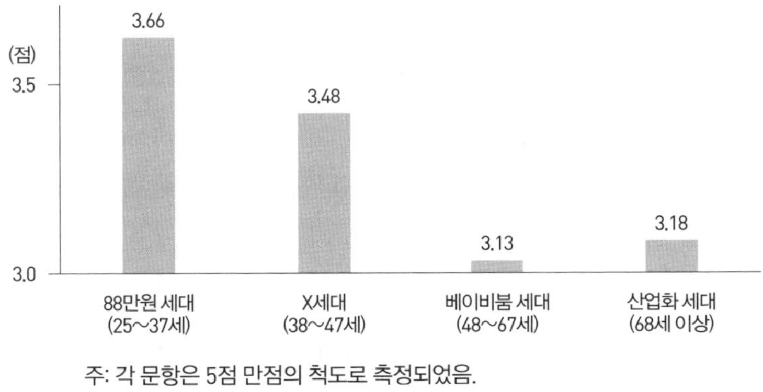


주: 각 문항은 5점 만점의 척도로 측정되었음.
* 전혀 동의하지 않는다(1점)~매우 동의한다(5점).

[그림 4-11] 세대별 직장 생활 관련 가치관 차이

라는 태도는 유지되었다. 그러나 최근 들어 88만원 세대 사이에서 문제가 된 것은 '애국페이'와 '7,000원어치 애국'이었다(헤럴드경제, 2015. 11. 22.). 과거 국민으로서 당연한 의무에 해당했던 군 복무는 더 이상 '자격'과 '의무'이기만 한 것이 아니라 적절한 '보상'과 '권리'가 주어져야 한다는 것이 88만원 세대의 목소리이다. 이들은 국방의 의무에 대한 보답으로 주어지는 군 보수가 터무니없이 적다는 것을 들어 '애국페이pay'라는 냉소적인 신조어로 표현했다. 나아가 예비군에게 하루 평균 주어지는 돈만큼만 애국하겠다는 목소리도 나오고 있다. 이러한 목소리는 자신의 것을 챙기는 것이 무엇보다 중요해진 88만원 세대가 보이는 특징적인 모습의 단면이라 할 수 있다.

뿐만 아니라 중앙일보 청춘리포트 팀에서 출간한 도서 『청춘리포트』(2016)에서는 기브 앤 테이크Give and Take가 확실한 88만원 세대를 보여주는 현상으로 '축테크' 현상을 설명하기도 했다. '축테크'란 축의금 제테크를 줄인 말로, 축의금 지출과 수입을 재테크처럼 철저히 계산해 경제적으로 손해를 보지 않으려고 하는 청년 세대의 축의금 문화를 설명하는 신조어이다. 축의금은 본래 축하하는 마음을 나타내기 위해 내는 돈이라는 뜻이지만, 88만원 세대에게 이러한 의미는 거의 남아 있지 않았다. 이들은 오랜만에 연락해 결혼한다고 알리는 '진상' 청첩자와 상대에게 축의금을 받고도 모른 척 하는 '시치미족' 같은 민폐 하객들에 대해 분노하고 있었다. 이뿐 아니라 자신이 결혼을 하지 않을 경우라고 하더라도 반드시 축의금을 낸 만큼 돌려받아야 한다는 생각으로 갈등을 빚는 경우도 있었으며, 자신이 축의금을 낸 만큼 제대로 돌려받는지 확인하기 위해 축의금 관리 앱을 활용하는 경우도 있었다. 축의금의 원래 의미인 축하하고 베푸는 마음보다, 자신이 낸 만큼 경제적으로 손해를 보지 않겠다는 마음이 88만원 세대 사이에서 더 강하게 작용하고 있는 것으로 보인다.

어떻게 보면 '기브주는 것'보다 '테이크받는 것'가 더 확실한 것이 88만원 세대라고 볼 수도 있을 것이다. 내가 다해야 하는 책임이나 의무에 대한 생각보다는 내가 받아야 하는 것에 대한 권리 주장이 굉장히 큰 세대이기 때문이다. '본인을 포함한 88만원 세대가 어떤 특성을 갖고 있는지'를 묻는 질문에 대해 88만원 세대 사례1(25세, 여성)은 "(세대가) 내려가면 내려갈수록 '고객의 마인드'가 더 커지는 것 같다."라고 하면서 "내가 뭔가를 더 열심히 해서 베풀어야 한다는 느낌보다는 받아야 된다는 느낌을 더 크게 받는다. 특별한 동기 부여가 없으면 내가 나서서 더 열심히 해야 한다는 생각을 하지 못하는 것 같다."라고 답했다. 88만원 세대를 '부모보다 못살게 된 1세대'라고도 부를 수 있을 것 같다고 이야기한 88만원 세대 사례6(35세, 남성)의 다음 발언 역시 '나는 받아야 하고, 나보다 많이 가진 부모가 주는 것은 당연하다'는 일부 88만원 세대의 생각을 보여준다.

지인이 했던 이야기이긴 한데, "우리가 결혼하면서 부모님한테서 돈(재산)을 물려받는 것에 대해 죄송하게 생각하지 마라. 우리는 부모님 세대보다 소득 측면이나 재산 측면에서 모두 열위에 있다. 물려받는 것은 당연하다." 라고 말했어요. 물론 내 자식이 이런 소리를 하면 엄청 열 받겠지만, 많은 것을 포함하고 있는 말이라 생각합니다. 부모님 세대는 대학만 졸업하면 대기업 취직하는 것은 큰 문제도 아니었고, 정년도 대부분 보장되었으며, 월급을 모아 내 집 장만한다는 것이 가능했지만, 우리 세대는 이 대부분이 사실상 불가능합니다. 그 어렵다는 대기업에 취직해도 부모님 도움 없이 월급을 모아 내 집 장만하려면 숨만 쉬고 살면서 10년, 20년을 모아야 하니 여유가 있으면 부모님 도움을 받는 것에 일말의 죄책감도 느낄 필요가 없다는 것은 상당히 설득력이 있다고 생각합니다.

(88만원 세대 사례6, 35세, 남성)

최저시급 문제와 관련해서도 이와 유사한 양상이 나타난다. 88만원 세대는 '받는 만큼 일하는 것'이 당연하며, 받는 것보다 더 많이 일하는 것에 대해서는 속칭 '호구'라고 표현하기도 한다. '내가 하는 만큼 받는 것이 아니라, 나한테 주는 만큼만 하겠다'는 게 88만원 세대의 '기브 앤 테이크' 정신인 듯도 하다.

(질문자: 최저시급을 받는 만큼만 일해야 한다는 것에 대해서는 어떻게 생각해요?)

기타 세대 사례9(23세, 여성): 맞는 거 같아요. 굳이 호구가 될 이유는 없잖아요. 사람 좋다고, 사장님 좋다고 최저시급보다 더 일하고 그러는 게 이해되지 않아요.

(질문자: 그럼 모든 사람들이 돈 받은 만큼만 일해야 한다고 보는 건가요?)

기타 세대 사례9(23세, 여성): 모든 사람들이 당연히 그래야 한다고 생각해요. 모든 사람들이 (돈) 받은 만큼만 일해서 생기는 불편 같은 건 그 사람들이 일을 제대로 안 해서 그러는 거고. 돈 받은 만큼만 일하는 거 자체는 나쁜 게 아니라고 봐요. 일 자체가 너무 힘든 사람들이 있기 때문에 그런 측면에서는 최저시급이 올라야 한다고 봐요.

88만원 세대가 보이는 이 같은 철저한 교환 정신에 대해 기성세대는 눈살을 찌푸리기도 한다. 50·60대 베이비붐 세대의 가치관에서 88만원 세대가 갖고 있는 기브 앤 테이크 정신은 이기적이고 잔정이 없으며 동료 의식이 부족한 것으로 해석된다.

요즘 20대들은 우리 20대, 저희가 대학생 때보다는 굉장히 이기주의인 것 같아요. 그리고 하여간 저는 우리 애들을 20대로 국한해 이야기해보면 우리 때보다는 잔정도 없는 것 같고, 저는 개인주의면 괜찮겠는데 더 나아가서 이기주의인 거 같고 자기들 것만 챙기고…

(베이비붐 세대 사례4, 52세, 여성)

너무 (생활이) 어려운 학생들은 대학에서도 학교 다니면서 밥을 못 먹고 (그러면) 식사를 후원해주고 그런 걸 대학에서도 하고 있더라고요. 그런데 아이들은 동료들이 (어려운 환경에서) 고생하고 있다 그걸 좀 느껴서 하면 좋은데 그건 또 관심을 기울이지 않더라고요. 자기 동료들인데. 너무 이기주의가 팽배한 것이 아닌가. 자라면서 또래와 어울리지 않고 동류 집단에 속해서 혼자 컴퓨터만 하고 이렇게 살아서 남, 이웃, 친구 이런 동료 의식이 부족한 거 같아요.

(베이비붐 세대 사례6, 55세, 여성)

나아가 88만원 세대가 자신의 잇속을 챙기는 모습에 대해 윗세대는 참을성이 없고 책임감이 없기 때문이라고 주장하기도 한다. 88만원 세대의 실용주의 정신은 윗세대가 보기에 자신이 하고 싶은 것만 하고 살려는 이기적인 모습이다. 이러한 관점에서, 기성세대는 88만원 세대가 직장에서든 어느 단체에서든 신입이기 때문에, 경력이 없기 때문에 당연히 거쳐가야 하는 역할에는 충실하지 않으면서 모든 것에 대해 부당하다고만 생각하는 경향이 있다고 본다. 이들의 말을 들어보자.

(취업했던 직장을 떠나서) 꿈을 찾아가더라도 처음부터 대가가 되는 건 아닌데, 거기서도 밑에서 하는 일을 하고 가야 하는데 그거에 대한 생각이 없는 거 같아요. 물론 윗사람들이 잘못된 사람들이 많다는 건 알지만, 그래도 요즘 아이들은 약간 부당한 대우뿐만 아니라 내가 해야 하는 부분까지도 "내가 이런 일 하려고 공부했냐? 나 이런 거 못해." 이렇게 얘기하는 게 문제가 된다고 봐요.

(베이비붐 세대 사례3, 52세, 여성)

저는 피아노를 가르치는 일을 하기 때문에 직장이라고 해봐야 학원인데요. 한 예로 제가 다니던 학원이 큰 학원이었고 선생님들이 여러 명 있었어요. 그래서 저처럼 나이가 많고 자녀가 있는 엄마들, 대학 다니면서 아르바이트하는 학생, 졸업하고 온 선생님들이 같이 얘기하고 생활하고 그랬는데 어느 날 갑자기 나이 어린 선생님이 아무 말 없이 그만둔 거예요. 시스템 자체를 못 견디고 자기가 생각했던 거와 다른 힘든 부분이 있었기 때문에… 그걸 보면서 저럴 수 있구나. 물론 그 부분에 대해 이해도 못했지만 참 많이 다르구나! 그런 걸 느낀 적이 있죠. […] 뒷 상황은 생각 안 하고 자기가 힘들고 그런 것만 생각하는 거 같아요.

(X세대 사례9, 47세, 여성)

### "내가 제일 중요해." 권위를 거부하는 평등주의자들

88만원 세대의 실용주의적인 성향은 그들의 대인관계 측면에서도 여실히 드러난다. 사회적 관계 측면에서 보았을 때, 88만원 세대는 공동체

보다는 개인을 중시하고 기존 권위에 무조건적으로 따르기보다는 그것에서 벗어나 자유로움이나 평등과 같은 가치를 지향하는 성향을 가진 세대이다. 88만원 세대의 인간관계를 '즉흥적인 인간관계Instant Partnership'라고 표현하기도 하는데, 실용적인 목적에 따라 쉽게 만났다가 쉽게 헤어진다는 뜻이다. 이들에게 '의리'나 '정', '평생 우정'과 같은 단어는 인간관계를 형성하는 데 최우선 가치가 아니다.

관계를 맺는 방식에 있어서도 88만원 세대는 기성세대와 차이를 보인다. 40대 이상의 기성세대가 오프라인을 중심으로 관계를 형성하는 반면, 88만원 세대의 인간관계는 온라인 중심적이다. 관계의 유지 기간 역시 공동체와 정을 중시하는 기성세대의 인간관계가 영구적으로 이어지는 반면, 재미를 추구하고 실용주의적인 성향이 강한 88만원 세대는 즉흥적으로 사람을 만나거나, 또는 특정한 목적하에 관계를 맺었다가 달성하고자 하는 목적이 끝나면 '쿨하게' 헤어져 관계 역시 흐지부지되는 경우가 많다. 이는 이들이 관계를 맺는 사람의 수와도 밀접하게 관련이 있는데, 오프라인 공간에서 사람을 사귀는 기성세대가 공간적 특성상 소수의 사람과 친밀한 인간관계를 형성하는 반면에 88만원 세대는 온라인이라는 가상공간에서 페이스북과 트위터, 블로그 등 SNS를 통해 다수의 사람과 관계를 맺기 때문이다.

온라인을 중심으로 이루어지는 88만원 세대의 실용적·합리적 인간관계에 대해 기성세대는 자신들이 과거 관계 맺던 방식과는 매우 다르며 정서적으로 메말라 있고, 문명의 이기를 누리고 있긴 하지만 공허한 관계를 맺고 있다고 보았다. 88만원 세대의 단점 및 문제점을 묻자, 몇몇 응답자는 이들의 인간관계에 대해 이렇게 응답했다.

저희 같은 경우는 사람들이랑 만나서 맨투맨으로 얘기하고 이런 거 좋아

했는데 (요즘 20·30대들은) 그렇게 사람 만나는 걸 부담스러워하는 거 같고 책임이 좀 있어야 하니까 그런 거에 대해서 거부감이 좀 있으면서 인터넷으로만 하고. 그러면서도 보면 굉장히 많이 알고 있는데 깊게 사귀는 애들은 별로 없는 거 같고. 카톡방도 대화 내용 주기적으로 삭제하고 그런 거 보면 우리 때랑 많이 다르구나.

(베이비붐 세대 사례5, 54세, 여성)

문명 이기를 굉장히 많이 누릴 수 있지만 전반적인 걸 보면 정서적인 면에서 굉장히 많이 메말랐다고 그럴까? 그런 걸 많이 느끼거든요.

(X세대 사례9, 47세, 여성)

탈권위주의에 대한 지향 역시 88만원 세대가 갖는 대표적 특성 중 하나이며 기성세대와 많은 갈등을 야기하는 특성 중 하나이기도 하다. 부모와 한두 명의 자녀로 이루어진 핵가족 형태의 가정에서 남녀 구분 없이 부모의 과잉보호와 집중적인 애정을 받으며 자란 88만원 세대는 과거와는 다른 사회적·역사적 배경, 그리고 가정환경에서 평등주의적인 성향을 체득하며 자랐다. 이런 성향을 가진 88만원 세대가 다양한 세대가 모여 있고, 그에 따라 전통적인 가치와 현대적 가치가 공존하는 회사나 교회, 가정 등에서 기성세대들과 갈등을 겪게 되는 것은 어쩌면 당연한 일이라 할 수 있다. 과거 합리성의 잣대로 평가받지 않고 당연하게 부여됐던 나이, 직업, 지위 등에 따른 전통적 권위들은 88만원 세대에게 당연한 것이 아니며, 비합리적이고 '꼰대'스러운 것이 되었다. 나이가 많거나 특정한 직업을 가졌다고 해서 절대적인 권위를 얻는 일은 불가능하며, 88만원 세대의 용어로 하면 '비합리적'인 것이 된다.

인터뷰 응답자들이 지목한 '꼰대'스러운 전통적 권위는 국가와 회사

등 집단을 위한 개인의 희생을 당연시하는 전체주의적 태도, 일명 군대식 문화였는데, 금융권에 종사하고 있는 88만원 세대 사례3(31세, 남성)은 "경제적 환경과 연관되어 국가와 회사의 성장이 개인의 보답으로 이어졌던 과거에는 한국 특유의 전체주의적 의식과 호봉제 및 정년 보장 제도가 어우러지면서 국가 및 회사를 위한 개인의 희생이 당연시 여겨졌으나, 지금은 성과 위주 연봉제와 개인의 삶 중시 등이 강조되면서 소속된 회사에 대한 주인의식보다는 개인의 성과 증진을 위한 개인주의적 성향이 강해지는 점이 세대 간 차이를 유발하는 것 같다."라고 하며 직장 내 세대 간 차이가 만들어지는 이유를 분석하기도 했다.

2011년 세대에 관한 설문 조사에서도 이 같은 모습은 쉽게 발견된다. '개인 사정이 있어도 직장 회식에는 참석해야 한다'는 의견에 대한 동의 정도를 묻는 질문에서 88만원 세대는 가장 높은 정도로 동의하지 않는다는 입장을 내놓았다([그림 4-12] 참조). 이와 같이 이들은 정을 중시하는 의리 문화나 집단의 소속감을 강조하는 것에 대해 거부하는 경향을

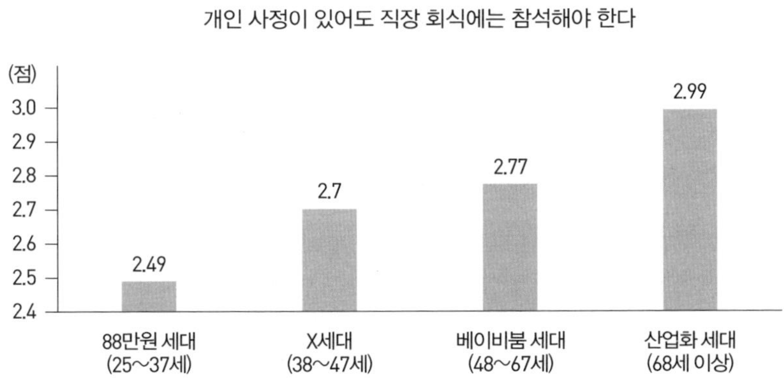


주: 각 문항은 5점 만점의 척도로 측정되었음.
* 전혀 동의하지 않는다(1점) ~ 매우 동의한다(5점).

[그림 4-12] 세대별 직장 내 회식 문화에 대한 인식 차이

보이며, 이러한 문화가 한국 사회에서 사라져야 한다고 말했다.

한국 문화 중에 없어져야 할 문화가 정 문화라고 생각해요. 어머니, 아버지들이나 살아온 얘기를 들어보면, 예를 들어서 정 때문에 뭐 안 되고, 같이 해야 해서 고민하고… 그런 게 안 좋다고 생각해요.

(88만원 세대 사례2, 25세, 남성)

저도 비슷해요. (기성세대의 생각은) 자기를 존중하면 회사나 주변 사람 말을 따라야 한다고 주장하는데, 왜 내 인생인데…? 그게 너무 저희 세대랑 안 맞는 것 같아요. 그분들이 보기에 자기만 챙긴다고 생각하는데, 우리가 볼 때는 공과 사를 구분하는 거라고 생각해요.

(기타 세대 사례8, 23세, 남성)

우리나라는 형식적으로 정, 집단주의 이렇게 씌우는 게 많은 것 같아요. 정, 의리, 이런 프레임을 씌우면서, 개인적으로 원하는 것을 위해 뭐 정이 없이 행동했다던가 의리 없다고 비판하는 건 별로… 안 좋은 것 같아요.

(88만원 세대 사례2, 25세, 남성)

〈표 4-7〉에도 제시되어 있듯, 88만원 세대는 '부하 직원이 상사보다 늦게 퇴근해야 한다'는 데 반대하고, '가장의 권위가 존중받아야 한다'는 데 무조건적으로 동의하지 않는다. 성역할 문제에 있어서도 마찬가지이다. 실용주의적 성향이 강하고 소비에 대한 열망이 큰 88만원 세대는 결혼을 하더라도 맞벌이를 당연하게 생각하며, 그만큼 가사일의 분배에 있어서도 여성이 무조건적으로 가사일과 양육을 도맡아 해야 한다는 데 동의하지 않는다.

〈표 4-7〉 세대별 상사와 가장의 권위에 대한 의견

| 세대 \ 문항 | 부하 직원은 상사보다 늦게 퇴근해야 한다 | 가장의 권위가 존중받아야 한다 |
|---|---|---|
| **88만원 세대 (25~37세)** | **2.01** | **3.54** |
| X세대 (38~47세) | 2.18 | 3.70 |
| 베이비붐 세대 (48~67세) | 2.28 | 3.79 |
| 산업화 세대 (68세 이상) | 2.73 | 4.02 |

주: 각 문항은 5점 만점의 척도로 측정되었음.
* 전혀 동의하지 않는다(1점) ~ 매우 동의한다(5점).

## 5. 88만원 세대는 왜 불행한가

우리는 단군 이래 가장 많이 공부하고, 제일 똑똑하고, 외국어에도 능통하고, 첨단전자제품도 레고블록 만지듯 다루는 세대야, 안 그래? 거의 모두 대학을 나왔고 토익 점수는 세계 최고 수준이고 자막 없이도 할리우드 액션영화 정도는 볼 수 있고, 타이핑도 분당 300타는 우습고 평균 신장도 크지. 악기 하나쯤은 다룰 줄 알고, 맞아, 너도 피아노 치지 않아? 독서량도 우리 윗세대에 비하면 엄청나게 많아. 우리 부모 세대에는 저 중에서 단 하나만 잘해도, 아니 비슷하게 하기만 해도 평생을 먹고 살 수 있었어, 그런데 왜 지금 우리는 다 놀고 있는 거야? 왜 모두 실업자인 거야? 도대체 우리가 뭘 잘못한 거지?

-김영하의 소설 『퀴즈쇼』 중에서(2007: 193).

### 과연 우리는 많이 가진 걸까? '기본'이 너무 많다

윗세대의 입장에서 88만원 세대는 많은 장점을 보유한 세대이다. 윗세대가 보기에 이들은 다른 모든 세대를 통틀어 가장 뛰어난 외국어 실력을 보유하고 있으며 인터넷과 컴퓨터에 가장 친숙한 세대로, 이들은 보유한 인터넷 및 컴퓨터 활용 능력도 많고 21세기에 특화된 다양한 기술에도 익숙하다. 그렇기 때문에 이들은 88만원 세대가 '힘들다'고 하는 것에 대해 많은 부분 이해하지 못한다. 외국어 실력을 바탕으로 보다 다양한 문화권의 사람들과 자유롭게 소통할 수 있고 인터넷과 컴퓨터 활용 능력은 이들에게 무궁무진한 가능성을 제공하고 있다. 88만원 세대가 마음만 먹는다면, 조금만 더 '노력'한다면 더 많은 것을 가진 이들이 못할 것은 없어 보인다. 그런데 왜 88만원 세대는 자신들이 불행하다고 하는가?

이에 대해 88만원 세대가 할 말은 많다. 윗세대의 입장에서 생각하는 88만원 세대의 장점은 더 이상 장점이 아니다. 88만원 세대의 입장에서 볼 때 요즘 세상에 인터넷과 컴퓨터를 못하는 사람은 없다. 88만원 세대보다 나이가 어릴수록 외국어와 컴퓨터, 인터넷이 곧 '생활'인 사람들의 수가 더 많기 때문에 외국어 실력과 인터넷 및 컴퓨터 활용 능력은 더 이상 이들이 보유한 이들 세대만이 가질 수 있는 '강점'이 아니며, 기본적으로 갖춰야 할 소양일 뿐이다. 이는 88만원 세대를 대상으로 한 인터뷰를 통해서도 확인할 수 있다. 이들 세대의 또 다른 명칭인 P세대나 N세대와 관련해서 이러한 명칭이 과연 88만원 세대의 특징인지 의문을 제기한다.

> P세대나 N세대는 솔직히 와닿지가 않아요. 특히 N세대 같은 경우에는 비단 우리 세대 이후 세대에도 통용되는 특징이 아닌가 하고 생각해요. P세대

같은 경우, Potential power, Paradigm-shifter 등에 관련해서는… 우리 세대가 과연 이런 명칭으로 불릴 만큼 역량이나 사회 내에서의 포지션이 구축되어 있는지 의문스러워요.

(88만원 세대 사례4, 32세, 여성)

N세대나 디지털 세대는 절대적으로 윗세대들이 우리 세대를 바라보았을 때의 관점이고 특징을 설명해주지는 못하는 것 같아요. 지금은 아랫세대가 스마트 기기에 훨씬 자유로우니까.

(88만원 세대 사례5, 32세, 여성)

이처럼 윗세대가 생각하는 88만원 세대의 장점은 시간이 지날수록 그 의미가 퇴색되고 있다. 이러한 상황에서 88만원 세대는 자신이 과연 '장점'을 가지고 있다고 말할 수 있는지 의문을 갖는다. 이에 더해 이들이 보유해야 할 '기본적인 소양'은 점점 더 늘어나고 있다. 앞서 언급했듯 88만원 세대의 75%는 학사 학위를 가지고 있다. 이미 과반수가 넘는 사람이 대학에 가고 있는 상황에서 이전과 달리 학사 학위는 더이상의 '메리트'를 가지고 있지 않으며, 그보다 높은 석사 이상의 학력을 보유한 사람들의 수도 점점 더 늘고 있어 취업하는 데 쓸모없는 스펙 중 하나가 '대학원 학위'라는 말도 나오고 있는 실정이다. 취업을 준비하는 대부분의 사람은 보다 높은 공인인증 어학 성적을 받기 위해 노력하고 있고, CPA 등의 전문 자격증을 보유한 사람들의 수도 이미 너무 많다. 하지만 88만원 세대가 처한 '경쟁' 시스템은 이들로 하여금 남들보다 뛰어난 인재가 되길 강요하고 있고, 이는 88만원 세대의 '기본적인' 마지노선의 수준을 점점 더 높이는 데 일조하고 있다. 상황이 이렇다 보니, 88만원 세대가 자신들이 한 노력의 무용성을 뼈저리게 느끼는 것도 무리는 아니다.

저희 정도면 서류 뽑고 실무 면접에 들어가는 정도. 말씀하시는 그 변화들이 느껴져요. 성실, 노력, 열심히 어필해서 어떻게 보겠어요. 도드라지게 보이는 게 있어야 하는 거잖아요. 그게 비단 회사를 들어오는 게 아니라 모든 과정에서 이걸 거쳐서 입시와 취업까지 골인 거죠. 그러니까 그걸 통과하면 전략적인 사고가 몸에 배고 선배를 대할 때나 그런 걸 거쳐서 들어온 신입사원들을 보면 전략적인 사고방식이 몸에 배어 있고. 내가 그들에게 그걸 나쁘다고 얘기할 수 있을지가 의문이에요. 걔들 이력서에 보여요. 얘들은 나랑 다르구나.

(X세대 사례4, 40세, 여성)

특출하지 않으면 뽑힐 수 없을 만큼 회사에 들어올 때 필요한 것들은 대부분 가지고 있어요. 군대에서 구조를 개선하는 등 모든 구조를 자기가 다, 동아리에서 다 회장을 했고 어디에서 다 상을 받았고 해외 봉사활동도. [⋯] 세모를 통과해야 된다고 만들어두면 세모에 딱 맞춰요. 그리고 나머지는 숨기고. 개인적으로 뭘 좋아한다거나 활동을 하고 있거나 이런 걸 숨기고 효율적으로 포장을 하고 어필을 하죠.

(X세대 사례3, 40세, 남성)

이처럼 88만원 세대는 높이 형성되어 있는 스펙의 기본선을 맞추기 위해, 끊임없이 불안정한 상황에서 그나마 '안정적인 생활'을 보장받을 수 있는 직업을 얻기 위해 노력한다. 하지만 이들이 아무리 노력한다 할지라도 반드시 취업할 수 있는 것은 아니다. 이렇듯 88만원 세대는 장점이 많은 세대가 아니라, '기본적으로 갖춰야 할' 것들의 가짓수와 수준이 너무나도 높은 세대이다. 이처럼 88만원 세대는 윗세대가 체감하지 않은, 그렇기 때문에 이해할 수 없는 절망적 상황에 노출되어 있다. 때문에 88만원 세대는 스스로 가진 것이 없다고 느낄 수밖에 없는지도 모른다.

### 문제는 상대적 박탈감이다

현재 88만원 세대는 윗세대들이 경험한 것과는 조금 다른, 그렇지만 또 다른 차원에서의 '힘든' 상황에 직면해 있다. 이들이 전 세대를 통틀어 가장 고생을 덜한 세대인 것은 맞지만, 88만원 세대는 이전 세대가 경험하지 못한 수준의 '상대적 박탈감'을 경험하고 있다. 절대적인 수치를 놓고 비교했을 때 88만원 세대는 풍요 속에서 성장한 세대임에 분명하다. 대부분의 88만원 세대는 산업화 세대나 베이비붐 세대와 같이 매번 끼니를 거르거나 먹을 것이 없어 나무껍질을 벗겨 먹지도 않았고, 어린 나이에 가정의 생계를 유지하느라 학업을 포기하지도 않았다. 결국 엄밀히 말해서 88만원 세대의 대부분은 윗세대들이 경험한 절대적인 빈곤을 경험해보지 못했다고 이야기할 수 있는 것이다.

하지만 이들 88만원 세대는 '상대적'인 빈곤 때문에 괴로워하고 있다. 현재의 한국 사회는 '소비'가 미덕인 사회이자 '돈'만 있으면 많은 것을 할 수 있는 사회이다. 그렇기 때문에 개인이 보유한 '자원'에 따라 할 수 있는 일의 범주가 확연하게 달라지는 사회이기도 하다. 또한 인터넷과 스마트폰, SNS의 발달은 88만원 세대로 하여금 나와 '급'이 다른 사람의 삶의 모습을 너무나도 쉽게 '볼 수' 있도록 하는 데 영향을 미쳤다. 주변 사람들보다 돈을 많이 가진 사람은 모든 세대에 존재해왔지만, 88만원 세대 이전 세대의 경우 일반적인 대중이 그렇게 돈을 많이 가진 사람의 삶의 모습을 확인할 수 있는 기회가 적었다. 하지만 지금은 일반 대중에 비해 경제적 자본을 많이 소유한 사람들의 화려한 삶의 모습이 SNS를 통해 공유되어 실시간으로 화제가 되고, 이들이 '가진' 많은 것은 이를 가지지 '못한' 사람들에게 '보여짐'으로써 가지지 '못한' 사람들로 하여금 상대적 박탈감을 느끼게 한다. 그리고 이 같은 상황은 다시 한 번, 이들 세대로 하여금 "나는 아직 가지지 못한 것이 너무나 많은 사람"이라고 생각하게끔 만든다.

이처럼 88만원 세대는 경제적 자본의 유무에 따라 극명하게 갈리는 삶의 수준을 너무나도 쉽게 확인할 수 있는 사회에서 살고 있다. 자신이 보유한 경제적 자본의 양에 따라 삶의 질이 명확하게 달라지는 것을 보면서, 또 자신이 상상할 수 없는 수준의 것들을 아무렇지 않게 가지고 있는 사람들의 모습을 보면서 88만원 세대는 보물이 손에 닿을 듯 눈앞에 보이지만 건널 수 없는 깊은 절벽이 가로막고 있어 어떠한 노력을 해도 가질 수 없는 상황에 있는 듯한 불행과 박탈감을 느끼게 되는 것이다.

### 계속되는 '몰이해'와 수긍할 수 없는 '비판'

88만원 세대에 대한 윗세대의 다양한 불만은 결국 "왜 88만원 세대는 '노력'을 하지 않는 것인가?", "왜 가진 것에 행복해할 줄 모르는가?"로 수렴된다. 윗세대의 입장에서 볼 때 88만원 세대는 이해할 수 없는 세대이고, 많은 것을 보유했음에도 자신이 보유한 것에 대해 감사하기는커녕 힘들다는 둥 노력을 할 수 없다는 둥의 불만만을 늘어놓는 세대이다. 또한 윗세대의 입장에서 88만원 세대는 자신이 가지지 못한 스펙의 소유자이기 때문에 어떤 일이든 못할 일이 없고, 어떤 상황이든 헤쳐나가지 못할 이유가 없는데 아무런 노력도 하지 않은 채 힘들어하고만 있는 세대이다.

그런데 이러한 윗세대들의 비판과 같이 정말 88만원 세대는 아무런 노력도 하지 않으면서 불평만 하는 세대인 걸까? 앞서 확인했듯, 88만원 세대는 기본적으로 갖춰야 할 수준이 상향 평준화되어 있기 때문에 어느 정도의 수준을 유지하기 위해선 무던히 노력해야 한다. 성공과 성장을 위해서가 아니라 '현상 유지'를 하기 위해 노력을 멈춰서는 안 되는 것이다. 잔잔한 수면 위의 백조와 같이, 88만원 세대는 보이지 않는 곳에서 열심히 발버둥 치고 있다. 이들은 모두의 수준이 상향 평준화된 상황에서 '남들보다 눈에 띄어야' 뭐라도 얻을 수 있는 사회에 살고 있다.

하지만 아무리 노력한다 한들 88만원 세대의 '노력'은 그에 합당한 '대가'를 받지 못한다. IMF 외환 위기와 2008년 금융 위기 이래 88만원 세대는 윗세대들과는 다른 저성장기를 살아가고 있다. 정규직보다 비정규직의 비율이 높아 미래를 보장하기가 불투명한 노동 시장이 형성되어 있고, 이전에 안정적인 직장이라고 알려져 있던 전문직 또한 그 수가 많아져 더이상 안정성을 보장해주지 않는다. 그러다 보니 88만원 세대에게는 어떠한 안전망도 존재하지 않는다. 이전 세대에서 전문 직업을 얻었을 때 보장되던 생활도 더는 보장되지 않는다. 경제적으로도 더 성장할 기미는 보이지 않고, 이전에 생활을 보장해주던 많은 것외국어 실력, 컴퓨터 활용 능력, 전문 직종 등이 갖는 메리트가 사라지게 되어 열심히 노력해도 제자리를 유지하는 것 자체가 어려운 시대가 된 것이다.

이처럼 88만원 세대가 겪는 어려움의 본질적인 원인은 그들이 처한 상황에서 기인한다. 이들은 전 세대를 통틀어 많은 능력을 보유하고 있음에도 이러한 능력들이 '특별한' 능력이 아닌 '기본적인' 능력이 될 수밖에 없는 상황에 있으며, 그렇기 때문에 구조적으로 이러한 '능력'을 발휘할 수 없는 상황에 있다. 그리고 어찌 보면, 현재 88만원 세대가 겪고 있는 이러한 구조적인 어려움은 윗세대로부터 기인했다고 할 수 있다. 88만원 세대는 자신에게 주어진 직업의 수준보다 높은 소양의 스펙을 갖추기를 요구받고 있다. 이미 대학 졸업 이상의 학력을 가진 사람이 과반수가 넘는 상황에서 경쟁을 통한 토너먼트로 뛰어난 인재를 선발하겠다는 방식은 구조적으로 지원자들에게 많은 부담을 줄 수밖에 없는데도, 윗세대들은 여전히 이러한 방식을 통해 직원을 채용하고 있다. 결국 88만원 세대가 지속적인 경쟁 상태에 고착될 수밖에 없는 이유는 윗세대들로부터 기인한 것이다. 인터뷰에 참여한 88만원 세대 응답자들은 바로 이 같은 점을 지적한다.

> 본인들이 사회를 그렇게 (구조적으로 어렵게끔) 만들어놓고 젊은 애들 탓하면 안 되죠.
>
> (88만원 세대 사례6, 35세, 남성)

> (요즘 88만원 세대에게 스펙만 높고 일을 못한다고 하는 기성세대의 해석에 대해) 그건 예전 1990년대 조직 문화와 업무 환경을 가진 기업이 여전히 많은 상황에서 쓸데없이 고스펙을 뽑아놓고 비판하는 아전인수격 해석인 것 같습니다.
>
> (88만원 세대 사례3, 31세, 남성)

> 자격증으로 서류 심사에서 점수를 매기는 것을 만들어낸 윗세대들이 학창시절 때 일 잘할 수 있는 사회 능력에 대한 부분은 가르치려고도 안했으면서 일 못하는 고스펙이라고 폄하하는 게 말이 안 돼요. 지금 젊은 세대에서는 이 현재를 만들어낸 게 기성세대인 것만 같은데 결국 그 결과물은 젊은 세대가 껴안고 가는 셈이니 억울한 부분이 있어요.
>
> (88만원 세대 사례5, 32세, 여성)

하지만 이처럼 사회의 구조가 변하지 않는 이상 나아지지 않는 상황에서도 88만원 세대는 윗세대들이 요구하는 기준에 따라 '눈에 띄는 특별한 능력자'가 되기 위해 노력하고 있다. 노력을 통한 대가를 기대할 수 없는 상황에서 이들은 사회에서 요구하는 높은 수준의 기본 소양을 갖추려 부단히 애쓰고, 기업에서 요구하는 인재상에 맞는 사람이 되기 위해 자신을 포장한다. 그럼에도 윗세대들은 88만원 세대를 이해하지 못하며 이들이 스스로 수긍할 수 없는 비판을 가하고 있다. 그렇기 때문에 88만원 세대는 이들이 처한 상황에 대한 이해 없이 가해지는 '참을성이 없다', '노력이 부족하다' 등의 비판에 대해 윗세대들의 이해를 바라기도 하고, 이러한 상황을 이해하지 못하는 윗세대들에 대한 분노를 터뜨리기도 한다.

> 나보다 많은 월급을 받으면서 본인이 할 일을 나에게 시키는 것이 직장 상사의 일이라고 생각해요. 젊은 세대가 겪고 있는 어려움에 대해서 공감하지 못하고 알려고도 하지 않구요. 무조건 열심히 하면 되는데 너희가 열심히 하지 않아서라는 입장이에요. 그런데 지금 사회는 열심히 하면 그만큼 보상받는 곳인가? 본인이 젊을 때는 어쩌고 하면서 변화된 사회에 대한 현저히 낮은 이해도를 보이죠.
>
> (88만원 세대 사례4, 32세, 여성)

이들이 처한 상황의 구조가 변화하지 않는 이상 88만원 세대의 입장에서 돌파구는 없다. 그리고 지금까지와 완전히 다른, '새로운' 길을 모색하기엔 이들은 너무 많이 와버렸다. 전 세대를 통틀어 현재 이들이 처한 상황과 같은 상황에 처해 있었던 세대가 존재하지 않기 때문에, 윗세대들은 이러한 상황에서 어떻게 해야 하는지 88만원 세대에게 적절한

답을 제시하지 못한다. 아무도 88만원 세대가 '행복'해질 수 있는 '새로운' 길에 대해 알지 못한다. 그렇기 때문에 이들은 지금까지 그래왔던 것처럼 주어진 상황에서 열심히 발버둥 치면서 점점 스스로를 불행하다고 여기게 될지도 모른다.

## 6. 이해와 포용, 그리고 공존으로 나아가자

기성세대의 시각에서 우리와 전혀 다르게만 보이는 88만원 세대와의 갈등을 극복하고, 이해와 포용, 그리고 공존으로 나아가기 위해서는 어떻게 해야 할까? 무엇보다 이들 세대가 태어나고 자라온 성장 배경과, 이를 통해 형성된 88만원 세대만의 독특한 문화적 특성을 주의 깊게 들여다볼 필요가 있다. 뿐만 아니라 그러한 88만원 세대가 현재 어떠한 사회구조적 상황에 놓여 있는지에 대해서도 이해가 필요하다. 그들이 가진 능력과 열망, 그리고 현실적 조건 사이의 괴리가 그 어떤 세대보다도 큰 세대, 그래서 물려받은 것이 많음에도 불행한 세대가 바로 88만원 세대이기 때문이다.

현재 기성세대가 청년기를 보낼 때만 하더라도 이들이 얼마나 정치적으로 진보적이고 또 당시의 기성세대와 극심하게 충돌했든지 간에, 나이가 들어 직장을 구하고, 결혼을 하고, 아이를 낳아 기르기 시작하면 이들 역시 기성세대가 되어 과거 이들이 이해할 수 없었던 윗세대들을 이해하게 되고, 그들과 비슷한 모습으로 살아가는 경향이 있었다. 그러나 88만원 세대는 여느 윗세대와 다르다. 이들이 기대하는 삶의 수준, 개인적 성취와 경제적 여유에 대한 열망, 그리고 이를 쉽게 용인하지 않는 어려운 사회적 현실의 벽은 오늘날 88만원 세대를 결혼과 출산을 포기하고 '차라리 혼자 사는 것이 낫다'고 생각하게끔 만들고 있으며 이들의 이 같은 생각은 저출산 심화 및 1인 가구의 증가 등 우리 사회의 구조적인 변화를 야기하고 있다.

따라서 88만원 세대의 행동과 생각을 정확하게 이해하고, 이들을 사회와 공동체 안으로 포용해 보다 발전적인 방향으로 나아갈 길을 제시해주지 못한다면 우리가 상상할 수 없는 방식으로, 이제까지와는 전혀 다른 모습의 사회가 도래할지도 모른다. 그러나 88만원 세대가 가진 특성들 중 장점으로 작용할 수 있는 부분들을 발견하고 이들의 역량을 한껏 키워줄 수 있다면 우리 사회는 통합과 발전을 모두 꾀할 수 있을 것이다. 88만원 세대의 높은 교육 수준과 외국어 실력 및 국제적 감각, 다양함에 대한 개방성, 그리고 자신의 미래를 스스로 준비하기 위해 끝없이 자기계발에 매진하는 이들의 모습은 분명 이들 세대가 가진 장점이며, 한편 88만원 세대의 부정적 측면으로 간주되는 이기주의와 실용성 추구 경향 역시 지나치게 극단으로 흐르지만 않는다면 개개인을 존중하는 개인주의와 꼼꼼하게 실익을 따지는 합리성으로 작용할 수 있기 때문이다.

# 5장

# X세대, 문화의 시대를 열다

한국 사회의 정치와 경제가 안정적인 궤도에 진입했을 1990년대 무렵, 정치와 경제 특성으로 규정할 수 없는 새로운 세대가 등장했으니 이들이 바로 X세대이다. 이전까지의 세대들은 산업화 세대와 유신 세대, 민주화 세대와 같이 주로 정치와 경제 차원에서 규정되어왔다. 그러나 1990년대에 젊은 시절을 보낸 오늘날의 X세대는 이들이 향유한 하위문화와 독특한 가치관 및 라이프스타일로 세간의 주목을 받았으며, 신세대, 오렌지족 등으로 불리며 새로운 스타일의 문화를 창조했고, 오늘날까지도 대중문화 영역에서 눈에 띄는 활약을 보이고 있다. 10대와 20대의 전유물로만 여겨졌던 대중문화, 특히 아이돌 그룹으로 대표되는 대중가요 영역의 경우 이제는 삼촌 팬, 이모 팬 등의 용어가 낯설지 않을 정도로 30·40대의 연령층에게까지 확산되었으며, 실제로 대중문화 시장은 디지털 문화에 친숙하며 10·20대보다 구매력이 높은 X세대를 타깃으로 한 상품을 대량으로 개발 중이다. 〈신사의 품격〉(2012)과 같이 X

세대 배우를 주인공으로 내세운 로맨스 드라마가 방영되고, 〈건축학개론〉 (2012)과 같이 이들 세대의 향수를 자극하는 영화들이 개봉되어 인기를 끌기도 한다. 계속해 〈품위 있는 그녀〉(2017), 〈미스티〉(2018), 〈키스 먼저 할까요〉(2018) 등 다양한 X세대 배우들이 주인공인 드라마가 방영되고 있다. 현재 문화 산업을 주도하는 대형 연예 기획사 역시 X세대를 필두로 한 CEO들이 중심이 되고 있다는 점도 빼놓을 수 없다. 따라서 이 장에서는 X세대가 갖는 이 같은 특성을 이들이 겪어온 경험과 연관 지어 살펴봄으로써 이들의 문화 주체로서의 측면을 부각하는 한편, 나아가 그동안 세대 경계를 구분함에 있어 일반적인 관심사가 되었던 정치·경제·사회 영역에 이어 '문화' 영역에서도 세대 경계가 그려질 수 있을지에 대한 시사점을 제공하고자 한다.

## 1. X세대, 그들은 누구인가

### X세대의 정의와 기원

'도무지 알 수 없는 세대'라는 의미에서 '미지수'를 뜻하는 알파벳 X를 붙여 만든 X세대라는 용어는, 1990년대 초 1970년대생들이 대학에 입학할 즈음 이들 세대를 지칭하는 용어로 우리나라에 알려지게 되었다. 그러나 X세대라는 용어가 우리나라에서 처음 만들어진 것은 아니다. 이 용어는 1991년 캐나다 작가인 더글러스 코플랜드Douglas Coupland가 쓴 소설 『X세대Generation, X』에서 따온 것으로, 미국의 대기업들이 소비 시장 전면에 등장한 신세대를 어떻게 규정할까 고민하던 중 발견한 것이었다. 즉 이들은 그동안 자신들이 완벽하게 설명하거나 규정하지 못했던 신세대를 지칭하는 데 X세대라는 용어를 사용했다.

우리나라에서 X세대는 광고 업계를 시작으로 방송이나 신문 등의 미디어를 통해 세간에 소개되었다. 광고 기획사인 '동방기획'이 이 용어를 처음 도입해 사용했으며, 이를 바탕으로 1993년 11월 23일 방송되기 시작한 '트윈X화장품' 광고가 X세대를 알리는 신호탄이 되었다. 이후 X세대라는 용어는 미디어와 학계에서 신세대를 지칭하는 대명사로 자리 잡았으며 이전과는 너무나도 다른 특징을 가진 세대의 등장을 계기로 학계에 세대 논쟁을 촉발시키기도 했다. 이들이 등장할 당시의 세대 논쟁은 논란의 여지없이 이들 세대의 '문화적 특성'에 관한 것이었으며, 그동안의 세대의 경계가 정치와 경제 같은 다소 무게감 있는 영역을 준거로 형성되었다는 점에서 그 파장은 매우 컸다.

X세대라 불리는 신인류의 등장 이후, 세대 문제의 연구 역시 새로운 국면을 맞이했다. 보통명사로 사용되는 신세대와는 다른 의미를 갖는 '신세대'라는 신조어가 만들어지고 널리 통용됨에 따라 젊은 연구자들이 기성세대에 대해 도전적인 화두를 던져 논쟁거리를 만들기도 했고 (현실문화연구 편, 1993a; 안영노, 1994) 문화에 관심을 갖는 일부 기성세대 연구자들 역시 청소년 문화와 '신세대' 현상에 관심을 보이기 시작했다 (강명구, 1993; 현실문화연구 편, 1993b; 강내희·이성욱, 1994; 조혜정, 1994; 박재흥, 1995: 654-655에서 재인용).

### X세대를 부르는 또 다른 이름들

앞서 언급했듯이, 학계와 대중사회에서 세대 논쟁을 불러일으킨 사건 중 첫 번째는 1993년의 '신세대' 혹은 'X세대'의 등장이라 할 수 있다.[1] 그동안 먹고 사는 문제, 정치적 탄압으로부터의 탈출이 인생 전반에 걸친 중요한 문제였던 기존의 산업화·유신·민주화 세대에게 1990년대에 혜성처럼 등장한 젊은 세대의 모습은 충격으로 다가왔다. 이때의 '신세대'는 단지 젊은, 새로운 세대라는 의미보다 더욱 파격적인 것으로 인식되었다. 신세대 논쟁이 붉어졌던 1990년대로부터 20여 년이 지난 지금도 '신세대'라는 단어는 무언가 '새롭고 혁신적인'과 같은 의미의 수식어로 쓰이고 있다. 달리 말해 '전에는 상상할 수 없었던 것'을 의미할 때 사용된다고 할 수 있다. 그러나 보다 심층적인 차원에서 왜 기성세대들이 X세대를 규정할 수 없다고, 혹은 이해할 수 없다고 했는지, 그리고 왜 이들의 등장에 그토록 당혹스러워했는지를 이해하기 위해서는 X세대를 부르는 또 다른 이름들을 살펴볼 필요가 있다.

규정할 수 없다는 의미에서 'X세대'라 명명했지만, 이들의 특성 면면을 포착해 '이름 붙이려는' 시도들은 줄곧 있어왔다. 대표적인 것들만 뽑아보아도 정보화 세대PC세대, N세대, @세대나 세계화 세대국제화 세대, 탈정치 세대, 그리고 문화 세대 등 그 종류가 매우 다양하고 질적인 측면에서 매우 상이한 것들임을 알 수 있다. 이는 지금 20대 중반에서 30대 중후반의 나이에 걸쳐 있는 젊은 세대가 연애, 결혼, 출산을 포기했다는 뜻에서 3포 세대, 이에 더해 인간관계와 내 집 마련까지 포기했다는 뜻에서 5포 세대, 여기에 꿈과 희망까지 포기했다 해서 7포 세대로 불리거나, 평균 임금 88만 원을 받는 세대라 해서 88만원 세대로 불리는 것과는 매우 다른 맥락이다. X세대의 아랫세대를 둘러싼 다양한 세대 명칭은 비록 그 수는 많지만 경제적으로 힘든 상황에 관한 것이라는 공통점을 기반으로 정도의 차이만 있을 뿐이다. 그런데 이러한 세대명은 그들이 처한 상황의 심각성을 보여주긴 하지만 그 세대가 갖는 다양한 특징을

1 1993년의 세대 논쟁이 '문화'에 관한 것이었다면, 2003년엔 '정치', 그리고 오늘날엔 '경제'를 둘러싼 것이라 할 수 있을 것이다.

보여주지는 못한다. 이와는 달리, X세대를 둘러싼 다양한 명칭은 이들 세대의 특징이 매우 다층적으로 구성되어 있다는 점을 한껏 드러내 보여준다.

X세대를 둘러싼 다양한 이름은 이전 세대들인 산업화 세대, 민주화 세대 등과도 구별된다. 산업화 세대의 경우 베트남 전쟁, 한국전쟁 등을 겪었다 해서 '전쟁체험 세대'라고 불리고 민주화 세대는 '8·15세대'나 '386세대' 등으로 불리기도 하지만, 그 성격이 정치와 경제 분야에 집중되어 있고 그 수도 많지 않다. 때문에 이처럼 단순한 세대 구분과 특징에 익숙해져 있던 기존의 세대들에게 X세대의 등장은 충격적인 사건이었을 것이다. 그러나 다소 파격적으로 보이는 이들의 등장은, 어찌 보면 당연한 수순이었다고도 볼 수 있다. 성장기 내내 안정적이었던 정치 상황, 개성과 자유가 존중받는 사회적 분위기, 그리고 이를 실현할 수 있는 경제력, 이와 더불어 세계화와 정보화가 주요 의제로 작용했던 정치적 상황을 종합적으로 고려해보면, 이 시기 청소년기와 청년기를 보낸 지금의 X세대가 기존과는 '완전히 다른' 세대가 되기에 충분했다고 할 수 있다.

기존 세대와는 전혀 다른 X세대의 새로운 생활양식, 소비 문화 등이 부각되면서 '오렌지족'과 같은 명칭이 이들 세대를 대표하는 명칭으로 사용되기도 했다. 오렌지족과 X세대는 엄밀히 말해 같은 용어는 아니지만, 기성세대의 입장에서 볼 때 두 용어 모두 젊은이들의 충격적이고 새로운 모습을 표현하기 위해 사용되었다는 점에서 동일한 것으로 받아들여졌다. 특히 오렌지족은 이 세대가 갖는 특징을 매우 부정적으로 묘사하고 있는데, 1994년 문화체육부에서 발간한 「94년도 청소년 육성 정책 결산 및 95년도 청소년 정책 방향」 보고서에 이러한 부분이 뚜렷하게 명기되어 있다. 이 보고서는 1980년대 말부터 서울 압구정동을 무대로

[그림 5-1] 오렌지족을 비판하는 1990년대 TV 뉴스

등장하기 시작한 오렌지족의 특징을 9가지로 분류하고 있는데, 여기에는 일반 청소년과 확연히 구별되는 오렌지족의 특징으로 삶의 목적이 술, 여자 등과 함께 '즐기는 것'에 있고, 사치를 일삼으며, 남녀 간의 진솔한 사랑에도 냉소적인 태도를 보이고, 외모에 있어서 남녀 구별이 안 되는 유니섹스 모드를 지향하고 유행과 디자인에 민감한 점 등이 포함되어 있다(연합뉴스, 1994. 12. 20.).

그러나 당시 신세대를 대상으로 수행한 또 다른 연구를 살펴보면, 사회의 다른 세대들 입장에서 분석하고 이미지화하는 대상으로서의 약간은 왜곡되고 과장된 모습의 새로운 젊은이들이 오렌지족이라는 집단으로 호명되는 한편, 정작 그 세대에 속하는 연령층의 사람들 모두가 그런 의미에서 자신들을 신세대로 규정하는 것은 아니었다는 점이 드러난다. 이들이 세대적 정체성의 준거로 삼는 신세대의 특성이란 오렌지족 특유의 부정적, 파격적, 일탈적인 특성보다는 긍정적인 의미, 새로움과 자율성, 창의성, 활달함, 솔직함, 탈규격화, 개성, 자기주장, 자신감, 탈권위주의 등인 것으로 나타난다(박재흥, 1995). 그럼 다음 절에서는 어떠한 사회구조적 상황들과 역사적 사건들이 1970년대에 태어난 이들 세대를 이토록 색다른 존재로 만들었는지 구체적으로 살펴보자.

## 2. 1970년대생, '달라도 너무 다른' 삶을 살다

### X세대의 삶의 궤적

〈표 5-1〉과 [그림 5-2]는 X세대가 경험한 삶의 주요 사건들을 정리한 것이다. X세대가 성장한 1980년대와 1990년대의 한국 사회는 정치적으로나 경제적으로나 비약적인 발전을 이룩했다. 1980년대의 경우 광주 민주화 운동이나 6월 민주항쟁과 같은 대규모 민주화 운동이 발생한

〈표 5-1〉 X세대가 경험한 주요 사건 및 사고

| 정치 | 경제 |
|---|---|
| ■ 광주 민주화 운동(1980)<br>■ 남북 이산가족 방문단 상호 교류(1985)<br>■ 6월 민주항쟁, 6·29선언(1987)<br>■ 7, 8월 노동자 대투쟁(1987)<br>■ 대통령 직선제 헌법 개정(1987)<br>■ 한국군 걸프전 파병(1991)<br>■ 김영삼 대통령 취임(1993)<br>■ 전직 대통령 구속(1995)<br>■ 김대중 대통령 취임(1998)<br>■ 제1차 남북 정상 회담(2000) | ■ 3저 호황(1986~1988)을 바탕으로 경제 성장 이룩<br>■ 한·중 국교 수립(1992)<br>■ 우루과이 라운드(1993)<br>■ OECD 가입(1996)<br>■ IMF 금융 위기(1997) |
| **사회** | **문화** |
| ■ 통행 금지 해제(1982)<br>■ 지하철 2호선 개통(1984) | ■ KBS 컬러 TV 첫 방영(1980)<br>■ 프로야구 출범(1982)<br>■ 국내 인터넷 시작(1982)<br>■ 서울 아시안게임 개최(1986)<br>■ 88 서울 올림픽 개최(1988)<br>■ 인터넷을 통한 국제 접속 성공(1990)<br>■ UN 가입(1991)<br>■ 케이블 TV 첫 방송(1995)<br>■ 하이텔 PC통신 시작(1995)<br>■ 한메일 서비스 시작(1997)<br>■ 초등학교 영어 교과목 추가(1997)<br>■ 일본 대중문화 개방(1998) |

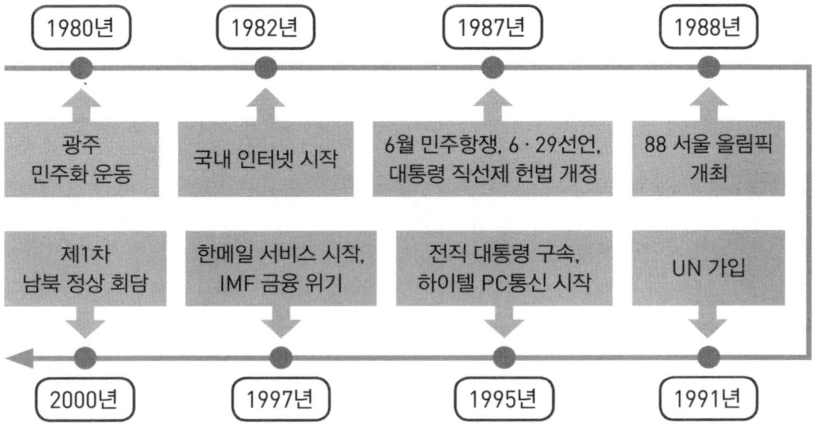


[그림 5-2] X세대의 삶의 궤적

시기였다. 1980년대에 벌어진 민주화 운동은 그 시기 대학에 들어간 1960년대생들이 적극적으로 참여하면서 이전 시기의 민주화 운동과 달리 대규모로 확대되어 성공할 수 있었다. 1987년 발생한 6월 민주항쟁은 6·29선언을 이끌어냈고, 대통령 직선제로 헌법이 개헌될 수 있도록 영향을 미쳤다. 이 시기 남북 관계도 유례없이 긍정적으로 변화했다. 1985년 최초로 남과 북은 이산가족들이 만날 수 있도록 서로 이산가족 방문단을 보냈고, 1985년 말까지 총 5차에 걸친 남북 경제 회담을 가졌다. 이를 바탕으로 X세대는 이전까지의 모든 세대를 통틀어 처음으로 정치적으로 안정된 환경에서 성장할 수 있었다.

1980년대는 1960년대부터 국가의 주도로 추진되어온 경제 개발 정책의 성과가 드러나는 시기였으며, 동시에 3저 호황저유가, 저금리, 저달러을 바탕으로 고도의 경제 성장이 이루어진 시기였다. 1980년대 중반부터 한국 경제는 안정적으로 성장하기 시작했고, 이러한 분위기에서 대부분의 국민은 스스로를 중산층으로 여길 수 있었다(정해구, 2011). 1980년대부터 한국 사회에서는 주식과 부동산을 통한 투자 활동이 활발하게 벌어지기도 했다. 근검절약을 모토로 하던 이전 사회와 달리 냉장고나 오디오와 같은 가전제품을 구매하는 등 전 사회에 걸쳐 활발한 소비 활동이 이뤄졌다. 이러한 환경에서 성장한 X세대는 이전 세대에서 경험할 수 없었던 풍요로움을 누렸으며, 필요에 의해서가 아니라 즐거움을 추구하기 위해 소비하는 것에 익숙해졌다.

1970년대 국가에 의한 검열로 주춤했던 대중문화 또한 1980년대로 접어들면서 급격하게 발전했다. 이는 당시 전두환 정권에서 전략적으로 문화 정책을 활용해 군부 체제를 정당화하고자 했기 때문이었다. 전두환 정권은 대규모 문화 행사를 개최하거나 스포츠 경기를 유치하는 등 국민들로 하여금 다양한 문화를 즐길 수 있도록 했다. 이 시기 처음으로 컬러 TV 방송이 송출되면서 본격적으로 영상 미디어의 시대가 개막했다. 또한 MBC 대학가요제를 통해 대학생 출신 가수들이 대거 데뷔했고, 록이나 팝발라드, 댄스 등 대중가요가 광범위하게 발전했다. 나아가 프로야구단이 출범하고, 프로축구, 프로씨름 등 다양한 스포츠가 TV를 통해 중계되면서 X세대는 성장 과정에서 다양한 문화 활동을 향유한 첫 세대가 되었다.

이 시기는 1986년 서울 아시안게임을 비롯해 1988년 서울 올림픽과 같은 국제스포츠 대회를 성공적으로 개최하면서 국제적으로 대한민국의 위상이 높아진 시기이기도 했다. 나아가 이 시기를 기점으로 여권 발급의 제한이 없어져 해외여행이 자유로워졌다. 뿐만 아니라 야간 통행금지 조치가 해제되고 교복 자율화 정책이 시행되는 등 X세대는 산업화 세대나 베이비붐 세대와 달리 자유롭고 풍요로운 환경에서 다양한 문화 활동을 즐기며 성장했다. 이들은 베이비붐 세대나 산업화 세대와 달리 취미나 여가 활동에 익숙하며 즐거움을 위한 소비 또한 다른 윗세대들에 비해 쉽게 한다. 이와 같은 삶의 경험을 바탕으로 X세대는 윗세대보단 아랫세대인 88만원 세대와 더 깊은 동질감을 갖는다.

### 경제적 풍요와 정치적 안정을 동시에 누린 첫 세대

역사 속에 이름 붙여진 세대들의 과거를 돌아보면, 그 시대를 살았던 사람들의 '공통의 과제'가 무엇이었는지를 알 수 있다. 산업화 세대에게는 전쟁으로 피폐해진 국가 상황에서 내 가족의 안전을 지키는 일, 그리고 절대적인 빈곤 상태에서 벗어나는 일이 그 시대 청년들에게 풀어야 할 숙제이자 숙명 같은 것이었다. 그리고 이러한 과제가 달성된 이후 절대빈곤의 기억 없이 청년기를 보낸 민주화 세대에게는 민주 사회 구현이라는 정치적 과제가 주어졌다. 그러나 바로 뒤이어 출생한 1970년대생들에게는 경제적 과업이나 정치적 과제와 관련된 이름이 붙지 않았다. 이는 한국 근현대사에 처음 있는 일이었다. 해결해야 할 경제적 문제도, 정치적 문제도 없었던 X세대는 그만큼 경제적 풍요와 정치적 안정이 보장된 환경에서 성장했다.

이들의 바로 위 선배 세대격인 "민주화 세대가 배고픔과 절대빈곤을 모르고 자란 세대였다면, X세대는 비로소 풍요를 누리며 자란 세대였다"(홍덕률, 2003: 177). 우리나라는 1970년대부터 대중 여가 시대가 태동하기 시작해 1990년대에 본격적인 여가 사회, 소비 사회로 진입했다. 1995년 WTO에 가입하면서 해외여행이 증가했고, 외국 제품의 수입과 구매도 활성화되었다. 1980년대부터 2010년대까지 꾸준히 증가한 실질소득은 소비의 지속적인 확장을 뒷받침해주었고(조원광, 2014), 이러한 경제력을 바탕으로 사람들은 점차 필수재를 소비하는 것에 머무르지 않고 사치재에 대한 소비를 늘려나가기 시작했다. [그림 5-3]은 1980년부터 2010년까지 30년간 한국의 1인당 실질 GDP가 꾸준히 성장해왔음을

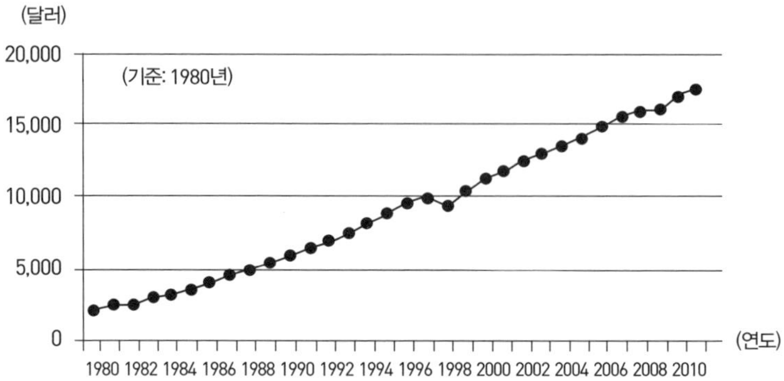


[그림 5-3] 한국 1인당 실질 GDP
출처: 조원광(2014)

보여준다.

정책적 측면에서 1960년대와 1970년대를 주도한 핵심 전략은 '수출'이었다. 수출을 늘리기 위해서는 원가 절감이 선행되어야 했고, 이는 당연히 저임금으로 이어졌다. 국가 경제에 깊숙이 개입해 있던 정부는 이러한 상황을 유지하기 위해 사람들에게 근검절약하는 삶을 요구했다. 1973년 대통령령으로 제정된 「가정의례준칙」이 그 대표적인 예이다. 이는 관혼상제를 포함한 다양한 행사가 과소비를 낳지 않고 검소하게 치러지도록 규정한 것으로 화환의 개수까지 매우 세심하게 규제했다(김난도, 2007: 219; 조원광, 2014: 144에서 재인용). 이 시대에 청·장년기를 보낸 산업화 세대는 빈곤 탈출이라는 구호하에 이 같은 근검절약의 건전한 노동윤리와 생활규범을 적극적으로 내면화했다. 이들에게 소비는 최소화해야 하는 것이었고 필수재를 사고 남은 돈은 저축해야 하는 것이었다.

그러나 X세대가 10대를 보내기 시작한 1980년대부터 사회적 상황이 급변하기 시작했다. 허리띠를 졸라매고 근검절약해서 잘 살아보자는 구호를 외치던 박정희 정권이 끝나고 새 정권이 들어서자 경제 관련 정부 정책이 변화한 것이다. 절대빈곤의 기억이 희미하거나 없는 젊은 층은 슬슬 냉장고나 오디오와 같은 가전제품을 구매하기 시작했고, 외식 빈도도 급증했다. 정부 정책의 변화와 더불어 3저 호황 같은 구조적 상황이 조성되자 사람들은 졸라맸던 허리띠를 풀고 본격 소비에 나서기 시작했다. 이 시절 청소년기를 보내고, 1997년 IMF 외환 위기가 닥치기 전까지 경제적으로 풍요로웠던 시기에 대학 생활을 한 X세대에게 소비는 자신과는 먼 일이거나 미래를 위해 유보되어야 하는 것이 아니라 '익숙한 것', '현재의 즐거움을 위한 것'으로 인식되었다.

X세대를 "산업화의 수혜세대"라고 규정한 박재흥(1993: 51; 1995: 656) 역시, 이들이 자라온 '고도 경제 성장기'의 이면에 제 부문 간 불균형과 빈부 격차의 심화, 정치적 억압이라는 그늘이 공존하기는 했지만 대부분이 그것은 역사책 속의 이야기일 뿐 절대빈곤 상황을 몸소 체험하지는 못했고 현재의 경제적 풍요를 누리고 있다는 점을 지적하며, 신세대의 이러한 경험은 당시 기성세대인 산업화 세대의 '보릿고개'로 상징되는 궁핍의 경험과 명확히 대비된다고 보고했다. 그리고 이러한 성장 환경이 이후 이들의 가치관과 세계관에 커다란 영향을 미쳤음은 물론이다.

### 정보화와 세계화의 두 바람과 함께 성장하다

소비 사회 및 여가 사회의 도래와 더불어, 정보화와 세계화의 바람도 X세대의 정체성 형성에 중요한 영향을 미쳤다. 정보화 세대 혹은 인터넷 세대라는 명칭은 X세대를 부르는 대표적인 이름 중 하나이다. X세대는 정치적 안정과 경제적 풍요 속에서 성장한 첫 세대일 뿐만 아니라 한국 사회가 정보화 사회로 이행하는 시기에 자라난 첫 세대이기도 하다. 1970년대에 출생한 X세대는 대부분 중·고등학교 시절 정보화 기기를 사용하며 자랐고, 1980년대 말 개인용 PC가 보편화되면서 한때 PC세대라고 불리기도 했다. 정보화의 바람은 이들이 대학에 진학할 무렵인 1990년대 초부터 국가적 수준에서 강하게 불기 시작했다. '21세기는 정보화 시대'라는 문구가 미래 한국 사회를 설명하는 보편적인 수식어가 되었으며 국가 주도의 정보화 사회의 기반을 구축하기 위한 다양한 정책이 시행되었다.

정보화의 바람은 세계화와도 깊게 연관되어 있다. 권기헌(1997: 311)의 연구는, 1990년대 중반 정부 차원에서 정보화와 세계화가 얼마나 중요하게 다뤄졌는지, 이 두 사안이 얼마나 깊게 연관되어 있는지를 잘 보여준다.

> 정부에서는 1994년 12월 시드니 선언 이후 세계화를 국정지표로 삼고 있다. 세계화는 냉전체제 종식 이후 국가 간 상호의존이 심화되고 지역 통합이 가속화되는 등 세계질서가 급변함에 따라, 세계변화에 적응하고 나아가 세계경영의 능동적 주체가 되기 위해 창안되고 추진되고 있는 것으로 이해된다. 정부는 특히 정보화는 세계화의 핵심영역임을 인식하고 정보화를 국정 제일의 과제로 추진하고 있다. '정보화는 총리의 고유 업무'임을 선언, 총리가 직접 정보화업무를 챙기고 있으며, 총무처에서는 앞으로 컴퓨터 사용 능력을 공무원 인사고과에 반영하는 등 행정 분야도 정보화에 뒤떨어지지 않도록 하겠다는 계획이다.

또 다른 연구도 당시 신세대인 X세대가 문화 부문의 범지구화 현상에 가장 예민한 반응을 보이는 세대라는 점을 지적한다(박재홍, 1995: 657).

> 신세대는 문화부분의 범지구화 현상에 가장 예민한 반응을 보이는 세대이다. [···] 문화부문의 범지구화를 주도하는 것은 위성방송, 영화·TV

프로그램·출판물 등의 국제적 유통, 전화 및 전자우편, 국제 여행 등이라 할 수 있다. 청소년 시절 86년 아시안 게임과 88년 서울 올림픽을 안방에서 시청하며 범지구화 감각을 익힌 한국의 신세대는 뮤직비디오·외국영화·위성방송 등 영상 매체와 컴퓨터를 비롯한 뉴미디어에 가장 익숙한 세대이며, 많은 젊은이들이 해외 배낭여행을 다녀왔거나 휴가 기간 중 가장 하고 싶은 일로 꼽고 있다. 기성세대와는 달리, 그들에게 외국은 시간적으로나 공간적으로 가까이 다가와 있는 현실인 것이다.

굳이 학술 연구까지 가지 않더라도, 이 당시 뉴스 기사들을 살펴보면 국제 경쟁력을 갖추기 위한 노력의 일환으로 정보화 및 정보통신 산업이 얼마나 중요하게 다뤄졌는지를 알 수 있다. 대표적으로 정보화 시대를 주도할 산업으로 소프트웨어 산업을 들어 국가 전략 산업으로 육성한다는 내용은 물론이고, 정보통신부, 국방부, 내무부 등의 정부 부처를 비롯해 정보통신 업체와 경제 연구원, 학계 인사가 정보화에 높은 관심을 보였다는 내용, 그리고 기초자치단체장들이 자진해 정보화 교육을 받아 본보기가 되고 있다는 내용 등이 보도되었다. 이는 사회 전반에 걸친 정보화의 중요성과 이를 활성화하는 데 공공부문에서 얼마나 많은 노력을 기울였는지 파악할 수 있게 하는 대목이다.

> 정부는 21세기 정보화시대를 주도할 소프트웨어산업을 국가전략산업으로 육성하고 내년도 정부투자기관의 연구개발투자를 매출액 대비 3.4%로 확대해 국가의 연구개발에 공공부문이 선도적 역할을 하도록 할 방침이다.
>
> (연합뉴스, 1994. 05. 09.)

한국정보산업연합회(회장 李龍兌)는 11일 오후 여의도 전경련회관에서 정보통신부, 국방부, 서울시, 내무부 등의 정책담당자들을 초청, 새해 정보화추진계획과 정보산업육성방안을 기업 등 민간에 소개하는 '정보화 정책포럼'을 개최했다. 이날 포럼에는 IMF(국제통화기금)시대를 맞아 국가차원의 정보화정책에 따른 생존전략과 마케팅방안을 모색하기 위해 정보통신업체 임직원과 경제연구원, 학계인사 등 1백 70명이 참석, 정보화에 대한 높은 관심도를 반영했다.

(연합뉴스, 1998. 02. 11.)

원혜영(元惠榮) 경기도 부천시장과 김병량(金炳亮) 성남시장, 박수묵(朴秀默) 인천시 부평구청장 등 기초자치단체장 3명이 자원해 정보화 교육을 받고 있어 공무원들은 물론 다른 단체장들에도 본보기가 되고 있다.

(연합뉴스, 1999. 08. 12.)

남궁석 정보통신부 장관은 "21세기는 개인, 기업, 국가의 힘이 지식과 정보의 양과 질에 의해 결정되는 지식정보화 사회"라고 전제, "산업화의 지연으로 겪었던 지난 100년간의 시련과 최근의 경제 위기를 교훈 삼아 지식·정보화 선진국으로 발돋움할 수 있는 기틀을 마련하겠다"고 강조했다.

(연합뉴스, 1999. 09. 13.)

이처럼 공무원과 대기업 임원들이 솔선해 컴퓨터를 배우고, 그것이 큰 능력이 되는 사회적 상황에서 일부러 시간을 내 어렵게 컴퓨터를 배울 필요가 없었던 X세대는 분명 기존 세대와 달랐다고 할 수 있다. 오늘날 40대 이상이 된 기존의 세대들에게 있어 정보화 기기는 사무를 빠르게 처리할 수 있는 하나의 기능이자 그들의 직업적 지위를 제고할 수 있는 기회였던 반면, 정보화 세대, 인터넷 세대, 넷 세대 등으로 불렸던 X세대에게 정보화 기기의 활용은 자연스러운 삶의 한 단면이었으며 '놀이'와 '사교'를 위한 수단이었다. 더욱이 이들이 보유한 정보화 능력은 '한컴 오피스'나 '마이크로소프트 오피스' 프로그램 사용과 같은 사무 처리 능력에 국한된 것이 아니라, 인터넷을 통한 정보 검색 능력까지 포함한 것이었다. 그동안 도서관에서 책을 봄으로써, 혹은 신문, TV 프로그램을 통해 제한적으로 정보를 수집할 수 있었던 이전 세대들과는 정보 검색 능력이나 지식 습득 차원에서 양적·질적으로 전혀 다른 상황에 처해 있었다 할 수 있는 것이다. 나아가 정부의 세계화 추진으로 인한 해외 문호의 개방과 인터넷을 통한 해외 문물에의 접촉 증가는 이들 세대의 시선을 국내가 아닌 국제 무대로 옮기게 하는 데 적지 않은 영향을 미쳤다.

X세대의 향수를 자극하며 큰 인기를 끌었던 드라마 〈응답하라 1988〉(2015)에도 이들 세대가 하나의 놀이와 사교의 수단으로서 PC통신을 사용하기 시작한 모습이 반영되었다. 전화선을 끌어와 '하이텔'로 다른 사람들

[그림 5-4] 드라마 〈응답하라 1988〉(2015) 중 PC통신 에피소드

과 퀴즈 게임을 하는 '정봉'이라는 극중 인물을 중심으로 한 에피소드가 당시 이와 동일한 경험을 공유했던 사람들에게 추억을 불러일으키는 요소로 작용한 것이다. '응답하라' 시리즈가 이야기의 중심이 되는 시대의 세대론을 탄생시킨 각 세대의 특성, 그리고 그들이 경험한 사회문화적 사건·사고들을 매우 잘 녹여냈다는 점에서 호평을 받았다는 점에서 '정봉'의 PC통신 에피소드의 등장은 PC통신으로 대변되는 정보화의 시작점이 X세대임을 다시 한 번 방증해주는 것이라 할 수 있다.

이와 더불어 X세대인 응답자들을 대상으로 한 인터뷰에서도 이와 관련된 경험담들이 등장한다. 40대 초반인 X세대 사례5(42세, 남성)는 "PC통신 하이텔을 바탕으로 글을 올리거나 번개를 하는 등의 경험이 있었다."라고 하면서 "인터넷 통신을 통해 와인 동호회 활동을 했다."라고도 했다. 그리고 "천리안을 통해 지금의 아내를 만났다."라며 추억에 잠기는 모습을 보였다. 또 다른 인터뷰 대상자였던 X세대 사례7(44세, 남성) 역시 "지금도 인터넷 커뮤니티 활동을 하고 있지만 당시(PC통신이 처음 나왔던 시기) 활동했던 조그마한 커뮤니티가 지금보다 훨씬 따뜻했다." 라고 응답했다. 과거의 경험보다는 현재 활동하는 인터넷 활동을 언급한 88만원 세대 사례12(37세, 남성)의 경우, "특별히 참여하는 동호회는 없지만 가입되어 있는 인터넷 동호회는 많이 있다. 주로 사회적인 문제나 영화 같은 것에 대한 개인적인 감상평을 얻거나 정보를 얻는 데 활용한다."라고 응답했다. 이들의 말을 종합해보면, '디지털 네이티브'라 불리는 88만원 세대만큼은 아니지만 X세대 역시 인터넷 문화가 어색하지 않고, 또 이와 관련된 나름의 어린 시절 추억이 있는 세대임을 확인할 수 있다.

## 3. 새로운 모든 것의 시작이 되다

### 외국어 실력과 정보화 능력의 싹을 틔우다

X세대는 청소년기와 청년기에 정보화와 세계화 흐름 속에서 외국어 실력과 정보화 능력의 싹을 틔운 세대이다. 이들의 아랫세대인 88만원 세대가 '태생적 글로벌리스트'이자 '디지털 네이티브'로 불리는 만큼, 이들을 외국어 실력과 정보화 능력의 대표 세대라 부를 수는 없다. 88만원 세대와 지금 10대 시기를 보내고 있는 그 아랫세대는 초등학교 때부터 영어 교과목을 필수 교과로 배우기 시작했고, 갓난아기 때부터 스마트폰이며 PC, 각종 정보화 기기를 만지며 자랐기 때문에 실질적인 실력이나 친숙도 측면에서 X세대를 능가한다. 그럼에도 불구하고 이들 세대가 중요한 이유는, 지금은 당연한 것들의 시작 지점에 X세대가 있었기 때문이다. 모든 새로운 것의 시작이 사회적으로 큰 파장을 미치듯, 상대적으로 외국 문화와 정보화 기기에 친숙했던 X세대는 이들을 바라보는 기성세대에게 분명 적지 않은 영향을 미쳤을 것이다.

특히 X세대의 정보화 능력은 이들이 갓 직장 생활을 시작했을 때 이미 직장 생활을 하고 있었던 베이비붐 세대에게 큰 위협으로 다가왔다. 컴퓨터를 켜고 끄는 것은 물론, 각종 프로그램을 실행하는 데 진땀을 뺐던 기성세대, 이들은 독수리 타법을 구사하며 오랜 시간에 걸쳐 문서를 작성하고 출력하는 것까지 새롭게 익혀야 할 것들이 너무 많았다. 주소라고는 집 주소가 전부인 줄 알았던 이들에게 이메일 주소를 알려달라는 질문은 고문에 가까웠을 것이다. 그도 그럴 것이 지금은 남녀노소를 불문하고 누구에게나 너무나도 익숙하고 보편화된 포털 사이트의 무료 이메일 서비스가 시작된 것이 불과 20년 전이기 때문이다.

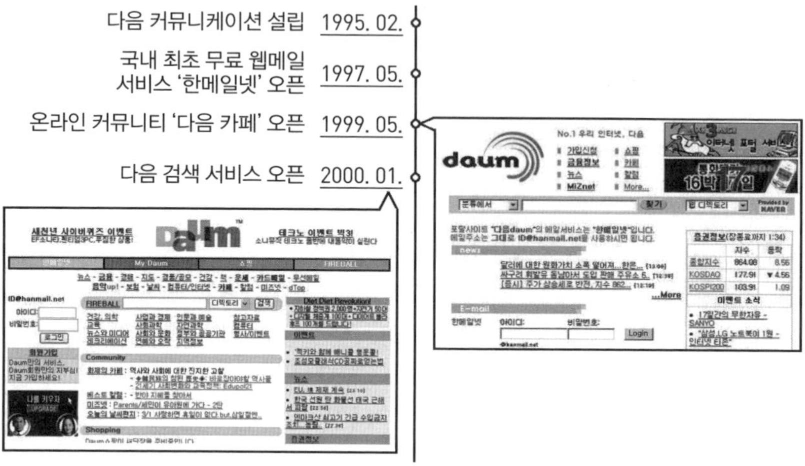


[그림 5-5] 다음(Daum) 한메일 서비스

인터넷 포털 '다음카카오'가 국내 최초로 무료 웹메일인 '한메일hanmail' 서비스를 시작한 것이 1997년이고, '네이버'의 경우 이보다 늦은 2000년 포털 사이트를 개설했다. 포털 사이트의 개설로 우리나라 정보통신 문화는 과거 PC통신 중심이던 것에서 인터넷 중심으로 급속하게 이전되었다. 실제로 세대별 디지털 격차 및 정보 격차는 주요한 학술 연구 주제 중 하나이며, 이와 관련된 뉴스 기사도 심심치 않게 찾아볼 수 있다. 2005년 당시 깊어지는 세대 간 갈등을 조명한 뉴스 기사는 그 원인으로 세대 간 경험의 차이와 인터넷을 중심으로 한 소위 '디지털 디바이드Digital Divide, 정보 격차'를 꼽았다(세계일보, 2005. 01. 03.). 이러한 격차는 정보화의 속도가 빠를수록 더욱 심해지는데, 우리나라의 경우 "산업화는 늦었지만 정보화는 앞서가자"는 구호 아래 정부 주도로 정보화 과정이 급속하게 진행되어 세대 간 정보 격차를 심화시켰다.

### 탈정치, 탈이념, 탈권위: 개인의 자유와 권리를 최상의 가치로 여기다

경제적 풍요와 정치적 안정이라는 성장 환경, 그리고 1991년 소련 붕괴로 인한 '미국 대 소련'의 냉전체제의 와해는 X세대가 탈정치 및 탈이념화되는 데 많은 영향을 미쳤다. 그 결과 X세대에게는 해결해야 할 '공통의' 과제나 달성해야 할 '공동의' 목표가 부재하게 되었고 그 빈자리를 '나의 자유'와 '개인의 권리'에 대한 욕구가 대신하게 되었다. 그리고 이들의 개인주의 성향은 자연스럽게 기성세대의 보수적 특성과 전통적 질서, 권위주의에 대한 반발로 이어졌다. X세대의 정치에 대한 무관심, 약화된 공동체 의식, 그리고 전통적 권위를 인정하지 않는 태도는 이전 세대들로 하여금 X세대를 '생각 없고 버릇없는' 세대로 낙인찍게 하기에 충분했다. 2011년 수행한 조사 결과에서도 30대 X세대의 정치적 무관심, 공권력에 대한 반발이 드러난다.

〈표 5-2〉는 세대별 정치 관심도와 정치 성향을 정리한 것이다. X세대의 경우, 아랫세대인 88만원 세대와 윗세대인 베이비붐 세대보다 낮은 정치적 관심을 보인다. 산업화 세대보다는 그 관심 정도가 높지만 나이가 들수록 정치적 관심 정도는 다소 떨어진다는 연령 효과를 감안하면, 상대적으로 젊은 나이라 할 수 있는 X세대의 낮은 정치적 관심도는 이들 세대의 특징이라고 볼 수 있을 것이다. 정치 성향의 경우에도 X세대는 그 아랫세대인 88만원 세대와 같은 정도로 진보 쪽에 가까운 성향을 보였으며, 3점 이상으로 중도 보수적인 성격을 띠는 것으로 확인된 베이비붐 세대 및 산업화 세대와 구분되는 모습을 보였다.

또한 〈표 5-2〉는 공권력에 대한 세대별 인식을 보여준다. '공권력은 어떠한 경우에도 존중되어야 한다'는 의견에 대한 동의 정도를 물은 결과, X세대가 5점 만점 중 2.51점의 가장 낮은 점수로 이 의견에 동의하

〈표 5-2〉 세대별 정치 관심 정도, 정치 성향, 그리고 공권력에 대한 의견

| 문항 / 세대 | 정치에 얼마나 관심이 있으십니까?[1] | 정치 성향은 어느 정도 진보적 또는 보수적이라고 생각하십니까?[2] | 공권력은 어떠한 경우에도 존중되어야 한다고 보십니까?[3] |
|---|---|---|---|
| 88만원 세대 (25~37세) | 3.17 | 2.74 | 2.65 |
| **X세대 (38~47세)** | **3.08** | **2.74** | **2.51** |
| 베이비붐 세대 (48~67세) | 3.18 | 3.12 | 3.14 |
| 산업화 세대 (68세 이상) | 2.72 | 3.35 | 3.19 |

주: 각 문항은 5점 만점의 척도로 측정되었음.
1) 전혀 관심이 없다(1점)~매우 관심이 많다(5점).
2) 매우 진보적이다(1점)~매우 보수적이다(5점).
3) 전혀 동의하지 않는다(1점)~매우 동의한다(5점).

지 않음을 확인할 수 있다. 국가가 갖는 권력의 힘을 다른 모든 것에 비해 우선시하는 경향은 산업화 세대에서 가장 높고, 그 이후로는 각 세대를 구성하는 연령대가 젊어질수록 약화되는 경향이 있는데 X세대는 작은 차이이기는 하지만 88만원 세대보다도 낮은 점수를 보인다. 개인의 자유와 권리가 중요한 X세대에게 '어떠한 경우에도' 존중되어야 할 공권력은 없으며, 그러한 공권력이 작용하게 되는 경우 이는 국가의 권력 '남용'이고 심각한 '인권 침해'일 뿐이다. 1970년대생은 요즘도 가장 진보적인 세대, 기성화 또는 보수화되지 않은 세대라고 평가되고 있다(경향비즈, 2016. 12. 12.).

X세대의, 그리고 아랫세대로 갈수록 더욱 강화되는 탈권위 성향이 가장 극적으로 드러나는 장소는 바로 직장이다. 이는 직장이 가족 관계나 친구 관계에서는 만날 수 없는 다른 세대들을 만나게 되는 장소이면서 동시에 '일'을 매개로 한 상하관계가 존재하는 '조직 생활의 장'이기 때

[그림 5-6] 〈SBS스페셜〉 "아저씨, 어쩌다 보니 개저씨"(2016. 03. 13.)

문이다. 2016년 방영되어 화제를 모은 〈SBS스페셜〉 "아저씨, 어쩌다 보니 개저씨"(2016. 03. 13.)는 회사 내에서 기성세대와 젊은 세대가 충돌하는 모습을 보여준다.

여기서 '개저씨'라는 말은 '개'와 '아저씨'를 합친 신조어로 보수적이고 권위적이며 자신의 직위를 이용해 소위 '갑질'을 하는 중년 남성을 뜻하는 말이다. 갑질도 문제이지만, 이 현상을 통해 우리가 주목해야 할 것은 '개저씨'가 어제오늘의 일이 아니라는 점이다. 이 다큐멘터리에서는 회식의 메뉴까지 상사 마음대로 정하는 일방적인 의사결정, 권위적인 사내 분위기 등을 문제 삼고 있는데 이는 예전부터 한국의 조직 문화에 내재되어 있던 부분이다. 그런데 이것이 새삼 오늘날에 와 문제가 되는 것은, 이를 바라보는 아랫세대의 가치관이 바뀌었다는 것을 보여주는 사례이며 X세대가 바로 그 시작점에 있다고 할 수 있다.

이전 세대에게 통용되었던 말들, 가령 '직장에 충성해야 한다'거나 '가정보다 일이 먼저'라는 말은 오늘날 젊은 세대들에게 받아들여지지 않는다. 개인의 권리와 자유가 중요한 X세대는 회사와 가정을, 그리고 일과 여가를 엄격히 분리한다. 근래 보도된 기사들을 살펴보면, 젊은 세대의 '개인주의'가 직장 내 세대 간 갈등을 유발하는 주요 요인임을 알 수 있고, 동시에 선호하는 직장의 요건에 대한 생각 역시 X세대를 기점으로 그 윗세대와 아랫세대 간에 큰 차이를 보이고 있음을 알 수 있다.

> [⋯] 대리급 이하 젊은 세대들은 '회사 생활에 개인 생활을 희생시키는 것을 당연하게 여길 때'를 꼽았고, 차장급 이상 기성세대들은 '동료의식이나 고통분담 없는 개인주의'를 공감하지 못했다. [⋯] '개인의 삶'에 대한 질문에서는 기성세대와 젊은 세대 직원들 간 극명한 입장 차를 보였다. 대리급 이하에게 '직장 내 공감할 수 없는 기성세대 정신'을 묻는 질문에는 '주말출근, 회사를 위해 개인의 삶은 희생해야 한다'(51.0%)를 가장 많이 꼽았다. 그다음으로 '너에게 발언권은 없다. 내가 시키는 대로 하면 된다'(43.2%), '요즘 애들은~우리 때는~ 비교와 과거 미화'(41.6%), '이번 주말에 등산갈까? 회사와 일상의 모호한 경계'(27.8%) 순으로 젊은 직원들이 기성세대를 공감하지 못한다고 답했다. 반면 차장급 이상이 꼽은 '직장 내 황당한 신세대 정신'으로는 '동료의식이나 고통분담 없이 나만 생각하는 개인주의'(54.5%)가 가장 많았다.
>
> (이데일리, 2015. 02. 03.)

> 1일 취업포털 사람인은 직장인 1,519명을 대상으로 '가장 다니고 싶은 꿈의 직장'을 조사한 결과, 퇴근시간이면 컴퓨터가 자동으로 꺼지는 등 '칼퇴근하는 직장'이 17.3%로 1위를 차지했다고 밝혔다. 이어 '업계 최고의 연봉이나 인센티브를 많이 지급하는 직장'(14.7%), '정년보장이 확실한 안정적인 직장'(12.1%), '회사의 성장 가능성을 확실하게 보여주는 비전 있는 직장'(11.1%), '업무 스트레스가 없을 만큼 일이 수월한 직

장'(10.6%), '안식휴가, 별도 지정휴가 등이 많은 직장'(7%) 등의 답변이 이어졌다. 연령별로는 20대와 30대는 '칼퇴근하는 직장'(각각 20.1%, 18.5%)을, 40대와 50대는 '정년보장이 확실한 안정적인 직장'(각각 23.2%, 30.6%)을 각각 첫 번째로 꼽아 차이를 드러냈다.

(한겨레, 2015. 09. 01.)

## 골드미스와 싱글족의 탄생: 새로운 라이프스타일을 선도하다

'개인주의'와 '자유주의' 성향이 강한 X세대가 기존 세대가 구축해둔 삶의 방식을 그대로 따르지 않고 새로운 라이프스타일을 선도하는 것은 어찌 보면 당연한 일이다. 지금은 우리에게 꽤 익숙한 골드미스와 싱글족, 알파걸 등이 그 단적인 예인데, 이러한 신조어를 탄생시킨 세대가 바로 X세대이다. 이 같은 현상은 이들이 성장기에 경험한 가족 문화의 변화와도 큰 관련성을 갖는다. X세대는 부모와 한두 명의 자녀로 구성된 핵가족 형태의 가족 형태가 보편화되던 시기에 유년기를 보냈다. 과거 여러 명의 형제가 한 방에서 생활하던 기억이 이들 세대에게는 없다. 한국 역사상 처음으로 '자기만의 방'을 갖고 성장한 세대가 X세대이다. 이 같은 가족 구조와 가족 문화의 변화는 X세대의 삶에 '전통적 삶의 방식에 대한 거부'와 '여성 파워의 증가'라는 커다란 변화를 일으켰다.

전통적인 삶의 방식에 대한 거부는 이들 세대의 '결혼관'에서 가장 극적으로 드러난다. 2011년 수행된 조사 결과 중 결혼에 대한 전반적인 생각과 결혼 적령기에 대한 세대별 응답을 살펴보면 X세대의 결혼관이 다른 세대들의 결혼관에 비해 탈전통적 혹은 진보적임을 알 수 있다(〈표 5-3〉 참조).

각 항목에 대한 동의 정도를 물어본 결과, 다른 세대에 비해 X세대 응

〈표 5-3〉 세대별 결혼에 대한 의견

| 세대 \ 문항 | 결혼은 하지 않아도 된다 | 불행한 결혼보다는 이혼이 낫다 |
|---|---|---|
| 88만원 세대 (25~37세) | 2.89 | 3.73 |
| **X세대(38~47세)** | **3.16** | **3.91** |
| 베이비붐 세대 (48~67세) | 2.74 | 3.72 |
| 산업화 세대(68세 이상) | 2.08 | 3.26 |

주: 각 문항은 5점 만점의 척도로 측정되었음.
* 전혀 동의하지 않는다(1점) ~ 매우 동의한다(5점).

답자들은 타 세대와 비교할 때 가장 높은 정도로 '결혼은 하지 않아도 된다'고 응답했고, 뿐만 아니라 이미 결혼을 한 경우라도 그 결혼이 불행하다면 '이혼하는 것이 낫다'는 항목에도 가장 높은 정도로 동의하는 것으로 나타났다. 이러한 경향은 인터뷰 내용을 통해서도 드러났는데, 인터뷰 참여자들 중 특히 여성 응답자들의 경우 〈표 5-3〉에 제시된 분석 결과와 마찬가지로 결혼의 필수성에 동의하지 않는 입장을 보였다. 한 예로, 88만원 세대 사례11(37세, 여성)의 경우, "어렸을 때부터 결혼에 대해 꼭 해야 한다는 생각은 해본 적이 없다."라고 하면서, "결혼을 하기보다는 혼자서도 잘 살 수 있는 직업을 가져야 한다는 생각을 했다."라고 말하며 "어른들의 경우 이와는 다르게 결혼을 하지 않은 사람들에 대해 안타까움을 표출하는 경우가 많은 것 같다."라고 응답했다.

또 다른 인터뷰 대상자인 88만원 세대 사례7(36세, 여성) 역시 비슷한 응답을 했는데, 그에 의하면 "어른들의 경우 어떻게든 짝을 지어주려는 경향이 강한 것 같다. 하지만 나의 경우 어렸을 때 어머니로부터 결혼은 꼭 해야 하는 것이 아니며 결혼보다는 자기 직업이 있고 능력이 있으면 괜찮다는 이야기를 들어왔다."라고 회상했다. 이어 그는 본인은 "결혼을 했지만 결혼이라는 제도 자체에 대한 거부감이 있었다."라고 하면서

"친구들에게 조언할 때는 결혼보다는 자립할 수 있는 경제력이 중요하다고 이야기한다."라고 덧붙였다. 한편 "결혼을 포기했다."라고 응답한 88만원 세대 사례9(36세, 여성)의 경우, "(사람들이 일반적으로 말하는) 평균적인 사이클을 따라가는 것에 품이 많이 들어 이를 포기하고 나니 결혼을 할 수도, 안 할 수도 있는 것 같다는 생각이 든다."라고 했다. 그리고 이렇게 생각하게 된 원인에 대해 "이전에는 어려워도 사람들 시선 때문에 꼭 결혼을 했어야 했고, 또 막상 결혼을 하고 나면 소위 말하는 '평균적인 삶'을 영위하는 것이 어렵지 않았지만 요즘은 그렇지 않은 것 같다."라는 나름의 분석을 내놓기도 했다.

〈표 5-4〉는 결혼에 대해 보다 구체적인 생각을 알아보기 위해 '결혼 적령기'에 대한 항목을 물어본 결과를 정리한 것이다. 남녀에게 결혼 적령기가 있는지 물어 '결혼 적령기는 없다'는 의견의 비율을 살펴본 결과, X세대의 27.6%가 '남자에게 결혼 적령기는 없다', 28.9%가 '여자에게 결혼 적령기는 없다'고 응답했다. 결혼 적령기 여부를 묻는 질문에 대한 세대별 응답은 크게 X세대와 88만원 세대로 대별되는 젊은 세대와, 베이비붐 세대 및 산업화 세대로 대별되는 나이든 세대 간 차이로 구분되지만, X세대의 경우 바로 윗세대인 베이비붐 세대와 약 10% 이상 차이가 난다는 점에서 주목할 만하며, 88만원 세대보다도 높은 비율로 결혼

〈표 5-4〉 세대별 결혼 적령기에 대한 의견

(단위: %)

| 세대 \ 문항 | 남자에게 결혼 적령기는 없다 | 여자에게 결혼 적령기는 없다 |
|---|---|---|
| 88만원 세대(25~37세) | 25.6 | 23.7 |
| **X세대(38~47세)** | **27.6** | **28.9** |
| 베이비붐 세대(48~67세) | 16.0 | 15.5 |
| 산업화 세대(68세 이상) | 6.9 | 6.9 |

적령기의 존재 여부에 동의하지 않는 경향을 보여 이 세대만의 특징을 드러내준다.

이처럼 결혼 여부 및 결혼 연령에 있어 다른 연령대에 비해 유연한 사고를 겸비한 X세대는 가정과 일에 대한 생각 면에서도 다른 세대와 차이를 보이는데, 가장 두드러지는 차이는 일과 가정을 '엄격히 분리되어 있는 영역'으로 생각한다는 점이다. 이전 세대, 특히 베이비붐 세대에게 있어 한 번 들어간 직장은 '평생직장'이었고, 가정과 동일한 혹은 가정보다 중요하고 우선시되어야 하는 영역이었다. 가정은 일터에서의 생산성 증가를 위해 재충전을 하는 공간이었고, 일에서의 성공이 곧 가정에서의 성공이라고 믿는 문화가 만연했다. 회사 일을 위해서라면 가족의 소소한 일상은 쉽게 유보되었다. 이들의 삶에 있어 중심이 되었던 것은 생산지향적, 집합지향적, 권위지향적인 가치들이었기 때문이다(박재흥, 1995). 그러나 이러한 문화가 X세대에 와서 변화하기 시작한다. 다음의 〈표 5-5〉에 제시된 조사 결과는 X세대들을 시작으로 하는 이 같은 변화

〈표 5-5〉 세대별 가정과 일에 대한 의견

| 세대 \ 문항 | 일을 해야 식구들에게 더 인정받을 수 있다 | 일을 하면 가정 생활도 더욱 만족스러워진다 | 집안일이나 자녀 양육은 직장 생활에 지장을 준다 | 가정 생활을 통해서 일에 대한 긴장이 해소된다 |
|---|---|---|---|---|
| 88만원 세대 (25~37세) | 3.86 | 3.72 | 3.31 | 3.30 |
| **X세대 (38~47세)** | **3.69** | **3.71** | **3.39** | **3.31** |
| 베이비붐 세대 (48~67세) | 3.88 | 3.89 | 3.26 | 3.40 |
| 산업화 세대 (68세 이상) | 3.94 | 4.01 | 3.04 | 3.39 |

주: 각 문항은 5점 만점의 척도로 측정되었음.
* 전혀 동의하지 않는다(1점) ~ 매우 동의한다(5점).

양상을 보여준다.

구체적으로 X세대의 응답자들은 '일을 해야 식구들에게 더 인정받을 수 있다', '일을 하면 가정 생활도 더욱 만족스러워진다', 그리고 '가정 생활을 통해서 일에 대한 긴장이 해소된다'는 의견에 대해 다른 연령대보다 낮은 정도로 동의했으며, '집안일이나 자녀 양육은 직장 생활에 지장을 준다'는 데 대해서는 다른 연령대보다 많이 동의했다. '알파걸'과 '싱글족', 그리고 '골드미스'는 이 같은 가치관이 실질적인 라이프스타일로 발현되어 나타난 것이다. X세대가 유년기를 보낼 무렵 한국 사회에서는 한 가정에서 태어나는 자녀의 수가 줄어들고, 사회 전반적으로 교육 여건이 좋아지면서 점차 여성의 교육 수준이 높아지기 시작했다. 그 결과 남성 못지않은, 혹은 남성보다 뛰어난 여성들이 나타나기 시작해 이들에게 '알파걸'이라는 명칭이 부여되었으며 이들이 이후 직장을 갖고 높은 수익을 올리게 되면서 '골드미스'로 불리게 되었다.

개인의 자유와 성취가 무엇보다 중요한, 30대 이상 40대 미만의 미혼 여성들 중 높은 학력과 경제력을 갖춘 X세대 여성들은 굳이 결혼이라는 제도에 갇혀 살 이유를 찾지 못해 결혼을 유예하며 싱글족으로서의 삶을 즐겼고, 이러한 새로운 삶의 방식은 세간의 이목을 끌었다. 특히 기업과 유통 업체들은 이들의 소비력에 주목해 골드미스를 위한 맞춤형 제품 만들기에 열을 올렸다. 2000년대 중반부터 미디어에 등장하기 시작한 골드미스 관련 초기 기사들을 살펴보면 이들이 소비 주체로서 강조되고 있으며, 모든 젊은 여성이 선망하는 '매우 긍정적인' 이미지로 그려지고 있음을 확인할 수 있다.

'골드미스 모십니다' 호텔, 여행 업계 등 마케팅 봇물

(세계일보, 2007. 04. 24.)

20·30대 여성 직장인 68%, "골드미스로 살고 싶어"

(연합뉴스, 2007. 01. 23.)

유통업계 큰 손 '골드미스'를 모셔라

(노컷뉴스, 2007. 11. 25.)

2011년 조사 결과를 통해 보면, 골드미스를 비롯한 다양한 가족 형태에 대한 인식 면에 있어 확실히 X세대가 다른 연령대의 응답자들보다 우호적인 입장을 취하고 있음을 확인할 수 있다. 〈표 5-6〉은 골드미스와 딩크족에 대한 세대별 의견을 정리한 것이다. 딩크족DINK은 'Double Income, No Kids'의 앞글자를 따서 만든 용어로 결혼은 하되 아이는 낳지 않는 맞벌이 부부를 지칭하는 용어이다. 제2차 세계대전 이후 미국에서 태어난 베이비붐 세대들이 결혼은 하지만 아이를 낳지 않고 배우자의 자유를 존중하며 자신의 일에서 삶의 보람을 찾으려고 했던 생활양식에서 그 기원을 찾을 수 있다(최유정·신아름·최샛별, 2015).

조사 결과를 살펴보면, '골드미스는 멋있다'는 의견에 대해 베이비붐 세대와 산업화 세대는 모두 2점대 점수로 동의하지 않는 것으로 나타난 반면, 88만원 세대와 X세대는 3점대 점수로 다소 동의하는 축에 속했

〈표 5-6〉 세대별 골드미스와 딩크족에 대한 의견

| 세대 \ 문항 | 골드미스는 멋있다 | 딩크족은 멋있다 |
|---|---|---|
| 88만원 세대(25~37세) | 3.00 | 2.48 |
| **X세대(38~47세)** | **3.06** | **2.56** |
| 베이비붐 세대(48~67세) | 2.79 | 2.26 |
| 산업화 세대(68세 이상) | 2.19 | 1.72 |

주: 골드미스와 딩크족에 대한 생각은 5점 만점의 척도로 측정되었음.
* 전혀 동의하지 않는다(1점) ~ 매우 동의한다(5점).

다. 그리고 그중에서도 X세대는 가장 젊은 세대인 88만원 세대보다도 높은 정도로 이 의견에 동의했다. '딩크족은 멋있다'는 의견에 대해서는 모든 연령대의 응답자가 1점대에서 2점대의 점수를 보여 대체로 동의하지 않는 것으로 나타났지만, 그중에서도 X세대는 상대적으로 가장 높은 점수를 보여 타 세대와 비교했을 때 딩크족에 대해 더 우호적 입장을 취하고 있음을 알 수 있다.

하지만 2007년 골드미스에 대한 논의가 시작되던 때와 달리 최근에는 저출산 현상이 사회적 문제로 크게 대두됨에 따라 이들을 둘러싼 평가와 시각이 달라지고 있다. 불과 7, 8년 전만 해도 시장을 선도하는 우수 소비자, 능력 있고 당당한 커리어 우먼으로 그려지던 X세대의 골드미스들이 저출산 문제의 주범으로 지목받으면서 매우 당혹스러운 입장에 처하게 된 것이다. 2015년 8월 한국일보에 보도된 한 기사가 이러한 상황을 잘 대변해준다.

> 마케팅 업체들은 자기애가 강하고 소비 여력이 있는 그들을 '골드미스'라며 떠받들었다. 그런 그들이 이제 '결혼파업 세대'로 불리며, '저출산의 주범'이라는 시선까지 받는 처지가 됐다. 바로 '아들 딸 구별 말고 둘만 낳아 잘 기르자'는 산아제한 정책이 시행된 1970년대 태어나 처음으로 아들 못지않게 교육받은 3545세대 여성이다. 지금 그들은 "화려하고 자유분방한 삶을 추구한 게 아니다"고 항변한다. 결혼을 하지 않고 있는 속사정과 생활에 대한 1970년대생 미혼여성의 이야기다.
>
> (한국일보, 2015. 08. 08.)

아직 '골드미스'라는 용어가 남아 있고, 계속해서 능력 있는 X세대 여성을 지칭하는 표현으로 사용되고 있기는 하지만 더 이상 이들에게서 예전과 같은 후광은 찾아볼 수 없다. 여전히 골드미스는 88만원 세대에게 동경의 대상이 되고 있지만, 이들이 처해 있는 암울한 상황으로 인해 비자발적 '노처녀'와 '노총각', 그리고 '1인 가구'가 될 뿐 능력 있는 '골드미스'나 '골드미스터', 화려한 '싱글족'이 되지는 못한다. 이러한 새로운 라이프스타일을 선도한 X세대 역시 과거만큼 긍정적인 평가를 받지는 못하는 것은 물론이다. 그럼에도 X세대는 과거에 없었던 새로운 삶의 방식을 만들고, 삶에 대한 다양한 가능성을 제시하며 우리 사회에 신선한 변화의 바람을 불어넣었다. 이러한 사실은 이들 세대가 갖는 역사적 기여점이라고도 볼 수 있다.

## 4. 탈정치 세대, 문화의 헤게모니를 장악하다

### 21세기는 문화의 세기, 문화 세대의 장이 열렸다

2000년대 들어 '21세기는 정보화 사회'와 더불어 학계와 대중매체에서 가장 많이 쓰이는 또 다른 표현이 있으니, 바로 '21세기는 문화의 세기'가 그것이다. 1990년대 우리나라에서 대중문화 붐이 일어난 이후, 문화 분야는 꾸준히 그 성장세를 이어왔다. 소비 사회와 여가 사회의 도래, 주5일제 근무 실시로 인한 여유 시간의 증가, 그리고 문화 생활에 대한 대중의 높아진 욕구와 기대치는 문화를 국가 주도 산업 대상의 반열에 올려놓는 원동력으로 작용했다. 그동안 국가 정책의 주변부에 머물러있던 문화 정책은 중심 영역으로 진입했으며, 대중문화 콘텐츠의 수출을 통한 한류 열풍은 정체되어 있던 우리나라 수출 시장에 활기를 불어넣음과 동시에 국가 브랜드 홍보 효과도 가져와 외교적 차원에서도 큰 주목을 받고 있다.

국가적 차원과 개인적 차원에서 문화의 중요성은 실로 엄청나다. 오늘날 초등학생들의 장래 희망 1순위는 더 이상 대통령이나 과학자, 의사나 변호사 같은 과거 전통적 권위를 가졌던 직업으로 진출하는 것이 아니라 '연예인'이 되는 것이다(뉴스와이어, 2014. 03. 27.). 고등학생들 역시 장래 희망 직종으로 문화 예술 분야로의 진출을 꿈꾸는 경우가 많다는 조사 결과도 있다.[2] 대학들은 이러한 학생들의 수요를 반영해 문화 관련 학과를 개설하려는 움직임을 보이고 있다. 오늘날 문화는 우리 삶 주변부에 위치한 한낱 유흥거리가 아니라, 우리 삶 깊숙이 들어와 있는 주요 요소 중 하나이며, 학문적으로는 제도화의 과정을 거치고 있는 영역이다. 연일 한국의 경제 상황이 좋지 않다는 기사가 나오고 모든 세대에게 있어 가장 큰 고민이 경제적 문제라는 얘기가 있는 가운데, 문화와 여가 영역만은 지속적으로 확장되고 있는 것도 삶에서 문화가 더 이상 포기할 수 있는 부분이 아니라는 사실을 보여준다.

이 같은 상황에서, 과연 문화 영역의 헤게모니를 장악한 사람들은 누구인가? 바로 1970년대에 태어나 1990년대 한국 대중문화 부흥기 속에서 성장한 X세대이다. 1990년대 당시 선배 세대들에게 비난받고 이해할 수 없는 세대로 치부되었던 X세대는 산업화 세대나 민주화 세대처럼 정치와 경제의 헤게모니를 잡지 못한 것은 사실이다. 그래서 이들은 아무 특성이 없다는 뜻의 포삼 세대포스트 386라고 불리기도 하지만 문화의 세기를 지나는 지금, 이들은 한국의 문화 세대로서 문화 영역의 헤게모니를 장악하며 반전 세대로 거듭나고 있다.

---

2 2015년 실시된 학교 진로교육 실태 조사에 따르면, 고등학생의 희망 직종 상위 10개 중 1위를 차지한 것은 문화·예술·스포츠 전문가 및 관련직으로 나타났으며 그 비중은 전체 학생의 15.9%를 차지하는 것으로 나타났다(교육부, 2015).

### 문화의 세대, 문화의 생산과 소비를 주도하다

세대 간 격차는 디지털 영역에서만 존재하는 것이 아니라 문화 영역에서도 드러난다. 가령, 기성세대가 〈수요예술무대〉와 같은 음악 공연 프로그램을 TV를 통해 간접적으로 시청한다면 젊은 세대는 공연장에 가서 라이브 공연을 보는 것에 익숙하다. 공연장에서 공연을 즐기는 태도도 사뭇 다르다. 조용히 앉아 음악을 감상하는 기성세대와 달리, 젊은 세대는 일어서서 공연자와 함께 노래 부르고 춤추며 환호한다. 기성세대의 눈에 이러한 젊은 세대의 모습은 '공연 에티켓'도 모르는 젊은 것들로 비칠지 모른다. 그러나 이러한 공연 '문화'는 X세대를 포함한 젊은 세대에겐 그야말로 하나의 '문화'로 자리 잡은 지 오래이다.

세대 간 문화 격차는 단순히 공연 문화를 소비하는 방식에서만 나타나는 것이 아니라 소비의 절대량 측면에서도 큰 차이가 나타난다. 젊은 세대인 88만원 세대와 X세대가 문화 소비를 주도하고 있고 연령이 높아질수록 문화의 중심에서 멀어지고 있는 형국이다. 대중문화 공연장에서만 그런 것이 아니다. 이른바 고급문화 공연인 클래식 음악 연주회장에 가도 젊은 관객들의 존재가 두드러진다. 미국이나 유럽, 일본 등의 영화관이나 극장, 클래식 공연장에 가본 이들은 젊은 세대가 공연 문화를 주도한다는 것이 얼마나 독특한 현상인지 이해할 수 있을 것이다. 클래식 음악 잡지에 실린 유명 지휘자들의 인터뷰를 보아도, 이들이 한국의 상황에 얼마나 놀라워하는지 알 수 있다. 클래식 음악의 본고장이라 할 수 있는 유럽의 경우 공연의 주 소비층이 나이 든 연령층이고 젊은 층은 대체로 대중음악 쪽에 집중되어 있는 반면, 우리나라는 대중문화와 고급문화 영역 모두 젊은 층이 대거 포진해 있기 때문이다.

젊은 층 중에서도 X세대의 활약은 두드러진다. 한국 대중문화가 부흥

[그림 5-7] 영화 〈비트〉(1997)와 〈접속〉(1997)

하기 시작한 1990년대부터 지금까지 음악, 드라마, 영화 등 모든 분야는 X세대를 위해 만들어졌다고 해도 과언이 아닐 정도로 이들의 삶에 밀접한 내용들이 주를 이루었다. 영화 〈비트〉(1997)와 〈접속〉(1997)이 그랬고 드라마 〈내 이름은 김삼순〉(2005)과 〈신사의 품격〉(2012)이 그랬다. 정우성이 팔을 벌리고 오토바이를 타는 장면으로 유명한 영화 〈비트〉는 X세대의 자유분방함, 반항기 넘치는 이들의 청춘을 그렸고, 다시 보고 싶은 1990년대 영화 1위로 꼽히고 있는 〈접속〉은 당시 X세대 사이에서 유행하던 PC통신을 주제로 삼았다.

대중문화는 그 시대의 젊은이들을 위한 것이라지만, X세대는 대중문화의 전면에서 결코 물러난 적이 없다는 점에서 특수성을 답지한 세대이다. 이들이 30대가 되고 골드미스라는 새로운 라이프스타일을 만들어내던 시기, 당찬 30대 전문직 여성을 주인공으로 한 드라마 〈내 이름은 김삼순〉이 방영되었고, 이들이 40대가 될 무렵 40대 주인공들을 내세운 〈신사의 품격〉이 방영되어 인기를 끌었다. 과거 여배우는 20대를

[그림 5-8] 드라마 〈내 이름은 김삼순〉(2005)과 〈신사의 품격〉(2012)

넘어서면 주인공 역에서 물러나 '어머니'의 역할, 더 나이가 들면 '할머니'의 역할을 하곤 했지만, X세대가 대중문화 영역을 장악한 이후로 이들은 끝없이 자신들을 '주인공'으로 한 콘텐츠를 생산해내고 있다. 문화의 장 안에서 X세대는 노처녀가 아니라 '골드미스'가 되었고, 중년이 아니라 '꽃중년'이 된 것이다.

X세대 이전 세대의 여배우들은 보통 젊은 시절 데뷔한 후 로맨스 드라마나 영화의 주인공 역할을 하다가 나이가 들면 자신보다 어린 신예 여배우들에게 그 자리를 내어주고 그들의 엄마 역할과 같은 조연을 맡으며 무대의 뒤편으로 물러나는 것이 일반적이었다. 배우 김수미는 나이가 든 후 작품에서 지속적으로 욕쟁이 할머니와 같은 캐릭터를 담당하고, 강부자는 안방극장 속 어머니와 할머니 역할을 전담하는 배우가 되었다. 배우 고두심과 김혜자의 필모그래피를 보면 이들이 30대에 접어든 이후부터 이들의 역할은 누군가의 아내이거나 엄마, 할머니 등으로 변화하고 있음을 알 수 있다. 고두심 역시 한국을 대표하는 '엄마' 배

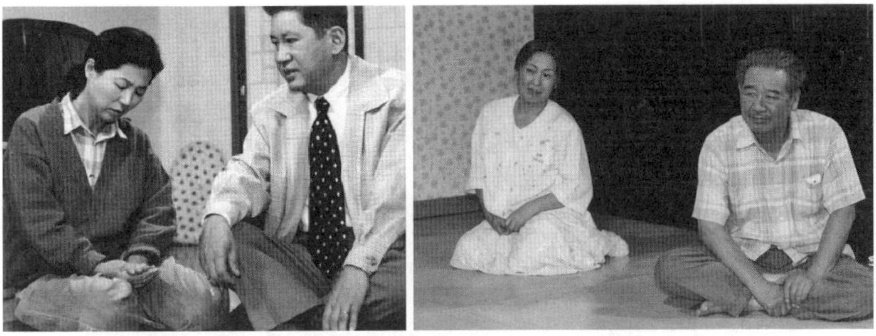

[그림 5-9] 30대의 고두심과 40대의 김혜자

우로 각인되어 있는데, 그 자신은 모 잡지와의 인터뷰에서 보통 여배우들이 다 한 번쯤은 해보는 멜로 영화를 자신은 해보지 못했다며 한탄하기도 했다(스포츠경향, 2016. 06. 10.).

하지만 X세대 여배우들은 다르다. 골드미스의 삶을 거의 체화하고 있다고 볼 수 있는 김혜수, 엄정화와 같은 여배우는 대표적으로 그들의 데뷔 초부터 지금까지 계속해서 전성기를 이어오고 있다. 이들은 나이가 들면서 자신보다 어린 세대의 여배우들에게 자신의 자리를 내어주거나 조연으로 자리하기보다 싱글, 독신 여성의 캐릭터를 도맡고, 같은 엄마 역할을 맡더라도 독립적이고 강인한 성격이 가미된 여성상을 연기한다. 이처럼 X세대 여배우가 맡는 역할들은 그 이전 세대의 여배우들이 맡을

[그림 5-10] 30대의 김혜수와 40대의 엄정화

[그림 5-11] 다양한 배역을 맡은 김혜수

[왼쪽 위부터 시계 방향으로 〈모던보이〉(2008), 〈도둑들〉(2012), 〈차이나타운〉(2014), 〈관상〉(2013)]

수 있었던 역할의 스펙트럼을 크게 확장시켰을 뿐만 아니라, 그들과 비슷한 역할을 맡는 경우라도 그 성격 면에 있어 시대의 흐름을 적극 반영함으로써 변화를 주고, 그러면서도 가장 비중 있는 캐릭터를 선보인다. X세대 여배우들 이후로 젊은 여배우 기근이 지속되고 있다는 평가는, 달리 해석하면 X세대 여배우들의 전성기가 아직도 끝나지 않고 계속되기 때문이라고 생각할 수도 있는 일이다.

보다 최근으로 오면서는 영화 〈건축학개론〉(2012)과 케이블 드라마 '응답하라' 시리즈 등 X세대의 추억과 향수를 불러일으키는 미디어 콘텐츠들이 쏟아지고 있다. 인기 예능 방송인 MBC 〈무한도전〉에서는 '토요일 토요일은 가수다'와 같은 1990년대 가수를 중심으로 한 프로그램을 선보였으며, 젊은이들의 성지라는 강남과 홍대에서도 최신가요로 무장한 클럽 대신 1990년대 추억의 가요를 콘셉트로 한 '밤과 음악 사이'라는 복고 클럽이 인기를 끌고 있다. 문화 소비 시장을 주도하는 X세대의 모습은 미디어를 통해서도 보도되고 있다.

> 1972년생 주인공 4인의 학창 시절을 통해 1990년대 감성을 자극한 드라마 '신사의 품격'. 386세대처럼 극적인 정치적 배경도, 요즘 20대처럼 등록금 투쟁과 취업대란처럼 뜨거운 사회적 이슈도 없는 397세대가 갑자기 대중문화의 중심에 선 이유는 뭘까. 우선 397세대가 왕성한 사회활동을 통해 소비시장을 주도하는 계층으로 올라선 것이 가장 큰 이유로 꼽힌다. 통계청에 따르면 30대 인구는 779만 명(2010년)으로 40대 820만 명보다 적다. 하지만 소비시장에서의 영향력은 30대가 훨씬 크다. 실제로 LG경제연구원 조사 결과, 지난해 유통업계 매출액에서 백화점의 경우 30대 고객의 매출 비중이 31.2%로 가장 높았다.
>
> (세계일보, 2012. 09. 06.)

[그림 5-12] 영화 〈건축학개론〉(2012)과 드라마 〈응답하라 1994〉(2013)

> 바야흐로 90년대식 복고가 전성시대를 맞았다. 90년대 복고를 이끄는 것은 70년대생, 90년대 학번에 현재 나이가 30대인 397세대이다. 이들은 사회적으로 안정된 경제력을 갖추게 되면서 문화와 콘텐츠를 생산하는 데서 나아가 소비 주체로 떠올랐다. 이른바 핵심 고객층으로 부상하며 한국 소비 시장의 큰 손 역할을 하게 됐다. 신세계백화점은 29일 "올 1~10월 기준 백화점 전체 매출에서 94세대로 꼽히는 30대 후반(35~39세)의 소비자들이 차지하는 비중이 14.5%에 달했다"고 발표했다.
>
> (국민일보, 2013. 11. 30.)

X세대는 소비뿐 아니라 문화 생산의 핵심 세력으로 자리 잡고 있다. 1990년대 대중문화 스타라 할 수 있는 '서태지와 아이들' 출신인 양현석, 일본에 처음 한류 열풍을 일으킨 '욘사마' 배용준, 그리고 박진영 등이 각각 YG 엔터테인먼트, 키이스트, 그리고 JYP 엔터테인먼트의 대표이사로서 대중문화계를 이끌고 있는 경우가 그 대표적 예이다. 10대의 우상이라 할 수 있는 아이돌을 키우고 아이돌 문화를 주도하는 핵심 세력이 10대가 아니라 40대의 X세대라는 점은 매우 흥미롭다. 이들은 기성세대가 도대체 이해하지 못하겠다며 혀를 내둘렀던, 지금까지 봐왔던 인종과는 완전히 다른 별종이라며 신인류, 신세대로 불리기도 한 사람들이다. 1990년대 전반기에 10대 후반~20대 중반이던 X세대는 현재까지 한국 대중문화를 장악하고 있다. 이들은 영화계, 드라마계, 대중음악계에서 배우, 감독, 작가, PD 등 대중문화의 생산자와 소비자로서 엄청난 영향력을 행사한다(동아일보, 2011. 05. 28.). 1990년대의 풍부한 문화 토양을 흡수한 X세대는 20년이 지난 지금, 대중문화계를 이끄는 생산자이다. '서태지와 아이들'이나 '듀스'의 랩을 따라하고, 전문직 드라마 〈종합병원〉(2008)과 한국형 블록버스터의 시초인 〈접속〉(1997)을 보면서 자

란 이들은 오늘날까지도 한류 붐을 이끌어가고 있는 주역들이다(경향신문, 2013. 08. 09.).

아이돌 문화, 또는 팬클럽 문화 역시 10대에 국한되어 있지 않다. 많은 이들이 10대의 전유물이라 생각하는 연예인 팬클럽 활동은 비단 10대뿐만 아니라 88만원 세대와 X세대에게까지 확산되어 있다. '삼촌 팬'과 '이모 팬'이라는 말이 등장한 것도 10대 아이돌의 삼촌 혹은 이모뻘쯤 되는 30대 중후반의 열성팬들이 늘어나면서부터이다. 이들은 특히 아이돌과 또래인 청소년이나, 대학 생활 또는 구직 준비를 하는 88만원 세대와 달리 직장 생활을 토대로 한 경제력을 갖추고 있다는 점에서 대중문화 시장의 주요 고객으로 부상하고 있다. 연예인이 가는 곳을 따라다니고 온라인에서 팬클럽 활동을 하는 10대와 달리, 30대의 삼촌 팬, 이모 팬들은 자신이 좋아하는 연예인들의 공연 티켓과 음반을 구매하고, 소위 굿즈Goods라 불리는 연예인 관련 상품에 큰돈을 쓰기 때문이다. 이에 연예 기획사에서는 실질적인 소득을 올리기 위해서 이러한 삼촌 팬과 이모 팬을 잡기 위해 노력하기도 한다.

X세대의 선배 세대인 민주화 세대나 산업화 세대가 보면 이해할 수 없는 현상일 수도 있다. 그러나 X세대의 경우, 본인 세대의 이야기이기 때문에 상대적으로 이러한 현상에 대한 이해도가 높다. 이러한 경향은 2011년 조사 결과를 통해서도 드러난다. 〈표 5-7〉에 제시된 조사 결과를 살펴보면, 먼저 '청소년들이 연예인 팬클럽에 가입해 적극적으로 활동하는 것을 이해할 수 있다'는 항목에 대해서는 산업화 세대를 제외한 모든 세대가 3점대의 점수로 크게 동의하지도 않지만, 그렇다고 크게 동의하지 않는 것도 아닌 보통 수준의 이해도를 갖는 것으로 나타난다.

하지만 '30·40대 성인들이 연예인 팬클럽에 가입해 적극적으로 활동하는 것을 이해할 수 있다'는 항목에 대한 동의 정도를 묻는 문항에서는

〈표 5-7〉 세대별 팬클럽 활동에 대한 의견

| 세대 \ 문항 | 청소년들이 연예인 팬클럽에 가입해 적극적으로 활동하는 것을 이해할 수 있다 | 30 · 40대 성인들이 연예인 팬클럽에 가입해 적극적으로 활동하는 것을 이해할 수 있다 |
|---|---|---|
| 88만원 세대(25~37세) | 3.12 | 3.09 |
| **X세대(38~47세)** | **3.17** | **3.15** |
| 베이비붐 세대(48~67세) | 3.13 | 2.97 |
| 산업화 세대(68세 이상) | 2.96 | 2.57 |

주: 각 문항은 5점 만점의 척도로 측정되었음.
* 전혀 동의하지 않는다(1점) ~ 매우 동의한다(5점).

청소년의 팬클럽 활동에 대해서보다 덜 이해된다고 응답한 386·유신 세대와 산업화 세대에 비해서, 88만원 세대와 X세대는 크게 다르지 않은 비슷한 수준의 이해도를 보이고 있다. 이는 88만원 세대와 X세대가 상대적으로 자신과 가까운 세대의 팬클럽 활동에 대해서 다른 세대보다 유연하게 받아들이고 있음을 보여주며, 문화적 취향에 있어서 집합적인 세대적 특성에 크게 구애받지 않는 X세대의 모습을 대변하는 결과이다.

## 5. X세대는 88만원 세대를 비난하지 않는다

X세대는 그 탄생과 함께 윗세대들로부터 지속적인 비판을 들어왔다. 우리나라의 역사상 경제적·정치적으로 가장 풍요롭고 안정적인 환경에서 자란 최초의 세대인 X세대는 이전 산업화·베이비부머·386 세대가 한 번도 경험하지 못한 자유와 번영 속에서 '새롭게' 등장한 세대로, X세대가 보유한 특성은 윗세대들에게는 이해할 수 없는 종류로 치부되었다. 특히 현재 윗세대가 못마땅해하는 88만원 세대의 많은 특성, 예를

들면 소비지향적 특성과 개인지향적 특성, 탈권위주의적 특성을 처음으로 보인 세대가 X세대인 것이다(박재홍, 1995).

이러한 X세대의 특성은 기성세대에게 낯선 것이었고, 이로 인해 X세대는 끊임없이 윗세대와 부딪쳐왔지만 자신들의 아랫세대인 88만원 세대에 대해선 윗세대들만큼 못마땅해하지 않으며 크게 이들과 마찰을 일으키지도 않는다. 이들은 윗세대들이 못마땅해하는 88만원 세대의 특성에 보다 익숙하기 때문이다. 사실 88만원 세대가 갖는 대부분의 특성은 상당 부분 X세대로부터 전달된 것이다. 88만원 세대에게서 보이는 많은 것이 자신들로부터 유래했기 때문에 생소함이나 불편함을 느낀다기보다 88만원 세대에서 그 경향이 좀 더 심화되었음을 느낄 뿐, 이들의 성향을 이해하는 데 큰 무리가 없는 것이다.

이것은 X세대가 기성세대와 전혀 다른 방식으로 88만원 세대를 해석한다는 의미는 아니다. 2016년에 진행된 인터뷰에 의하면 일반적으로 이들은 자신들의 윗세대인 베이비붐 세대가 이야기하는 아랫세대88만원 세대의 특징에 대해서 많은 부분 공감하고 있어, X세대가 바라보는 88만원 세대는 그 이전의 기성세대가 88만원 세대를 바라보는 모습과 객관적으로 큰 차이가 없음을 보여준다. 인터뷰 대상자들은 대부분이 회사에서 신입사원으로 들어오는 88만원 세대와 중간관리직인 윗세대 사이에서 이들을 조율하는 역할을 수행하고 있어 실생활에서 88만원 세대의 특성을 접할 기회가 많았다. 이들은 88만원 세대가 사회생활이나 인간관계에서 오는 스트레스를 견디는 역치가 낮고, 회사보다는 그들 자신을 챙기며 회사에서 실리주의적인 모습을 보인다고 응답했다. 또한 88만원 세대는 시간 활용을 잘하며 즐겁게 살고, 효율성과 실리와 실용 중심의 전략적인 사고를 하고 있는 것 같다고 응답했다.

신입사원들 만날 때 느꼈던 것 중에 하나는 좀 금방 포기한다는 느낌이 좀 있었어요. […] 스트레스 강도가 높거나 실망감이 크거나 할 때 받아들이지 못하고 그걸 어느 정도 수용할 줄 아는 능력이 부족하다는 생각을 […] (입사해서 일을) 약간 하다가 좋은 기회 생기면 뒤도 안 돌아보고 가고. […] 어떻게 보면 아주 실리와 실용적인 것 같아요. 자기에게 이익이 되는가 되지 않는가를 철저하게 생각하고 자기 계산에서 값이 안 나온다 하면 투입하지 않는 것도 있죠.

(88만원 세대 사례11, 37세, 여성)

밑에 애들은 견디는 역치가 낮은 것 같아요. 그래서 회사를 쉽게 말하면 학원처럼 생각하고. 어떻게 보면 내가 다니고 싶으면 다니고 아니면 안 다녀도 되는 곳이라고 생각을 하면서 약간 회사에 절대적 충성까지는 아니더라도 자길 많이 챙기고 사랑하는 모습이 있어요. 저희보다 더 즐겁게 사는 거 같기도 해요.

(88만원 세대 사례7, 36세, 여성)

(입시·취업 과정을) 통과하면 전략적인 사고가 몸에 배고, 선배를 대할 때나 그런 걸 거쳐서 들어온 신입사원들을 보면 전략적인 사고방식이 몸에 배어 있는 것 같아요.

(88만원 세대 사례9, 36세, 여성)

굉장히 효율적으로 산다는 느낌을 많이 받았어요. […] 효율적이라는 게 세모를 통과해야 한다고 만들어두면 세모에 딱 맞춘다는 거예요. 그리고 나머지는 숨겨요. 개인적으로 뭘 좋아한다거나 활동을 하고 있거나 이런 걸 숨기고 (회사가 원하는 대로) 효율적으로 포장을 하고 어필을 하죠. […] (근무를 할 때) 올해는 열심히 해야겠다 하면 열심히 해요. 자기 뜻대로 안 될 수도 있지만 승진을 딱 했어요. 그러면 '올해는 쉬어야지' 이렇게 돼요. 그럼 쭉 떨어지죠. 그렇지만 한직으로 보낼 위기 상황까지 놀지는 않는 거예요. 중간선을 타는 거죠.

(88만원 세대 사례10, 37세, 남성)

이처럼 X세대들의 88만원 세대에 대한 평가는 윗세대들의 평가, 즉 스트레스에 대한 역치가 낮고 실리주의적인 성향, 뛰어난 외국어 및 컴퓨터 활용 능력 등과 내용적으로 크게 다르지 않다. 단, 차이점은 88만원 세대에 대한 X세대의 평가에서는 윗세대들이 88만원 세대를 보면서 느끼는 불편함을 찾아볼 수 없다는 점이다. X세대가 사회로 진출했을 당시 기성세대가 이들과 충돌하며 스트레스를 받았던 것과 달리 이들 X세대에게 젊은 88만원 세대의 특징들은 크게 스트레스 요소로 작용하지 않는다. X세대의 개인주의적 성향과 전자기기를 다루는 능력 등이 베이비붐 세대에게 일종의 경쟁심과 스트레스를 주었던 것에 비해서 이들은 새롭게 사회조직에 유입되는 아랫세대의 능력 평가에 있어 관대한 모습을 보여준다. 심지어 X세대는 88만원 세대와 386세대 중간에 끼어 양 세대의 입장을 동시에 이해할 수 있는 위치에서 386세대가 88만원 세대에게 갖는 불만보다는 88만원 세대가 386세대에게 갖는 불만에 더 공감하고 있었고, 많은 부분 이들이 처한 상황에 대해 안타까움, 연민 등을 표출하고 있었다.

저희가 밑에 애들한테 이런 얘길(보고서 형식 관련) 하면 얘들은 그거에 왜 집착하냐 내용을 봐야지 형식을 너무 중시한다는 생각을 하거든요. 저도 그렇게 생각해요. 문서도 그렇고 복장도 그렇고 좀 포멀한 거 컨택을 할 때

저희는 메일로 컨택을 하고 메신저 이런 걸 하는데 윗분들은 50대 넘어가고 그러면 메일을 보내더라도 윗분들한테는 전화를 하는 게 예의라고 생각을 하시더라구요. 그런데 저희나 밑에 애들한테는 전화가 방해하는 느낌이에요. 이메일을 정중하게 쓰면 될 텐데 이메일을 보내는 건 예의에서 벗어난 거라고 생각하시는 그런 게 업무상 답답하고 그래요. […] 복장이나 그런 거에 하나하나 거슬려하시는 부분이 많은 거 같아요. 제가 보기에는 그런 건 회사 생활에 큰 지장이 없을 거 같은데 저것까지 지적을 하고…

(88만원 세대 사례7, 36세, 여성)

요즘 친구들은 한 번 낙오하면 패자부활전이 없는 친구들인 거예요. 그러니까 당장에 세모가 취업이라면, 세모에 자기를 맞춰야 하죠. […] 여기에 에너지를 다 써버려서 딱 퍼져버린 느낌이에요. 앞의 미래를 그리면서 하는 건 이미 무리인 것 같구요. 애들이 이기적이어서 힘들다, 염치가 낮다기보단 애들이 너무 인생에 쓸 에너지를 빨리 써버렸다는 느낌을 받아요. […] 아래 애들한테는 안타까운 마음은 있는데 꿈을 꾸라는 말은 못하겠어요. 기회비용이 크잖아요. 그래서 뭐라고 못하겠어요.

(88만원 세대 사례9, 36세, 여성)

회사 생활하면서 보다 보니까 (88만원 세대는) 살벌한 경쟁을 하고 있다는 느낌이 많이 들어요. 뭐라 그러지… 내가 가서 얘가 떨어져야 되고 이런 사생결단의 경쟁이 있는 거 같더라구요. 그걸 보면서 무섭다는 생각을 하고 안타까웠어요.

(88만원 세대 사례11, 37세, 여성)

(신입사원이) 부서에 배치가 돼서 들어왔는데 대학 졸업반인 친구들 만나

냐 이랬더니 친한 친구들 중에서 취직이 된 사람이 2명밖에 없어서 모임에 나가기가 불편하다고 하더라구요. […] 우리 때는 그렇게까지 힘들지 않았는데, TV에서 본 취업난이 얘네한테는 심각한 현실이구나 싶고.

(88만원 세대 사례7, 36세, 여성)

이처럼 X세대는 88만원 세대를 비판하지 않는다. 현재 88만원 세대를 비판하는 많은 수식어는 이들이 살아오면서 윗세대들에게 들었던 비판의 연장선에 지나지 않기 때문이다. X세대가 처음 등장했을 때 그들의 윗세대들로부터 쏟아졌던 비난들, '생각 없고 버릇없는 세대'라는 소리들이 사실상 현재 88만원 세대에 대한 윗세대의 비판과 크게 다르지 않기에 이들은 88만원 세대에 대한 기성세대의 비판에 공감하기보다는 88만원 세대의 특성을 이해하려는 위치에 선다. 이들은 88만원 세대의 바로 윗세대로서 이들을 포용할 수 있는, 자신들보다 심한 경쟁 사회로 내몰아진 88만원 세대에 대해 오히려 심정적 안타까움과 안쓰러움마저 느끼는 최초의 세대인 것이다.

이와 같이 X세대는 이전과는 완전히 다른 새로운 세대의 시작이자, 88만원 세대로 통칭되는 아랫세대가 공통적으로 보유하는 특성들을 보이기 시작한 '신세대'의 조상으로서 새로운 라이프스타일을 주도하고 있는 사람들이라고 볼 수 있다. 이제 X세대와 큰 대립각을 이루었던 베이비붐 세대가 노년기에 접어들어 사회에서의 은퇴를 앞두고 있다. X세대를 유례없이 '새로운 세대'로 규정했던 과거의 기성세대들이 퇴장하고 나서 세대 담론의 패러다임을 바꾼 X세대가 새로운 '기성세대'로 자리매김하게 된다면 한국 사회의 세대 지형은 어떻게 될까? 이들이 기억하는 기성세대와 젊은 세대의 극심한 대립과 이해 불가, 소통 단절의 상황보다는 유연한 분위기로 바뀔 것이라고 기대해볼 수 있을지도 모른다.

# 6장

## 베이비붐 세대,
## 우리 사회의 진정한 '낀 세대'

앞선 논의와 통계 분석 결과에 따라 일반적으로 30대까지는 젊은 세대, 40대는 낀 세대, 그리고 50대부터는 기성세대라는 공식이 성립되었다. 현재 우리 사회의 기성세대라 할 수 있는 50대 이상의 연령 집단 안에는 소위 민주화 세대와 유신 세대라고 각각 불리는 이들이 자리하고 있다. 이 장에서는 이들을 하나의 세대로 묶어 논의하고자 한다. 이 두 세대는 역사적으로 매우 상반된 성격을 가진 집단으로 평가되어왔다. 386세대로도 불리는 민주화 세대는 1980년대 학생운동을 통해 권위주의 정권에 맞섰던 이들로 오랫동안 '진보'의 아이콘으로 대변된 반면, 유신 세대는 청소년기에 억압적 유신 정권을 경험한 이들로 '실패한 민주화 세대' 혹은 중동 건설 붐을 일으키며 이전 산업화 세대를 좇아 국가의 달러 유치에 힘썼다는 의미에서 '산업화 2세대'라고 불리기도 했다.

이들에 대한 세대 담론이 등장한 지 꽤 오랜 시간이 지난 지금, 이들을 바라보는 타 세대의 시각은 크게 다르지 않은 듯하다. 과거 서로 반목하기도 했지만, 오래전 청년기를 지나 중년기 이후의 삶을 살고 있는 이들은 여러 사회구조적인 특성으로 인해 사회 진출에 어려움을 겪고 있는 젊은 88만원 세대와, 그들로부터 비판을 받아온 X세대의 눈으로 바라볼 때 현재 한국 사회의 정치와 경제라는 굵직한 두 분야의 기득권을 거머쥐고 있는 기성세대일 뿐이기 때문이다. 또한 연령 효과에 의해 서로 비슷해진 측면도 있을 뿐만 아니라, 사실상 비슷한 시기에 유사한 사회구조적 환경에서 성장하면서 성향과 가치관 측면에서도 많은 동질성을 공유하고 있다. 일례로, 2011년 수행된 통계 조사 분석 결과를 살펴보면 일상생활 영역에 대한 생각뿐 아니라 '공권력의 절대성', '정치적 성향', '군대에 대한 긍정적 평가' 등 과거 두 집단이 극명한 차이를 보였다는 정치 관련 문제에 있어서도 그다지 큰 차이를 보이지 않고 있음을 확인할 수 있다. 오히려 세대 간 차이는 X세대를 필두로 한 'X세대와 88만원 세대' 대 '민주화 세대와 유신 세대'의 대결 구도 양상을 보였다.

이에 이 장에서는 민주화 세대와 유신 세대를 한데 묶어 현대 한국 사회의 기득권이자 기성세대를 대표하는 세대로 간주하고자 한다. 그리고 이들을 분석함에 있어서는, 기득권으로서 가장 많은 사회적 자원을 가졌으나 바로 그 점 때문에 윗세대와 아랫세대를 부양해야만 하는 아이러니한 상황에 처해 있는 이들 세대의 특수성에 대해 깊이 있는 이해를 도모해보고자 한다. 그리고 이 작업의 일환으로, 먼저 이들을 하나의 집단으로 묶을 때 좋은 도구가 될 수 있는 '베이비붐 세대' 개념을 활용해 이 세대가 경험해온 삶의 궤적을 추적해보고자 한다.

## 1. 베이비붐 세대, 그들은 누구인가

### '베이비붐 세대'의 사전적 정의와 한국의 베이비붐 세대

통계청(2012)에 따르면 베이비붐baby boom은 어떤 시기에 출생하는 아이의 수가 폭증하는 현상으로, 이 시기에 태어난 출생 코호트를 베이비붐 세대라 부른다. 제2차 세계대전이 끝나면서 대부분의 선진국에서 출산율이 급증하고 출생아 수도 급증하는 베이비붐을 경험했는데, 이는 전쟁 동안 별거하던 젊은 부부들이 재결합하거나 미루었던 결혼과 출산 계획을 한꺼번에 실행하면서 출산율이 급증했기 때문이다(정보통신정책연구원, 2013: 3). 베이비붐 세대는 국가에 따라 그 연령대가 조금씩 상이한데, 미국은 1946년부터 1964년까지 태어난 7,200만 명이 베이비붐 세대에 속하며, 일본은 1947년부터 1949년 사이에 태어난 806만 명이, 그리고 한국은 1955년부터 1964년 사이에 태어난 900만 명이 베이비붐 세대로 분류된다(매일경제 경제용어사전 홈페이지: http://dic.mk.co.kr/).[1]

2016년 기준 우리 사회의 전체 인구 중 베이비붐 세대가 차지하는 비율은 약 15%로, 이들의 출생은 한국 사회에 인구학적 과밀현상을 초래할 정도로 전체 인구의 상당 비율을 차지했다. 때문에 이들의 가치관이나 행동, 수요와 구매력 등은 사회의 트렌드를 이끌 뿐만 아니라, 가치관의 변화 및 사회 시스템을 전환 또는 파괴할 수 있는 잠재력을 지니고 있다고 평가된다(김태호, 2011; 황금진, 2015: 8에서 재인용). 2016년 53세

1 베이비붐 세대의 경계를 어디로 볼 것이냐에 대해서는 학자들 간 조금씩 이견이 있으나, 대체로 1955년부터 1964년 사이 출생자들로 보는 의견이 지배적이다. 이들은 2016년 기준 53세에서 62세에 해당하는 사람들로, 이 책에서 베이비붐 세대로 구분한 세대 범주(48세부터 67세까지)와 아래위로 5년씩 간격을 두고 있어 상당 부분 겹친다.

부터 62세에 해당하는 한국의 베이비붐 세대는 은퇴기를 맞이했고, 다가오는 2020년 이들이 노인 인구로 접어들면서 한국은 초고령화 사회로 진입한다(한국일보, 2017. 05. 21.). 이로 인해 다양한 사회문제가 파생될 것으로 예상되며, 세간의 이목이 이들 세대에게 집중되고 있다.

## 베이비붐 세대를 부르는 또 다른 이름, '낀 세대'

각 세대에게 붙은 명칭들을 보면, 그 세대가 갖는 특징이 무엇인지 파악할 수 있다. 가령, 베이비붐 세대나 에코(붐) 세대와 같은 명칭은 이들 세대 집단의 인구학적 수가 갖는 특징을 보여주며, 산업화 세대나 민주화 세대 등은 각 세대 집단이 갖는 정치적·경제적 성격을 보여준다. 그리고 디지털 세대나 넷net 세대 등의 명칭은 이들 세대의 문화적 특성을 드러낸다. 이러한 관점에서, 베이비붐 세대에게 부여된 또 다른 명칭들을 살펴보는 것은 이들 세대가 역사적으로 어떤 평가를 받아왔으며 또 현재 어떤 상황에 놓여 있는지 파악하는 데 도움이 된다.

베이비붐 세대를 일컫는 또 다른 이름들 중 가장 대표적인 것은 '유신 세대' 또는 '긴급조치 세대'이다. 이들 세대가 청소년기와 청년기 때 겪은 정치적 상황인 유신 정권에서 유래한 이 명칭은 1953년부터 1960년 사이에 태어난 이들을 가리키며, 이들은 1955년부터 1964년 사이에 태어난 베이비붐 세대와 많은 부분 겹쳐 있다. 또한 이들은 현재 50대 초·중반과 60대 초반의 나이에 걸쳐 있어 생애 주기 측면에서 예비 노인으로 불리기도 한다. 이들의 소비력이 막강할 것이라는 사회적 관심으로 인해 이전의 노인 세대와는 다른 소비 패턴을 보인다는 의미의 '뉴 시니어'로 불리기도 한다. 뿐만 아니라 이 세대는 과거에는 산업화 세대와 민주화 세대, 오늘날에는 노인 세대와 청년 세대, 그리고 부모 세대와 자녀 세대 사이에 끼어 있다는 의미에서 '낀 세대'라 명명되기도 하며, 이들의 삶에 좌절이 많았다는 점을 들어 일군의 학자들은 이들 세대에게 '좌절 세대'라는 이름을 부여하기도 한다.

여기서는 베이비붐 세대를 둘러싼 다양한 명칭을 통해 이들의 삶의 궤적을 살펴보는 한편, 특히 이 세대가 갖는 '낀 세대'로서의 특성에 주목해 세대 간 갈등이 사회문제로 대두되고 있는 상황에서 이들이 어떤 역할을 수행하고 있는지, 또 어떤 어려움을 갖는지 조명해보고자 한다.

## 2. 경제 성장의 아이콘, 풍요와 빈곤의 극단을 경험하다

### 베이비붐 세대의 삶의 궤적

베이비붐 세대는 모든 세대를 통틀어 가장 많은 인구 수를 보유하고 있다. 휴전 이후 태어난 이들은 성장 과정에서 전쟁과 가난을 경험한 부모의 생생한 체험담을 들었고, 1960년대 중반부터 발생한 비약적인 경제 성장을 경험했다. 이처럼 이들은 전후 아무것도 남지 않은 시기와 경제적으로 풍요로워진 시기를 동시에 직간접적으로 겪었다. 베이비붐 세대의 이러한 경험은 이들로 하여금 윗세대와 아랫세대를 동시에 이해할 수 있도록 하는 데 영향을 미쳤다. 〈표 6-1〉과 [그림 6-1]은 베이비붐 세대가 성장 과정에서 경험한 주요 사건들을 정리한 것이다.

베이비붐 세대가 성장한 1960년대는 군부 정권의 장기 집권으로 인해 정치적으로 매우 암울한 시기였다. 4·19 혁명을 바탕으로 이승만 정부의 장기 집권은 저지했으나 곧바로 군사정변이 발생했고, 그로 인해 군부 정권의 장기 집권이 시작되었다. 이후 이 시기 민주주의를 염원하

〈표 6-1〉 베이비붐 세대가 경험한 주요 사건 및 사고

| 정치 | 경제 |
| --- | --- |
| ■ 4 · 19 혁명(1960)<br>■ 군사정변(1961)<br>■ 6 · 3 사태, 베트남 파병(1964)<br>■ 10월 유신(1972)<br>■ 부마사태, 박정희 대통령 피살(1979) | ■ 제1차 경제 개발 5개년 계획(1962)<br>■ 새마을 운동 시작(1970)<br>■ 강남 개발(1973)<br>■ 수출 100억 달러 달성(1977) |
| **사회** | **문화** |
| ■ 경부고속도로 개통(1970)<br>■ 전태일 분신, 사망(1970)<br>■ 호남고속도로 개통(1973)<br>■ 서울 지하철 1호선 개통(1974) | ■ 국내 최초 흑백 TV 생산(1966) |

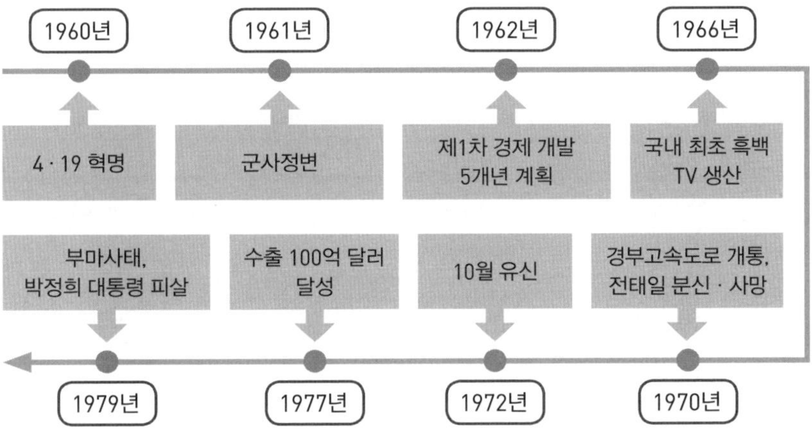


[그림 6-1] 베이비붐 세대의 삶의 궤적

는 여러 시위가 일어났고, 이 시위를 저지하려는 군부 정권의 폭력적인 진압이 반복해서 발생했다.

이와 같은 암울한 정치적 상황은 국가 주도의 경제 발전을 이룩하는 데 영향을 미쳤다. 실제로 1960년대 국가 주도로 시작된 경제 개발 정책은 1970년대에 이르러 가시적인 성과를 보였다. 1962년 시작된 제1차

경제 개발 5개년 계획은 산업화의 토대를 건설했고, 이와 더불어 1970년 시작된 새마을 운동과 경부고속도로의 개통은 1977년 수출 100억 달러를 달성하도록 하는 데 영향을 미쳤다. 지독한 가난에서 벗어나고자 했던 국민들의 노력과 근대화를 이룩하고자 했던 국가의 의지가 비약적인 경제 발전을 이룩할 수 있게 했다.

경제적으로 풍요로워지면서 이 시기 한국 사회의 대중문화 역시 급속도로 발전했다. 방송, 영화, 가요와 같은 대중문화가 발전함에 따라 베이비붐 세대는 이전 세대보다 비교적 다양한 문화적 활동을 경험할 수 있게 되었다. 많은 영화가 제작되었을 뿐만 아니라 국제 영화제에서 상을 받기도 하는 등 질적으로도 그 수준이 향상되었고, 여배우 트로이카 시대가 개막하는 등 이 시기 대중문화는 급격하게 성장했다(데일리한국, 2015. 05. 30.).

이처럼 베이비붐 세대는 이러한 경제적 성장과 대중문화의 발전을 바탕으로 성장 과정에서 비교적 여러 문화적 활동을 경험할 수 있었다. 하지만 이들이 경험한 경제 성장은 노동자들의 희생을 통해 얻어진 결과였다. 1960년대 노동자들은 열악한 노동 환경에서 낮은 임금을 받으며 근무해야 했다. 이로 인해 이 시기 여러 노동자에 의한 노동운동이 발생했고, 1970년 봉제공장의 노동자였던 전태일이 노동자의 권리를 주장하며 분신을 시도해 사망하는 사건도 있었다. 한편 이 시기에 발전한 대중문화는 1970년대 중반 검열이 시작되면서 위축되었고, 1972년 유신헌법이 제정·발효되면서 많은 가요가 금지곡으로 지정되는 등 생활 전반에 걸친 정부의 감시가 시작되었다.

베이비붐 세대는 모든 세대를 통틀어 모순적인 상황을 가장 많이 경험한 세대라고 볼 수 있다. 이 세대는 정치적으로 암울한 시기와 더불어 경제적인 풍요로움을 경험했다. 하지만 또 동시에 이들은 경제적인 부를 창출하기 위해 열악한 노동 환경에서 낮은 임금을 받으며 착취당했다. 대중문화가 비약적으로 발전한 시기이기도 했으나, 동시에 시작된 국가에 의한 검열로 대중문화계의 표현의 자유와 창의성이 크게 위축되기도 했다. 이와 같은 이중적인 상황을 경험함으로써 이 세대는 산업화 세대와 젊은 세대X세대, 88만원 세대를 동시에 이해할 수 있는 배경을 가지게 되었다.

### 산업화 세대와 민주화 세대 중간 그 어디쯤

현재 50대에 해당하는 베이비붐 세대 혹은 유신 세대는 역사적으로 산업화 세대와 민주화 세대 중간에 끼인 세대로 평가받아왔다. 이들의 부모 세대인 산업화 세대가 한국 사회의 산업적 토대를 마련하는 데 핵심적인 역할을 한 세대로 평가받고, 동시에 이들의 후배 세대인 민주화 세대가 한국의 민주화에 혁혁한 공을 세운 주축 세대로 평가받는 가운데 이들은 한 번도 자신들만의 정치적 또는 경제적 헤게모니를 잡지 못한 세대로 남아 있다. 사실상 '유신 세대'라는 명칭에서 드러나듯 이들의 세대명은 이들이 이룩한 것이 아니라 이들이 처했던 상황인 '유신 정권'을 세대명으로 붙여넣은 것이다. 반면 산업화 세대는 그들이 이룩한 '산업화'를, 민주화 세대는 그들이 얻어낸 '민주화'를 세대명으로 붙이고 있다.

한국 사회의 세대 문제를 연구한 홍덕률(2003)은 이들 세대를 민주화 1세대로, 그리고 일반적으로 민주화 세대 또는 386세대라 불리는 세대를 민주화 2세대로 구분하기도 하는데, 그 이유는 베이비붐 세대가 산업화 세대와 민주화 세대의 중간 그 어디쯤 위치하고 있기 때문이다. 홍덕률에 따르면, 민주화 1세대는 바로 앞의 산업화 세대와 크게 다르지 않게 절대빈곤의 어린 시절을 기억하고 있다. 비록 식민지 시절이나 한국전쟁을 직접적으로 겪은 산업화 세대만큼은 아니지만 보릿고개를 넘었던 빈곤의 경험을 갖고 있다. 뿐만 아니라 식민지 생활과 한국전쟁의 비극을 직접 체험하진 않았지만 그 시기에 대해 부모나 교사들로부터 귀가 따갑게 들으며 자랐다. 이처럼 이들은 유년기와 청소년기의 빈곤과 배고픔의 기억을 간직하며 산업화 세대와 그러한 기억을 공유하는 세대이면서, 동시에 부모 세대가 이뤄놓은 토대 위에서 민주주의의 꿈을 키운 세대라는 점에서 민주화 2세대, 386세대와의 연결 지점 또한 갖고 있다.

즉 이들은 산업화와 민주화라는 두 가치를 모두 내면화한 세대라고 할 수 있다. 잘 사는 나라, 경제적으로 안정된 가정을 열망하면서도 동시에 민주주의 가치를 내면화한 세대인 것이다. 이들은 군사정권의 성장 이데올로기에 세뇌당하면서도 폭압적인 독재에 맞서 싸운 첫 세대이다. 그러나 안타깝게도 베이비붐 세대 또는 유신 세대는 좌절과 실패의 경험만 갖고 있는 불운한 세대이기도 하다.

베이비붐 세대가 주도한 민주화 운동은, 운동을 주도했던 대학생층이 당시만 해도 많지 않았고 직접적으로 참여한 학생의 수도 적어 대중적 성격을 갖지 못한 채 엘리트 운동의 성격을 띠었다. 또한 그러한 이유로 주로 지하에서 소수에 의해 주도되어 힘을 갖지 못했다. 이들이 시도한 민주화 운동은, 이후 386세대에 이르러 대학생 수가 급증해 대학교육이 엘리트 교육이 아니라 대중교육화되고, 그럼으로써 운동에 참여하는 학생들의 수가 기하급수적으로 늘어난 이후에야 엄청난 파급력을 갖게 되었다. 그렇기 때문에 앞서 언급한 대로 산업화 세대는 자신들이 산업화의 주역이라는 자부심, 즉 내 자식에게는 절대빈곤을 물려주지 않았다는 긍지를 갖고 있고, 또 민주화 세대는 자신들이 1987년 6월 항쟁과 한

〈표 6-2〉 세대별 정치 관심 정도, 정치 성향, 그리고 공권력에 대한 의견

| 세대 \ 문항 | 정치에 얼마나 관심이 있습니까?[1] | 정치 성향은 어느 정도 진보적 또는 보수적이라고 생각하십니까?[2] | 공권력은 어떠한 경우에도 존중되어야 한다고 보십니까?[3] |
|---|---|---|---|
| 88만원 세대 (25~37세) | 3.17 | 2.74 | 2.65 |
| X세대 (38~47세) | 3.08 | 2.74 | 2.51 |
| **베이비붐 세대 (48~67세)** | **3.18** | **3.12** | **3.14** |
| 산업화 세대 (68세 이상) | 2.72 | 3.35 | 3.19 |

주: 각 문항은 5점 만점의 척도로 측정되었음.
1) 전혀 관심이 없다(1점)~매우 관심이 많다(5점).
2) 매우 진보적이다(1점)~매우 보수적이다(5점).
3) 전혀 동의하지 않는다(1점)~매우 동의한다(5점).

국 민주화의 주역이라는 자부심을 갖고 있지만 베이비붐 세대는 산업화와 민주화의 두 가치를 모두 내면화하고 있으면서도 두 영역 모두에서 일등공신일 수 없었다(홍덕률, 2003: 170-171).

베이비붐 세대의 이 같은 중간자적 입장은 이들의 정치 성향에서도 어느 정도 드러난다. 흔히 우리 사회의 50·60대는 '보수 성향'을 대표하는 집단으로 인식되곤 하는데, 2011년 수행한 조사 결과에 따르면, 베이비붐 세대는 진보적 성향을 띠는 88만원 세대, X세대와 보수적 성향을 띠는 산업화 세대의 중간에서 중도에 가까운 보수적 성향을 보이는 것으로 나타난다. 나이가 들수록 정치적으로 어느 정도 보수화가 진행되는 연령 효과를 고려할 때 이들의 정치적 성향이 윗세대와 아랫세대인 산업화 세대와 X세대의 중간 정도로 나타나고, 가장 젊은 세대인 88만원 세대만큼 정치적 관심을 보인다는 점은 눈여겨볼 만하다.

### 고도성장 속 경제적 풍요와 외환 위기를 동시에

베이비붐 세대는 비록 정치적 헤게모니를 잡지는 못했지만, 이들의 부모가 이뤄놓은 경제적 토대 위에서 성장했으며 또한 3저 호황 등 고도 성장기에 청·장년기를 보내면서 경제적 풍요와 성취를 처음으로 맛본 세대가 되었다. 이러한 사실은 본인 세대가 누린 가장 좋은 점을 묻는 문항에 대한 응답을 통해 확인할 수 있다. 베이비붐 세대는 '경제적 발전으로 인한 물질적 풍요'를 그들이 누린 가장 좋은 점 1순위로 꼽고 있고, 2순위로는 '낭만과 정, 순수함, 우정 등 인간적 가치'를, 3순위로 '정치적 자유로 인한 민주 사회의 획득 및 향유'를 꼽고 있다. 즉 베이비붐 세대는 X세대와 88만원 세대가 누렸다고 평가한 '경제적 발전으로 인한 물질적 풍요', 또 산업화 세대가 누렸다고 평가한 '낭만과 정, 순수함, 우정 등 인간적 가치'라는 윗세대와 아랫세대 양측이 누린 수혜를 공통분모로 지닌 세대이며, '정치적 자유로 인한 민주 사회의 획득 및 향유'까지 한국 사회 역사의 가장 큰 수혜를 받은 세대라 할 수 있다.

이들이 청소년기를 보낸 1960년대부터 1970년대, 한국 사회는 경제

〈표 6-3〉 세대별 본인 세대가 누린 가장 좋은 점 1~3순위

| 세대 \ 순위 | 1순위 | 2순위 | 3순위 |
|---|---|---|---|
| 88만원 세대 (25~37세) | 디지털 및 통신기술의 발전 | 경제적 발전으로 인한 물질적 풍요 | 예전보다 좋아진 교육 |
| X세대 (38~47세) | 경제적 발전으로 인한 물질적 풍요 | 디지털 및 통신기술의 발전 | 예전보다 좋아진 교육 |
| **베이비붐 세대 (48~67세)** | **경제적 발전으로 인한 물질적 풍요** | **낭만과 정, 순수함, 우정 등 인간적 가치를 지님** | **정치적 자유로 인한 민주사회의 획득 및 향유** |
| 산업화 세대 (68세 이상) | 낭만과 정, 순수함, 우정 등 인간적 가치를 지님 | 가족의 소중함을 느낄 수 있었던 세대 | 깨끗한 자연환경을 경험 |

〈표 6-4〉 베이비붐 세대와 88만원 세대의 사회구조적 상황

| 구분 \ 세대 | 베이비붐 세대 | 88만원 세대 |
|---|---|---|
| 2016년 현 상황 | 은퇴기 진입 | 경제활동기 진입 |
| 대학 진학률 | 27.7% | 75.8% |
| 성장기 1인당 국민 총소득 | 1970년 $255 →<br>1985년 $2,355 | 1995년 $11,735 →<br>2010년 $20,562 |
| 사회 진입기 경제 환경 | 고도성장기(1980년대) | 저성장기(2010년대) |
| 사회 진입 상황 | 안착<br>(취업→주거→결혼) | 3대 경제난<br>(취업난, 신용난, 주거난) |

출처: 현대경제연구원(2012), 통계청(2012) 자료 재구성.

성장이 가시화되기 시작했다. 산업화나 민주화의 주역이 되지는 못했지만 이들은 그 어느 세대보다 치열하게 살았다. 베이비붐이라는 특성으로 인해 삶 전반에 걸쳐 과잉경쟁을 해야 했고, 대부분의 베이비붐 세대가 어린 시절 농촌에서 생활했으나 학업을 위해, 취업을 위해 도시로 이동했다. 또 부모 세대로부터 근검절약과 노력을 기본적인 삶의 태도로 요구받아 이를 내면화해 근면 성실한 삶을 살았다. 다행히 이들이 학업을 마치고 취업 전선에 뛰어들 시기에 취업이 용이한 사회구조적 환경이 조성되어 어렵지 않게 일자리를 구했고, 여건도 좋아 안정적인 생활을 누릴 수 있었다. 〈표 6-4〉를 보면, 이들의 청·장년기 시절 한국 사회의 상황이 취업의 어려움으로 인해 연애와 결혼, 출산을 포기한다고 해서 3포 세대로 이름 붙은 이들의 자녀 세대인 88만원 세대의 경우와 극적인 차이를 보임을 확인할 수 있다.

베이비붐 세대가 취업 전선에 나선 1970년대 1인당 국민 총소득은 255달러였으나, 15년 후인 1985년에는 2,355달러로 10배 정도 크게 증가했다. 이러한 수치는 1980년대 한국 사회가 고도성장기에 놓여 있었기에 가능한 것이었다. 이에 더해 1970~1980년대 사우디아라비아 등

중동 건설 붐이 일면서 현장 파견 근무를 나가는 등, 몸을 사리지 않았던 베이비붐 세대의 성실함도 이러한 경제적 성장의 토대가 되었다. 이들의 자녀 세대인 88만원 세대의 경우, 1995년부터 2010년까지 15년간 1인당 국민 총소득이 1만 1,735달러에서 2만 562달러로 약 1.5배가량 증가하는 데 그쳤다는 점을 감안할 때 실로 엄청나게 큰 상승폭이었다고 할 수 있다. 이 같은 환경에서 이들은 취업 문제와 주거 문제를 어렵지 않게 해결할 수 있었으며, 결혼과 출산도 자연스럽게 이루어졌다.

또한 전체 취학 연령의 75.8%가 대학에 진학하는 에코 세대와 달리, 베이비붐 세대는 에코 세대의 3분의 1에 해당하는 27.7%만이 대학에 진학했기 때문에 대학을 졸업하면 좋은 일자리에의 취업이 보장되는 시기를 보내기도 했다. 이러한 과거의 경험 때문에 이 세대는 '좋은 대학'에의 진학을 성공의 보증수표로 여기는 경향도 있다. '좋은 대학일류대학을 졸업하면 성공이 보장된다'는 의견에 동의하는 정도를 묻는 질문에 대한 연령대별 응답을 보면 이 같은 사실이 극명하게 드러난다(〈표 6-5〉 참조). 5점에 가까울수록 해당 의견에 더 많이 동의한다는 점에서, 베이비붐 세대는 5점 만점에 3.36점으로 다른 연령대와 비교할 때 좋은 대학 졸업과 사회적 성공을 동일시하는 경향이 상대적으로 강했다. 이는 대학을 졸업하고도 취업할 수가 없다고 성토하는 88만원 세대와는 확

〈표 6-5〉 세대별 학벌과 사회적 성공의 연관성에 대한 의견

| 문항 \ 세대 | 88만원 세대 (25~37세) | X세대 (38~47세) | **베이비붐 세대 (48~67세)** | 산업화 세대 (68세 이상) |
|---|---|---|---|---|
| 좋은 대학(일류대학)을 졸업하면 성공이 보장된다 | 3.07 | 3.19 | **3.36** | 3.07 |

주: 각 문항은 5점 만점의 척도로 측정되었음.
* 전혀 동의하지 않는다(1점) ~ 매우 동의한다(5점).

연히 다른 결과이다.

그러나 마냥 안정적이기만 할 것 같았던 이들의 생활에 1997년 IMF 외환 위기라는 두 번째 위기가 찾아왔고, 이들은 과거 민주화 운동 실패에 이은 두 번째 좌절을 경험해야만 했다. 경제적 성공 가도를 달리던 이들에게 찾아온 중년의 위기는, 평생 직장이라고 믿으며 성실하게 다니던 직장에서 '명예퇴직'이라는 이름으로 실직당할 수 있다는 공포감과, 착실하게 모아둔 자산이 한순간에 무너질 수 있다는 상실감을 안겨주었다. 뿐만 아니라 같은 시기에 한국 사회를 지배했던 세계화와 정보화의 바람으로 인해 외국어와 컴퓨터에 능숙한 후속 세대가 직장 내에 등장하기 시작해 베이비붐 세대로 하여금 개인의 경쟁력을 강화하지 못하면 살아남을 수 없다는 불안감에 시달리게 만들었다. 사회적·직업적 안정과 경제 성장을 중요시하는 이들의 가치관은 바로 이러한 경험을 토대로 강화되었다고 할 수 있다. 〈표 6-6〉에 정리된 조사 결과는 베이비붐 세대가 갖는 이러한 성향을 부분적으로 드러내 보여준다.

〈표 6-6〉은 노동조합 및 외국인 노동자들에 대한 의견을 응답자의 연령대별로 정리한 것이다. 국가 경쟁력과 노동조합 활동의 중요성 정도를 묻는 첫 번째 문항에서는 다른 연령대가 모두 3점 이상으로 '동의'에 가까운 의견을 표한 반면, 베이비붐 세대 응답자들만이 상대적으로 동의하는 정도가 더 낮았다(2.95점). 이는 다른 가치보다도 '국가 경쟁력'과 같은 경제적 성과 및 성장을 중요시하는 베이비붐 세대의 가치관을 보여준다. 베이비붐 세대 응답자들은 또한 외국인 노동자들에 대해서도 다른 연령대와 다른 의견을 보여주었다. 모든 연령대가 3점대 이상으로 응답해 찬성과 반대의 비중이 비슷한 것으로 나타났으나, 그중에서도 베이비붐 세대는 가장 낮은 점수를 보이고 있어 외국인 노동자와 한국인 노동자를 동등하게 대우해줘야 한다는 것에 대해 상대적으로 반대의

〈표 6-6〉 세대별 안정 추구 가치관과 가치 성향

| 구분 / 문항 / 세대 | 노동조합 및 외국인 노동자들에 대한 생각 | | 공공질서 및 공권력에 대한 생각 | |
|---|---|---|---|---|
| | 국가 경쟁력이 다소 약화되더라도 노동조합 활동은 보호되어야 한다 | 외국인 노동자들을 한국인 노동자들과 동등하게 대우해줘야 한다 | 공공질서를 해치더라도 공공의 이익을 위한 시위는 허용되어야 한다 | 공권력은 어떠한 경우에도 존중되어야 한다 |
| 88만원 세대 (25~37세) | 3.35 | 3.66 | 3.07 | 2.65 |
| X세대 (38~47세) | 3.37 | 3.61 | 3.12 | 2.51 |
| **베이비붐 세대 (48~67세)** | **2.95** | **3.45** | **2.78** | **3.14** |
| 산업화 세대 (68세 이상) | 3.22 | 3.50 | 3.09 | 3.19 |

주: 각 문항은 5점 만점의 척도로 측정되었음.
* 전혀 동의하지 않는다(1점) ~ 매우 동의한다(5점).

입장에 있음을 보여준다. 이러한 결과를 통해 '나'와 '우리'의 일자리를 지키는 것, 그리고 자신들이 부양해야 하는 동시에 경제적으로 독립해야 하는 자녀의 일자리를 무엇보다 중요하게 생각하는 베이비붐 세대의 성향을 간접적으로 살펴볼 수 있다.

다음으로, '공공질서를 해치더라도 공공의 이익을 위한 시위는 허용되어야 한다'는 의견에 대해 베이비붐 세대가 동의하는 정도는 응답자 중 가장 낮은 수준인 2.78점으로 다소 반대하는 입장을 보여 이들이 '공공질서'와 같은 사회적 안정을 중요시한다는 것을 알 수 있다. 그리고 '공권력은 어떠한 경우에도 존중되어야 한다'는 의견에 대해서도 윗세대인 산업화 세대와 근접한 점수3.14점를 보여 나머지 세대와 큰 차이를 보이며, 다시 한 번 이들이 사회질서와 안정 등을 중요시한다는 점을 확인할 수 있다. 다음 장에서는 이러한 삶의 궤적과 그로 인해 형성된 '안정 추구'의 가치관을 가진 베이비붐 세대의 오늘은 어떠한지, 이들이 처해 있는 지금의 현실은 어떠한지 살펴볼 것이다.

## 3. 베이비붐 세대의 오늘을 보다

### 예비 노인, 제2의 인생 '뉴 시니어'를 꿈꾸다

베이비붐 세대는 현재 이들의 생애 주기 단계에서 곧 노년기로 진입하는 시기에 도달해 있다. 예비 노인이라 할 수 있는 이들의 현재 상황은 어떠할까? 평균 기대 수명의 급격한 증가로 인해 고령화 사회에 진입했고, 나아가 곧 초고령 사회로의 진입을 앞둔 한국 사회에서 베이비붐 세대는 대한민국 역사상 생애 처음으로 자신들의 길어진 '노후'를 준비할 수 있는, 그리고 준비해야만 하는 입장에 처해 있다. 이들은 부모 세대인 산업화 세대와 매우 다른 상황에 직면해 있다고 할 수 있다. 지금은 노인이 된 산업화 세대의 경우 그들이 청년이던 시절 한국인의 평균 기대 수명은 50대 중반에 불과해 으레 60이 되면 죽을 것이라 생각해왔고, 때문에 별다른 노후 대책을 세우지 못했다. 그런 그들에게 현대 의학이 가져온 평균 수명의 연장은 준비되지 않은 노년의 삶을 맞닥뜨리게 했다.

이런 부모 세대와 달리, 베이비붐 세대는 자신들의 노후를 생각할 시간을 가질 수 있었다. 그리고 신체적 안전과 절대빈곤에서의 탈출을 일생의 목표로 삼았던 부모 세대와 달리, 경제적 풍요와 문화적 수혜를 받으며 자랐기에 안정적이고 윤택한 노후를 꿈꾸게 되었다. 실제로 이들은 다른 세대들에 비해 높은 경제력을 갖추고 있고 수적으로도 우리나라 인구 중 큰 비중을 차지하기 때문에 이들이 노년기에 들어서면 실버

산업이 크게 성장할 것이라는 전망이 있어왔다. 2006년부터 미디어에 서서히 등장하기 시작해 매해 꾸준히 그 수가 증가하고 있는 실버산업 관련 기사들은, 경제력 있는 노인의 증가, 그리고 여성의 사회 진출로 인해 앞으로 노인을 위한 서비스 및 상품들이 많아질 것으로 예상한다.

[실버산업] 고령화에 꾸준히 성장…'황금알 거위' 부푼 꿈

(경향신문, 2006. 08. 29.)

[실버산업 탐방] "진화하는 실버타운…신세대 노년층 몰려"

(경향신문, 2008. 07. 09.)

실버산업 2010년 43조 → 2020년 148조 급팽창

(매일경제, 2009. 09. 20.)

〈실버뉴딜〉 기업들 '고령화 위기가 기회다'

(헤럴드경제, 2010. 07. 19.)

특히 경제력을 바탕으로 젊은 세대 못지않은 구매력을 가진 예비 노인들은 과거 노인 세대들과 구별된다는 뜻에서 '뉴 시니어'로 불리며, 소비 시장에서 이들을 잡아야 한다는 움직임도 눈에 띄게 늘었다. 인생의 마무리가 아니라 제2의 인생을 새로 시작하고, 직장 생활과 자녀들 뒷바라지로부터 해방되어 그동안 찾지 못했던 자아와 꿈을 실현시키는 것이 베이비붐 세대가 바라는 이상적인 노후의 모습이 되었다.

돈 벌고 싶다면 뉴 시니어의 젊음, 향수, 자아를 자극하라

(쿠키뉴스, 2011. 03. 24.)

'뉴 시니어' 등장…새 소비주체 급부상

(서울신문, 2011. 03. 25.)

'뉴 시니어' 공략 TV 홈쇼핑 잘 나가네

(연합뉴스, 2011. 04. 27.)

50대 아빠 '소비 신인류'

(한국일보, 2011. 05. 16.)

큰 손 고객 '뉴 시니어'…화장품업계도 주목. 높은 소득 수준으로 적극적인 소비활동…기존 20·30대와 마찬가지로 아름다움에 중점

(아시아타임즈, 2015. 10. 14.)

실제로 2011년 수행한 조사 결과에서도 베이비붐 세대 응답자의 노후에 대한 인식은 다른 연령대와 크게 구별되는 양상을 보인다. 〈표 6-7〉은 노화와 노후에 대한 의견을 묻는 질문에 대한 응답을 응답자의 연령대별로 정리한 것이다. '나는 늙는 것이 아름답다고 생각한다'는 의

〈표 6-7〉 세대별 노화 · 노후에 대한 의견

| 구분 / 문항 / 세대 | 노화와 노후에 관한 생각 | | 노화와 외모관리에 관한 생각 | |
|---|---|---|---|---|
| | 나는 늙는 것이 아름답다고 생각한다 | 나는 노후에 따로 하고 싶은 일이 있다 | 나는 실제보다 나이 들어보이는 사람은 자기관리가 부족한 사람이라고 생각한다 | 나는 나이가 들수록 젊어보이려고 노력해야 한다고 생각한다 |
| 88만원 세대 (25~37세) | 2.90 | 3.37 | 2.74 | 3.35 |
| X세대 (38~47세) | 2.71 | 3.45 | 2.89 | 3.51 |
| **베이비붐 세대 (48~67세)** | **3.00** | **3.52** | **3.16** | **3.68** |
| 산업화 세대 (68세 이상) | 2.59 | 2.78 | 3.11 | 3.58 |

주: 각 문항은 5점 만점의 척도로 측정되었음.
* 전혀 동의하지 않는다(1점) ~ 매우 동의한다(5점).

견에 대한 답을 살펴보면, 베이비붐 세대를 제외한 모든 연령대의 점수가 2점대로 나와 대부분 늙는 것이 아름답지 않다고 생각하는 것으로 나타났다. 한편 높은 점수는 아니지만, 베이비붐 세대의 응답자들만이 늙는 것에 대해 부정적이지 않게 생각하는 것으로 나와 차이를 보였다. 이는 산업화 세대가 모든 세대를 통틀어 가장 낮은 점수를 보인 것과 대조적이다. 또한 '노후에 따로 하고 싶은 일이 있다'는 의견에 대한 생각에서는 더욱 큰 차이가 나타났다. 이미 노년기에 접어든 산업화 세대는 노후에 따로 하고 싶은 일이 없다고 응답한 반면, 바로 아랫세대이자 곧 노년기에 진입하는 베이비붐 세대는 모든 연령대 중에서 노후에 따로 하고 싶은 일이 있다는 응답이 가장 높아 이 연령대가 노후에 대해 갖는 기대가 얼마나 큰지 가늠할 수 있게 해준다.

뿐만 아니라 베이비붐 세대는 외모 관리와 자기관리에 있어서도 매우 신경 쓰는 것으로 나타났다. 먼저, '나는 실제보다 나이 들어 보이는 사람은 자기관리가 부족한 사람이라고 생각한다'는 의견에 대해 88만원 세대 및 X세대의 젊은 세대가 3점에 못 미치는 점수로 상대적으로 관대한 모습을 보인 것과 달리, 베이비붐 세대는 가장 높은 점수로 다른 연령대의 응답자들보다 동의하는 정도가 높았다. 다음으로, '나는 나이가 들수록 젊어보이려고 노력해야 한다고 생각한다'는 의견에 대해서는 베이비붐 세대가 다른 모든 연령대보다 높은 3.68점을 보임으로써, 젊어보이려는 이들의 의지를 엿볼 수 있게 했다. 이러한 조사 결과는 앞서 미디어 보도를 통해 알 수 있었던, 이 세대가 젊음을 유지하고 싶어 하고 그러한 욕구로 인해 외모 관리에 신경 쓰고 있다는 사실과 일맥상통한다.

### 부모와 자녀라는 짐, 부양의 늪에 빠지다

종합해보면, 오늘날 베이비붐 세대는 은퇴 이후 시간적·경제적 여유를 토대로 건강 및 자기관리에 힘쓰며 자아를 실현하고 싶어 한다고 할 수 있다. 그러나 앞 절에서 살펴본 것과는 달리, 오늘날 베이비붐 세대의 꿈은 실현되기 어려워 보인다. 과거 이들이 청·장년기를 보냈던 시절과 달리 현재의 사회구조적 상황이 심각한 경제적 침체기인 데다가 이들의 부모인 산업화 세대는 준비 없이 노년을 맞음으로써 빈곤 상황에 허덕이고 있고, 이들의 자녀 세대 역시 취업난으로 인해 경제적으로 어려운 처지에 놓여 있기 때문이다. 때문에 자신의 노후 준비에 힘써야 할 베이비붐 세대는 위, 아랫세대를 부양하느라 정작 자신들의 노후 대비에는 신경 쓰지 못하고 있다. 화려한 제2의 인생을 살 줄 알았는데, 자녀 부양과 부모 봉양이라는 현실 앞에서 또 한 번 좌절을 겪을 위기에 놓이게 된 것이다.

이들의 자녀 세대인 에코 세대가 '88만원 세대', '3포·5포·7포 세대' 등으로 불리고, 한국 노인의 절반이 빈곤 상태에 빠져 있어 우리나라 노인 빈곤율이 OECD 국가 중 1위라는 기사가 보도되면서, 베이비붐 세대의 노후를 우려하는 기사들 역시 쏟아져나오고 있다. '베이비붐 세대'라는 키워드로 뉴스 기사를 검색해보면, 이들의 은퇴 후 삶을 걱정하는 내용들이 대부분임을 알 수 있다. 기사들에 따르면, 현재 베이비붐 세대는 자녀의 교육비와 결혼 비용, 은퇴 후 생계에 대한 부담으로 큰 불안을 느끼고 있으며, 이에 장밋빛 미래를 전망하는 베이비부머는 거의 없다. 여유롭고 넉넉한 삶을 꿈꿨지만 자식들 취업난에 그런 건 기대도 못 하고, 성인이 된 자녀의 뒷바라지에 큰 경제적 부담을 느끼고 있는 베이비붐 세대는 자식들에 대해 '죽을 때까지 부모가 책임을 져야 한다는 가치관'을 깊이 내면화하고 있어 경제적으로 어려운 노년기를 맞이하게 될 가능성이 높다.

자녀교육·결혼 '발등의 불'…"은퇴 후도 계속 일해야"

(문화일보, 2015. 09. 24.)

"학비 줬으니 결혼 땐 못 준다" 엄포 놨지만 퇴직금마저…

(문화일보, 2015. 09. 25.)

'재취업·소득' 절벽… '치킨 집' 내몰리는 50대

(세계일보, 2015. 10. 07.)

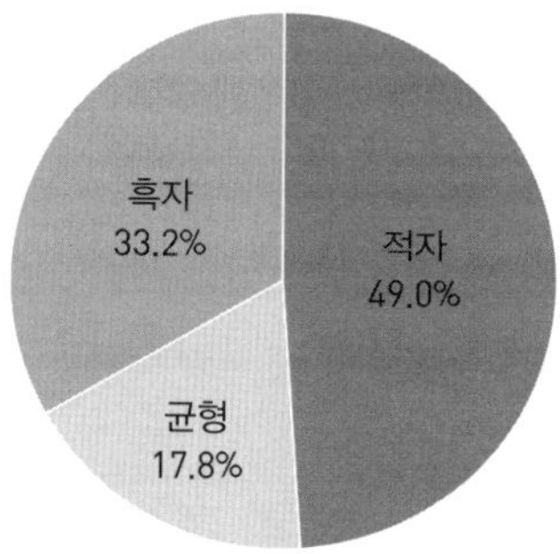


[그림 6-2] 2015년 서울 베이비붐 세대 가계 수지 상태
출처: 데이터뉴스(2016. 04. 12.)

서울에 거주하는 베이비붐 세대의 가계 수지 상태를 살펴본 조사에 따르면 서울 베이비붐 세대의 49.0%가 적자 상태에 놓여 있으며([그림 6-2] 참조), 이 책에서 수행한 조사 결과를 통해 보더라도 이들의 노후 준비 상황이 열악함을 알 수 있다(〈표 6-8〉 참조). 부모 봉양과 자녀 부양에 대한 의무감이 큰 베이비붐 세대는 현실적으로 자녀 세대로부터 부양을 기대할 수 없는 상황이고, 이러한 상황은 이들로 하여금 '내 노후는 내

〈표 6-8〉 세대별 노후 및 노후 준비에 대한 의견

| 세대 \ 문항 | 노후 준비는 본인의 몫이다 | 나는 노후 준비를 하고 있다/했다 | 나는 노후에 따로 하고 싶은 일이 있다 |
|---|---|---|---|
| 88만원 세대 (25~37세) | 3.47 | 2.65 | 3.37 |
| X세대 (38~47세) | 3.61 | 2.99 | 3.45 |
| **베이비붐 세대 (48~67세)** | **3.76** | **2.98** | **3.52** |
| 산업화 세대 (68세 이상) | 3.74 | 2.88 | 2.78 |

주: 각 문항은 5점 만점의 척도로 측정되었음.
* 전혀 동의하지 않는다(1점) ~ 매우 동의한다(5점).

가 준비해야 한다'는 생각을 강하게 갖도록 만들고 있다. '노후 준비는 본인의 몫이다'라는 의견에 대해 베이비붐 세대는 아랫세대인 X세대와 88만원 세대 응답자들보다 더 '그렇다'고 생각하고 있었다. 그러나 '나는 노후 준비를 하고 있다/했다'는 의견에 대해서는 3점에 못 미치는 점수를 보여 실질적인 노후 준비는 하고 있지 못한 것으로 나타났다.

사회 전반에 걸쳐 일자리 문제가 심각한 사회현상으로 대두되고 있는 상황에서, 88만원 세대의 취업을 위해 부모 세대인 베이비붐 세대가 '양보'를 해야 한다는 이야기가 심심치 않게 등장하며 일자리를 둘러싼 세대 간 갈등이 조장되고 있다(국민일보, 2015. 06. 02., 이투데이, 2015. 06. 10.). 일부 응답자는 이러한 의견에 대해 "그래, 우리가 자식들을 위해 양보해야지."라며 지지를 표하지만, 대다수는 이러한 의견에 대해 심각한 우려를 표하며(한겨레, 2015. 06. 24.) 특히 당사자인 베이비부머들은 이 문제에 대해 절대 용납할 수 없다는 입장을 보인다. 베이비붐 세대의 입장에서 볼 때, 그러한 자신들은 '에코 세대'를 부양해야 하는 세대이

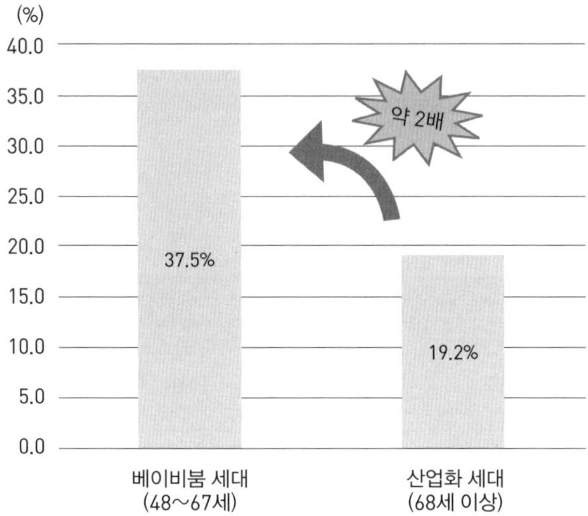


[그림 6-3] 은퇴에 적정 연령은 없다는 데 대한 세대별 의견

고, 아직 자녀에 대한 뒷바라지가 끝나지도 않았는데 자신이 일을 그만 둘 수는 없다는 생각이다. 은퇴에 적정 연령이 없다는 의견이 산업화 세대에서 베이비붐 세대로 넘어가면서 급격하게 증가하기 시작한다는 조사 결과는 이러한 상황에서 기인한다고 볼 수 있다([그림 6-3] 참조).

이와 더불어, '정년을 줄여서 젊은 세대의 일자리를 늘려야 한다'는 데 대해서도 베이비붐 세대는 그 윗세대인 산업화 세대와 비교할 때 동의하는 정도가 높지 않다. 〈표 6-9〉에 정리된 조사 결과를 보면, 노년기에

〈표 6-9〉 세대별 정년 단축과 젊은 세대의 일자리 확대에 대한 의견

| 세대 / 문항 | 88만원 세대 (25~37세) | X세대 (38~47세) | **베이비붐 세대 (48~67세)** | 산업화 세대 (68세 이상) |
|---|---|---|---|---|
| 정년을 줄여서 젊은 세대의 일자리를 늘려야 한다 | 2.62 | 2.65 | **2.80** | 3.33 |

주: 5점 만점의 척도로 측정되었음.
* 전혀 동의하지 않는다(1점) ~ 매우 동의한다(5점).

진입한 산업화 세대가 정년을 줄여야 한다는 데 3점 이상의 점수로 크게 반대하지 않는 입장을 보이는 반면 직접적으로 정년 문제가 자신의 문제가 되는 베이비붐 세대는 2.80점으로 정년 단축에 동의하지 않는 경향을 보인다. 분석 결과를 보면, 산업화 세대를 제외한 모든 세대가 정년을 줄여서 젊은 세대의 일자리를 늘리는 데는 반대 의견을 표시하고 있고, 특히 극심한 취업난에 시달리고 있는 당사자들인 88만원 세대도 다른 세대와 비슷한 수준의 점수를 보인다는 점은 88만원 세대가 경제적으로 의존하고 있는 부모 세대의 일자리를 뺏는 것에 무조건적인 지지와 동의를 보낼 수 없다는 뜻으로 해석할 수 있다.

이미 은퇴한 베이비붐 세대의 경우 재취업을 위해 고군분투하고 있다. 그동안 모아둔 자산만으로는 자녀 부양뿐만 아니라 당장 이들의 노후가 위태롭기 때문이다. 이들은 대부분 정규직으로 재직한 직장에서 은퇴한 뒤 계약직으로 재취업하거나, 용이하지 않을 경우 창업을 통해 자영업으로 분야를 선회하고 있다. 그러나 직종에 상관없이, 퇴직한 베이비붐 세대는 '돈 되는 일이면 뭐든 하겠다'는 입장을 견지하고 있으며 이를 위해 그동안 20대 자기계발의 전유물로 인식되었던 자격증 취득에도 열을 올리고 있다(뉴스토마토, 2014. 05. 02.). 그러나 재취업을 하거나, 창업을 한다 하더라도 전반적인 내수시장이 좋지 않아 폐업 혹은 부도를 맞는 경우가 다반사이며, 이러한 상황으로 인해 무엇보다 경제적 안정을 중요한 가치로 삼는 이들의 삶은 벼랑 끝으로 몰리고 있다.

> 실제로 월급쟁이들은 '50세'가 깔딱고개다. 이때를 즈음해 별(임원)을 달지 못하면 퇴직 수순을 밟아야 하기 때문이다. […] 50세가 넘어 임원이 못 돼도 1~2년 더 버텨보지만, 임원이 될 확률은 0.87%. 결국 1,000명 중 991명은 회사에서 쫓겨나다시피 나간다. 한동안 쉬다가 마음을 추스

르고 재취업을 시도하지만, 받아주는 곳은 거의 없다. 자영업에 진출해도 대다수는 퇴직금마저 날리는 쓰라린 실패를 경험하고 불우한 노후를 맞는다. 국민연금연구원은 50대 자영업자의 절반가량(44.7%)은 월 평균 수입이 '100만 원 미만'이라는 조사 결과를 내놨다.

(이데일리, 2015. 08. 17.)

비록 중간에 외환 위기라는 좌절이 있기는 했지만, 산업화 세대가 이뤄놓은 토대 위에서 치열하게 열심히 살아 경제적 안정을 이루고 살아온 베이비붐 세대는 자신의 부모 세대와 자녀 세대보다 '그나마' 나은 경제적 상황 때문에 또 다시 윗세대와 아랫세대의 '중간에서' 두 세대 모두를 돌봐야 하는 위치에 놓인 아이러니한 세대라 할 수 있다. 이러한 상황에서 이들을 대상으로 한 자기계발 서적이 물밀 듯이 쏟아져나오고 있으며, 이 중 특히 은퇴 이후 '노후'를 준비하는 방법을 다룬 책들이 차지하는 비중이 매우 높게 나타나고 있다.

## 4. 노년 세대와 청년 세대 사이에서 완충지 역할을 하다

'낀 세대'로서 베이비붐 세대가 갖는 중간자적 입장은 이들에게 경제적 어려움을 야기하지만, 다른 한편으로는 최근 심각한 사회문제로 대두되고 있는 세대 간 갈등을 완화할 수 있는 계기로 작용한다. 젊은 세대로 내려올수록 핵가족 형태로 살아온 사람들이 많아지고, 이와 더불어 결혼은 하되 아이는 갖지 않는 '딩크족'이나 결혼을 하지 않고 혼자 사는 '1인 가구' 등 다양한 라이프스타일을 향유하는 사람들이 많아지고 있다. 때문에 각각의 세대는 본인 세대가 아닌 다른 세대의 사람들을 만나거나 이해할 기회를 갖지 못하고, 서로에 대한 '몰이해'는 세대 간 갈등을 점차 심화시키고 있다. 이러한 상황에서 오늘날 노인 세대가 살아온 삶의 궤적을 잘 이해하고 있고, 이들과 상대적으로 많은 시간을 보내며, 또한 그에 못지않게 젊은 세대와도 어울릴 기회가 많은 세대는 50대 베이비붐 세대뿐이다.

노인 세대가 20·30대의 젊은 세대를 보며 "요즘 젊은 것들은 싸가지가 없다."라고 비난하거나 이들의 자유분방하고 개인주의적인 태도를 이해할 수 없다고 성토하고, 또 20·30대의 청년 세대는 노인들을 '노인충'으로까지 부르며 혐오하고 있는 상황에서 이 두 세대와 섞여 생활하며 두 세대 모두를 가장 잘 알고 이해하고 연민의 감정을 갖는 것은 베이비붐 세대가 유일하다. 베이비붐 세대가 윗세대와 아랫세대의 가교 역할을 한다는 사실은 설문 조사 결과에서도 나타난다. 〈표 6-10〉은 윗세대와

〈표 6-10〉 세대별 윗세대와 아랫세대에 대한 태도

| 문항 / 세대 | 나는 내 윗세대에 속하는 사람들을 잘 이해하는 편이다 | 나는 내 윗세대에 속하는 사람들과 개인적인 대화를 하거나 잘 어울리는 편이다 | 나는 내 아랫세대에 속하는 사람들을 잘 이해하는 편이다 | 나는 내 아랫세대에 속하는 사람들과 개인적인 대화를 하거나 자주 어울리는 편이다 |
|---|---|---|---|---|
| 88만원 세대 (25~37세) | 3.49 | 3.47 | 3.37 | 3.31 |
| X세대 (38~47세) | 3.54 | 3.57 | 3.53 | 3.43 |
| **베이비붐 세대 (48~67세)** | **3.82** | **3.73** | **3.60** | **3.54** |
| 산업화 세대 (68세 이상) | 3.92 | 3.82 | 3.50 | 3.34 |

주: 각 문항은 5점 만점의 척도로 측정되었음.
* 전혀 동의하지 않는다(1점) ~ 매우 동의한다(5점).

아랫세대에 대한 태도를 물어 그 결과를 세대별로 정리한 것이다.

조사 결과를 살펴보면, '나는 내 윗세대에 속하는 사람들을 잘 이해하는 편이다'라는 의견에 대해 세대가 올라갈수록 동의하는 정도가 높아진다. 또한 베이비붐 세대는 젊은 세대에 비해 윗세대에 속하는 사람들과 개인적으로 대화를 하거나 잘 어울리는 편이라고 응답하고 있다. 전체적으로 세대를 구성하는 연령층이 높을수록 윗세대, 아랫세대와 잘 어울리고, 잘 이해하는 정도 역시 높아진다는 점은 다른 세대들과 잘 어울리는 정도가 연령이 적은 세대보다는 많은 세대에서 높게 나타남을 보여준다. 아랫세대에 대한 태도에서도 '나는 내 아랫세대에 속하는 사람들을 잘 이해하는 편이다'라는 의견에 대해 베이비붐 세대는 다른 세대와 비교할 때 가장 높은 정도로 동의하는 것으로 나타났다. 또한 실질적인 접촉에 있어서도 역시 가장 높은 정도로 아랫세대들과 개인적인 대화를 하고 자주 어울리는 것으로 나타났다. 종합해보면 베이비붐 세대는 다른 세대들과 어울리고 이해하는 정도가 다른 모든 세대보다도 높은, 모든 세대를 아울러서 교류가 가장 활발한 세대라고 볼 수 있다.

이와 같은 윗세대 및 아랫세대와의 활발한 커뮤니케이션은, 베이비붐 세대가 자신들의 자녀 세대인 88만원 세대를 이해하는 데 영향을 미칠 뿐만 아니라, 이들 세대를 바라보는 젊은 세대의 시각에도 영향을 주는 것으로 보인다(〈표 6-11〉 참조). 한국 사회의 각 세대에 대한 이해도를 측정하기 위해 '가장 고생을 많이 한 연령대'를 물어본 결과, X세대와 베이비붐 세대에 해당하는 응답자들은 산업화 세대인 60대와 70대를 우리나라에서 가장 고생한 세대라고 인지하는 반면, 베이비붐 세대의 자녀 세대라 할 수 있는 88만원 세대 응답자들은 자신들의 부모 세대인 50대를 한국 사회에서 가장 고생한 세대라고 응답했다. 이는 88만원 세대 응

〈표 6-11〉 세대별 가장 고생을 많이 했다고 응답한 연령대

(단위: %)

| 세대 \ 연령대 | 10대 | 20대 | 30대 | 40대 | 50대 | 60대 | 70대 |
|---|---|---|---|---|---|---|---|
| 88만원 세대 (25~37세) | 0.3 | 4.2 | 2.4 | 4.5 | 35.6 | 27.5 | 25.4 |
| X세대 (38~47세) | – | 0.8 | 3.1 | 3.5 | 16.3 | 40.9 | 35.4 |
| **베이비붐 세대 (48~67세)** | **0.2** | **–** | **0.2** | **0.8** | **11.4** | **33.7** | **53.7** |
| 산업화 세대 (68세 이상) | – | 0.5 | 0.5 | 0.5 | 3.9 | 21.8 | 72.9 |
| 전체 | 0.1 | 1.2 | 1.3 | 2.0 | 15.6 | 30.2 | 49.5 |

답자들이 가장 고생을 많이 한 연령대로 대략 자신들의 부모 연령층에 해당하는 사람들을 떠올린 것으로 해석할 수 있다. 그러나 산업화 세대 스스로뿐만 아니라 그 아랫세대인 베이비붐 세대와 X세대 모두 60대 이상의 산업화 세대를 가장 고생을 많이 한 세대로 인식하고 있는 것을 감안해본다면 이러한 응답 결과는 88만원 세대가 베이비붐 세대와의 교류는 활발한 반면 산업화 세대와의 교류는 적기 때문에 나타난 것일 수도 있다.

## 5. 베이비붐 세대에 대한 오해를 풀다

(질문자: 기성세대 전반을 생각했을 때 뭐가 생각나요?)

"꼰대 이런 거?"

"저는 아버지. 솔직히 부모님이 떠올라요."

오늘날 우리 사회 기성세대의 큰 축을 담당하고 있는 베이비붐 세대를 바라보는 시각은 '꼰대'와 '부모님'이라는 매우 상반된 두 축으로 나뉜다. 그러나 미디어 등에서 다루는 이들 세대의 모습은 이러한 이중적 시선 중 주로 '꼰대'의 이미지에 초점을 맞추고 있다.

"꼰대 부장" vs. "뺀질 대리" … 경쟁력 갉아먹는 직장 내 세대갈등

(문화일보, 2016. 11. 30.)

"나 이런 사람이야" … 그대가 '꼰대'

(한겨레, 2016. 11. 24.)

까라면 까야 하는 꼰대문화 … 이러니 헬조선입니다

(한국일보, 2016. 08. 25.)

"기성세대 하면 뭐가 떠오르나요?"라는 질문을 던졌을 때 '꼰대'라는 말 대신 '부모님'을 언급한 응답자의 대답이 생경하게 느껴질 만큼, 현재 한국 사회에서 '기성세대는 곧 꼰대'라는 공식이 성립되어 있는 듯 보인다. 기성세대를 꼰대로서 바라보는 시각이 베이비붐 세대의 특징과 부정적인 측면을 반영하고 있다는 점을 부인할 수는 없다. 그러나 이들을 꼰대라는 틀에 박힌 이미지로 바라볼 경우 베이비붐 세대를 분석하고 이해함에 있어 커다란 축을 놓칠 수 있다는 점 역시 부정할 수 없다. 사실상 베이비붐 세대는 한편으로는 '꼰대'이기도 하지만, 또 다른 한편으로는 이들을 '꼰대'로 바라보는 젊은 세대의 부모이자 선배이기도 하기 때문이다. 그러므로 이 절에서는 그동안 우리가 오해하고 있었던, 잘 알지 못했던 베이비붐 세대의 이야기를 풀어보고자 한다.

X세대 이하의 젊은 세대가 베이비붐 세대를 필두로 한 기성세대에 대해 갖는 불만 중 하나는, 그들이 젊은 세대가 처해 있는 상황적 어려움이

나 노력은 이해하려 하지 않고 무조건적으로 비판만 한다는 것이다. 그러나 베이비붐 세대가 정말로 젊은 세대에게 비판적이기만 한 것일까? 우리는 50·60대 베이비붐 세대를 대상으로 한 인터뷰에서 이에 대한 반론이 될 수 있는 많은 이야기를 들을 수 있었다. 물론 베이비붐 세대는 이들이 자라온 과거 환경과 상황에 비추어 자신들의 자녀 세대인 88만원 세대의 소비 행태나 성 풍속 등에 대해 비판과 우려 섞인 목소리를 냈다. 그러나 동시에 그들에 대한 짙은 연민을 보이기도 하고, 그들이 가지고 있는 문제점이라고 스스로 지적한 사항들에 대해 '그건 다 우리가 잘못 가르친 탓'이라는 자성의 목소리를 내놓기도 했다.

> 근데 얘네들(자식들)은 절대 그렇게 (아끼면서) 못 살지. 그런 세대가 아닌데. 그냥 내 생각으로 봐도 얘네가 어떻게 살까 앞으로. 왜냐면 앞으로 내가 자식들을 턱턱 막 이렇게 더 해줄 여력이 아니고 나도 정신 차려서 살아야 된다는 생각을 하니까. … 퇴직을 하고 막상 있는 걸 가지고 살아야 한다고 생각을 하니까 너무 우리 자식들한테 뭐를 해줄 수가 없는 상황, 자칫 잘못하면 자식한테 짐이 될 수 있는 거잖아요. 무슨 사고라도 나고 그러면. 그니까, 그런 생각을 하니까 너무 애들이 가여워. … 내가 힘들 때 팍팍 이렇게 애들 힘들 때 못 해주고 또 세상이 지금 막 불안하니까, 아 젊은 애들이 되게 힘들겠구나. 왜냐면 우리랑 생각이 너무 다르니까.
>
> (베이비붐 세대 사례10, 60세, 여성)

자녀 세대에 대한 생각을 묻는 질문에는, 그들 세대에 대한 걱정과 더불어 이처럼 힘든 자녀 세대에게 '더 해주지 못하는 안타까움'과 '행여 자녀에게 짐이 될까 하는 걱정' 또한 묻어나온다. 부모 세대인 산업화 세대와 자녀 세대인 88만원 세대를 동시에 부양하느라 정작 자신들의 노후를 준비하지 못하면서도 더 해주지 못하는 안타까움을 드러내는 것, 이것이 '꼰대'의 이면에 감춰진 베이비붐 세대의 또 다른 모습이라 할 수 있다. 이와 더불어, 베이비붐 세대는 젊은 세대가 지닌 문제점으로 지적되는 부분들, 가령 책임감이 없다든가 낭비벽이 심하다든가 하는 평가들에 대한 원인을 자신들의 탓으로 돌리면서 자식 세대에게 일종의 면죄부를 부여한다. 즉 88만원 세대의 문제점을 지적하면서도 그 책임을 자신들에게 귀결시킨다.

> 사실 이 나이 되면서 보니까 우리 세대가 아이를 너무 잘못 가르쳤다는 생각이 들어요. 그래서 애들이 양보도 없고 참을성도 없는 거 같아. "네가 이겨야 되고 1등 해야 되고" 이렇게 가르친 게 전반적인 문제가 되는 게 아닌가. 부모들이 외고라던가 대학을 가기 위해 스펙이 중요하다 보니 그거에 연연해서… 제가 우리 아이들 대학 보낼 때 보니까 한 아이는 실질적으로 봉사 하지도 않는데 회사에서 증명을 해주고 그런 모습을 보면서 부모들이 저 아이를 시대를 책임질 아이로 키우는 게 맞는가 싶었어요. 편법, 눈치 보고 이런 거만 배우지 않을까. 엄마들이 반성해야 한다 싶어요.
>
> (베이비붐 세대 사례3, 52세, 여성)

뿐만 아니라 베이비붐 세대는 젊은 세대의 가장 특징적인 모습이라고 하는 '자신의 권리 주장'과 '여가 및 소비 문화' 등에 대해서 부러운 시선을 보내기도 한다. 베이비붐 세대가 계속해서 언급한 젊은 세대들에 대한 평가를 눈여겨보면, 할 말 못할 말 가리지 못하고 다 한다고 지적은 하면서도 자신들이 과거에 차마 말로 표현하지 못했던 것들을 그들이 당당하게 표현하는 것에 일종의 부러움을 느낀다. 또한 젊은 세대의 소비 부분에 대해서도 지나친 낭비라고 지적을 하고 있기는 하지만 돈을 모아서 여행을 간다거나 과거에는 생각할 수 없었던 여가 혹은 문화 생활을 즐기는 것에 대해서는 부러워하며 좋게 바라보는 측면이 있다.

자기주관이 뚜렷하고, 어떤, 쉽게 말해서 목표를 향한 의식이 있는 것 같아. 자기 나름대로의 인생 목표라든지. 요즘 어영부영 사는 20·30대는 잘 없지. 우리 같은 경우만 해도 "큰 목표 없이 그냥 살다 보니 이렇게 나이 먹었다." 이런 사람이 대부분이라면 옛날에 비해서 20·30대는 상당히 자기 주관이 있고, 목표 의식이 있고, 개인적이고. 그런 것들이 예전하고는 확실히 다른 거지.

(베이비붐 세대 사례9, 59세, 남성)

요즘 애들 고급 레스토랑에서 식사하고 여행 가고 이런 건 굉장히 긍정적으로 봐요. 맨날 먹는 건 아니고 기념일에 가고 나름대로 여행도 계획 세워서 갈 거야. 그래서 속으로 호강한다 이런 생각도 하고 있는데 그런 건 부러운 점도 있어요. 그만큼 누릴 만도 하지. 제가 이 나이 먹고 레스토랑 간 일도 없어요. 오페라 보러 가고 이러려면 1년을 회비로 모아서 한 번 가고 밥 먹고 하는데 이거를 크게 살아오면서 큰 부담이 아니었더라고. 그런데 우리는 생활하는 과정에서 정신적으로 여유가 없었던 거 같아. 그래서 그 부분을 못했던 거 같아요. 그런데 이 나이 돼서 보니까 뭐도 안 했고 뭐도 안 했고 그랬는데 여기 와서 보니까 다들 똑같아.

(베이비붐 세대 사례8, 59세, 여성)

이렇듯 오늘날 기성세대를 이루고 있는 베이비붐 세대는 우리가 이들을 '꼰대'라고 규정짓고 비판하는 사이에 미처 생각지 못한, 단순하게 '꼰대짓'이라고 단정 짓고 오해할 수만은 없는 다양한 생각과 감정을 갖고 있다. 이들이 젊은 세대를 이해하지 못하는, 공감 능력 없는 사람들인 것만은 아닌 것이다. 사회적으로나 정책적으로나 윗세대들에게만 젊은 세대를 이해할 것을 강조·강요할 것이 아니라, 얼마 후면 노년기로 접어드는 이 베이비붐 세대에 대해서도 이해하려는 마음을 갖고 다가가야 하지 않을까? 위에서 내미는 이해의 손을 맞잡는, 아래로부터 내미는 공감의 손이 있을 때 비로소 벌어져 있는 두 세대의 간격을 좁힐 수 있을 것이다.

# 7장

# 산업화 세대,
# 준비되지 않은 노년의 슬픔

앞서 살펴본 88만원 세대가 '가진 것이 많아 불행한' 세대라면, 반대로 노년기를 보내고 있는 산업화 세대는 오히려 빈곤했기 때문에 성장의 풍요로움을 누릴 수 있었던 세대로 정의할 수 있다. 한국 사회에서 가장 어렵고 가난했던 시대를 살아온 이들 세대는 한국 사회의 정치적·경제적·문화적 성장의 전 과정을 목격한 세대이며, 그렇기에 스스로 자신의 세대에 자부심을 느끼는 존재들이다. 그러나 이들이 일구어낸 한국 사회의 발전, 특히 의료와 과학의 발달은 이들의 수명을 예상치 못했던 만큼 연장시켜놓았고, 그 결과 현재 한국 사회의 노인들은 과거에는 생각할 수 없었던 다양한 문제적 상황들에 직면하게 되었다. 노후 준비의 부족으로 인한 경제적인 어려움은 물론, 사회가 급변함에 따른 기술적 적응의 문제, 그 적응의 실패로서 나타나는 사회적 소외나 도태 등이 도처에서 이들의 삶을 위협하고 있다. 여기에 사회 변화의 속도와 폭 만큼이나 커져버린 타 세대와의 가치관의 차이, 생활양식의 차이가 모두 세대 갈등이라는 이름으로 노인 세대의 삶을 더욱 고단하게 만든다. 한국이 OECD 노인 빈곤율 1위이며 노인 자살률 역시 매우 높다는 점을 고려할 때, 현재 한국 사회의 노인 세대는 가진 것이 없었기에 이룰 수 있는 것이 많았고, 젊은 시절 국력이 크게 신장되는 기쁨을 누렸으나 자신들이 키운 사회로부터 소외당하는 세대이다. 이 장에서는 바로 이 점에 착안해 노인 세대에 대한 이야기를 이들의 목소리, 그리고 장차 다가올 노년기를 준비하는 타 세대의 목소리를 담아 심도 있게 조명해보고자 한다.

## 1. 산업화 세대, 그들은 누구인가

지금의 20대 청년들이 50년 뒤 70대 노인이 되었을 때, 이들은 어떤 모습을 하고 있을까? 그리고 어떤 삶을 향유하고 있을까? 이들도 지금의 노인과 같은 모습을 하고 비슷한 방식의 삶을 살고 있을까? 이러한 물음에 대해 지금의 젊은 세대는 "아마 다르지 않을까요?"라고 답할 것이다. 그 이유는 무엇일까? 가장 큰 이유는 오늘날의 청년 세대가 살아온 삶이 지금의 노인 세대가 살아온 삶과 극명하게 다르기 때문이다. 인간이라면 누구나 일정한 생애 주기를 겪으며 비슷한 나잇대에 비슷한 신체적·사회적 변화들을 경험한다. 그러나 비슷한 생애 주기를 겪는다 하더라도 유년기, 청소년기, 장년기 등을 거치며 경험하게 되는 시대적 상황이 다르기 때문에 모든 사람이 똑같은 삶을 살게 되지는 않는다.

우리나라는 유례없이 급격한 사회 변화 과정을 겪어왔다. 그리고 그만큼 각각의 연령대가 경험한 역사적·사회문화적 사건들도 천차만별이며, 이처럼 상이한 경험들은 동일한 시대에 동일한 생애 주기를 겪어낸 사람들이 비슷한 가치관과 라이프스타일을 공유하게끔 만들었다. 특히 청소년기 및 청년기에 형성된 가치관은 이후의 삶에 중대한 영향을 미치고 다른 세대들과 충돌하거나 갈등할 여지를 낳는다는 점에서 매우 중요하다. 따라서 지금의 노인 세대를 보다 잘 이해하고, 나아가 세대 간 갈등의 해결을 위한 실마리를 찾기 위해서는 현재 노년기를 보내고 있는 노인 세대, 구체적으로 60·70대가 생애 주기 단계에서 '노년기'를 경험하고 있다는 사실이 아니라, 이들이 과거 어떤 삶의 궤적을 그리며 현재까지 왔는지를 살펴볼 필요가 있다. 즉 코호트적 의미에서의 노인 세대를 확인해볼 필요가 있다는 것이다.

'전쟁 체험 세대'와 '산업화 세대'. 오늘날 65세 이상 노인 세대를 일컫는 또 다른 명칭들이다. 전쟁 체험 세대는 말 그대로 해방 이후 한국전쟁, 베트남 전쟁 등 전쟁과 전후 복구 시기를 경험한 세대를 지칭하는 말이고, 산업화 세대는 한국 산업화 초기인 1960년대부터 1970년대 사이 일을 시작해 산업 현장에서 고도성장을 이끈 주역이자 1990년대 퇴직한 사람들을 일컫는 말이다. 학자마다 코호트에 따른 세대 구분에 있어 출생년도를 어디서부터 어디까지로 할 것인가에 관한 차이가 있지만, 대체로 산업화 세대를 1944~1953년생(김원동, 2010) 또는 1953년 이전 출생자(홍덕률, 2003)로 본다. 이들의 나이를 2016년 현재 시점으로 계산해보면 64세 이상의 인구로, 이는 일반적인 노인 시작 연령과 맞닿아 있다.

전쟁 체험 세대라는 세대명을 통해 알 수 있듯, 지금의 노인 세대는 유년기와 청소년기에 전쟁을 직접 겪었다. 70세 이상의 노인층은 유년기 혹은 청소년기에 태평양 전쟁을 겪었고, 청년기에는 한국전쟁을 경험했다. 그리고 60세 이상의 노인층은 유년기에 한국전쟁을 경험해, 이들에게 있어 전쟁통에서 살아남고 가족을 지키는 것은 인생 최대의 목표였다. 이들 세대는 안전이 보장되지 않는 전쟁이라는 상황, 그리고 전쟁이 끝나고서도 지속적인 절대빈곤을 경험했다. 1953년 67달러였던 1인당 국민소득이 1976년 1,000달러를 넘어설 때까지 무려 23년이 걸렸고, 이들에게는 배부르게 먹고 따뜻하게 겨울을 나는 것이 가장 큰 소원이었으며 가족의 생계를 위해 학업을 포기하는 것은 흔한 일이었다. 악착같이 벌고 절약해서 자녀들을 공부시키는 것이 일반적인 삶이었던 이들에게 먹을 것과 살 집, 돈과 같은 물질은 최고의 가치를 지녔다. 개인적·사회적 빈곤 탈출이 제일 과제였던 시절을 보낸 이들에게 개인이나 평등과 같은 다른 가치들은 기꺼이 유보되거나 희생될 수 있는 것이었다. 이들 세대는 검약과 근면과 노동을 체화했고, 이들이 산업 현장에서 흘린 피와 땀은 한국 사회가 경제적으로 고공 성장하게 한 원동력이 되었다. 그 결과 이들은 우리나라를 절대빈곤과 기아에서 해방시킨 세대가 되었으며, 가난을 극복한 주역이라는 자부심을 가진 세대가 되었다(홍덕률, 2003: 162-163).

오랫동안 지속된 절대빈곤의 경험이 산업화 세대의 물질주의 성향과 연관된다면, 식민지와 전쟁 경험은 국가와 민족의 가치에 대한 믿음을 내면화하는 계기로 작용했다. 식민지를 경험한 산업화 세대는 물론, 일제강점기를 직접 겪지 않은 산업화 세대에게도 나라 잃은 설움은 공통의 정서로 자리했다. 나아가 한국전쟁은 당시 청년들에게 국가에 대한 충성심을 강화시켰다. 전후 분단 체제에서 산업화 세대에게 국가는 생명을 지켜주고 안전을 보장해주며 전쟁으로 피폐해진 자신들의 삶을 복구하는 데 도움을 준 고마운 존재로 인식되었다. 국민이라면 당연히 국가에 충성하고, 또 국익을 위해서라면 개인의 이익과 자유는 마땅히 제한받아야 한다는 것이 바로 이 당시 세대의 믿음이 되었다. 이러한 믿음 속에 성장한 산업화 세대가 청년기를 보낸 1950~1960년대는 또한 권위주의가 창궐했던 시기이기도 했다. 가부장주의나 남성우월주의 같은 권위주의적 유교 문화가 가정교육을 통해 자녀들에게 전수되었고, 이승만 정권과 박정희 정권 시절 군대를 방불케 하는 학교 교육이 학생들에게 반공이데올로기와 획일주의, 그리고 권위주의 문화를 주입했다. 민주주의에 익숙한 오늘날의 젊은 세대는 이해할 수 없지만, 배고픔의 한을 풀어주고 안전을 지켜주겠다면서 반공주의와 성장주의, 권위주의 체제를 건설한 박정희 군사 정권에 대해 산업화 세대는 충성을 다했다(홍덕률, 2003: 164).

이처럼 산업화 세대에 대한 역사적 평가는 이들이 살아온 어려웠던 시절과, 그 속에서 일궈낸 경제적 업적에 초점을 맞춰 이뤄지고 있다. 그렇다면 이러한 역사적 평가를 받고 있는 산업화 세대는 이들이 노인이 된 지금 이들의 후배, 자녀, 손자 세대들에게 어떤 식으로 평가받고 있으며, 또 어떤 삶을 살아내고 있을까?

## 2. 당신이 생각하는 '노인'은 누구입니까

### 산업화 세대의 삶의 궤적

산업화 세대는 성장 과정에서 일제강점기와 전쟁을 겪었고, 이후 전후 복구 과정에서 절대적인 빈곤을 경험했다. 산업화 세대가 성장한 1950년대와 1960년대의 한국 사회는 매우 불안정했다. 〈표 7-1〉과 [그림 7-1]은 산업화 세대가 경험한 주요 사건들을 정리한 것이다.

1945년 해방된 이후 1948년 정부가 수립되었으나, 정부 수립의 과정에서도 우리나라는 남과 북으로 나뉘어 이념 대립이 지속되었다. 당시

〈표 7-1〉 산업화 세대가 경험한 주요 사건 및 사고

| 정치 | 경제 |
|---|---|
| ■ 해방(1945)<br>■ 제1공화국 정부 수립(1948)<br>■ 한국전쟁 발발(1950)<br>■ 한국전쟁 종료(1953)<br>■ 4·19 혁명(1960)<br>■ 군사정변(1961)<br>■ 6·3 사태, 베트남 파병(1964) | ■ 절대빈곤<br>■ 제1차 경제 개발 5개년 계획(1962) |
| **사회** | **문화** |
| ■ 전쟁 및 전후 복구 | ■ 일본과 미국의 영향을 받은 대중문화 (트로트 등)<br>■ 국내 최초 흑백 TV 생산(1966) |

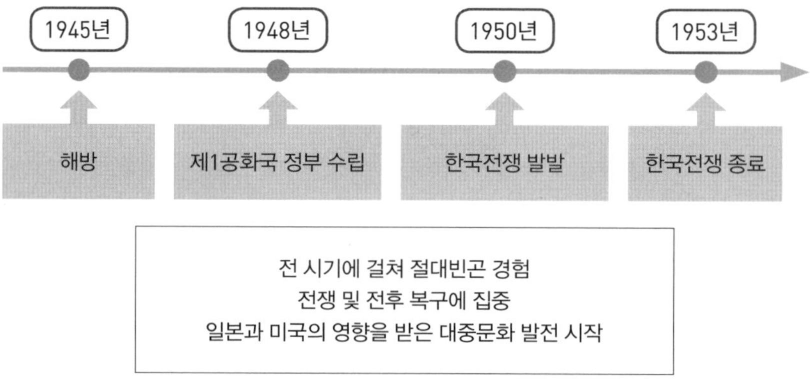


[그림 7-1] 산업화 세대의 삶의 궤적

냉전 체제에서 미국과 소련은 각각 자유주의와 공산주의 이념을 바탕으로 세력 다툼을 벌였고, 이러한 상황에서 남과 북의 이념 대립은 심할 수밖에 없었다. 이념 대립은 제주 4·3 사건과 같은 민간인 학살 사건의 원인이 되기도 했고 궁극적으로 1950년 한국전쟁이 발발하는 데 결정적인 영향을 미쳤다. 소위 '빨갱이'는 전쟁의 원흉이었고, 여러 학살 사건의 원인이었다. 이와 같은 기억은 산업화 세대에게 깊이 각인되었고,

이들에게 자신이 '빨갱이'가 아님을 입증하는 것은 생존과도 결부된 일이 되었다.

전쟁으로 인한 국토 전반에 걸친 피해는 매우 극심했다. 일본에 의한 식민 지배로 이미 황폐했던 국가 기반은 전쟁으로 완전히 붕괴되었다. 이로 인해 산업화 세대는 살아남기 위해서 뭐든지 해야만 했다. 끼니를 거르는 경우가 대부분이었고, 죽으로 겨우 끼니를 때우거나 심한 경우 소나무껍질을 벗겨 먹는 등(박재홍, 1999) 삶의 질보다 중요한 것이 '생존'이었다. 산업화 세대는 끊임없는 불안을 경험해야 했다. 일제강점기에서 해방되고 얼마 지나지 않아 냉전으로 인한 극심한 이념 대립에 시달려야 했고, 이 과정에서 발생한 여러 민간인 학살 사건과 전쟁은 이들의 생존을 위협했다. 강도 높은 반공 교육과 함께 이념이 다르다는 이유로 벌어진 여러 사건을 경험한 산업화 세대에게 조금이라도 '빨갛다고' 여겨지는 문제는 곧 죽음이었다. 나아가 전쟁이 완전하게 끝난 것이 아니었던 데다가, 4·19 혁명과 같은 민주화 운동이 발생하긴 했으나 민주적인 정부를 구성하지 못하고 군부에 의한 독재 정권이 시작되는 등 산업화 세대는 불안정하고 권위적이며 경직된 사회를 경험해야 했다.

또한 이들은 오랜 기간 극심한 궁핍에 시달려야 했다. 식민 지배와 전쟁의 경험은 국가 기반 시설을 붕괴시켰고, 이들은 살아남기 위해 무엇이든 해야 했다. 이들은 미군을 쫓아 다니며 초콜릿을 얻어먹거나 '하우스보이'가 되기도 하고(씨네21, 2002. 07. 24.) '꿀꿀이죽'을 먹기도 했다. '꿀꿀이죽'은 이 시기의 궁핍과 빈곤을 보여주는 가장 대표적인 음식이라고 할 수 있는데, 6·25 전쟁 직후 미군 부대에서 버려진 음식쓰레기를 모아 끓인 죽으로 어떤 경우 담배꽁초나 씹던 껌이 들어 있는 경우도 있었다고 한다(중앙일보, 2016. 10. 03.).

전쟁과 절대적인 가난으로 인해 산업화 세대는 다른 세대들에 비해 성장 과정에서 문화를 다양하게 경험하지 못했다. 생존 자체가 삶의 목적이었기 때문에 삶의 질을 높일 수 있는 다른 문화적 활동을 할 여유가 없었던 것에 더해, 이들이 성장하던 당시 한국의 문화는 발전을 시작하는 단계였기 때문이다. 전후 미군 부대를 중심으로 이들을 위문하기 위한 여러 쇼단들이 생겨났고, 이러한 쇼단을 기반으로 트로트 등 일본과 미국의 영향을 받은 한국의 대중문화가 발전하기 시작했다. 특히 대중문화에 대한 미국의 영향력은 시간이 지남에 따라 강해졌고, 이 시기 대중문화는 주로 반공주의와 친미주의를 전파하는 수단이 되었다(김수정·최슬기·최샛별, 2014). 그리고 이러한 삶의 경험은 산업화 세대로 하여금 다른 세대와의 사이에 갈등을 유발하는 데 영향을 미치고 있다.

## 몇 세부터를 노인이라고 불러야 할까: 노인 시작 연령에 대한 인식 차이

우리는 누구를 노인이라고 생각하는가? 학술 연구나 신문 기사에서 노인에 대한 사실을 서술할 때 단골 수식어처럼 등장하는 '65세 이상 노인 인구'라는 표현에서 알 수 있듯 우리 사회는 제도적인 측면에서 개인이 65세가 되면 '노인'의 명칭을 부여한다. 그러나 최근 일각에는 현대 한국 사회에서 65세를 노인이라고 보기엔 너무 젊다며 노인 시작 연령을 상향 조정해야 한다는 주장도 있다. 물론 이에 대한 반대 의견도 만만치 않다. 얼핏 보기에 '뭐가 그렇게 중요하지?'라고 생각될 수 있다. 그러나 노인 시작 연령은 복지 수혜와 매우 밀접하게 연관되어 있어 여러 측면에서 논쟁의 여지가 있다. 오늘날 일반적으로 노인은 복지의 대상 또는 배려의 대상으로 인식되기 때문에, 몇 세부터를 노인으로 볼 것인가에 대한 사회 구성원들 간 합의가 이루어지지 않으면 큰 혼란이 야

〈표 7-2〉 세대별 노인 시작 연령에 대한 의견

| 문항 \ 세대 | 88만원 세대 (25~37세) | X세대 (38~47세) | 베이비붐 세대 (48~67세) | **산업화 세대 (68세 이상)** |
|---|---|---|---|---|
| 노인 시작 연령이 언제부터라고 생각하는가 | 65.9세 | 66.2세 | 68.1세 | **69.5세** |

기될 수 있다. 실제로 2011년 전국에 거주하는 20세 이상 성인 남녀 1,500명을 대상으로 실시한 조사 결과를 보면 연령대별로 노인 시작 연령을 매우 다르게 인지하고 있음을 알 수 있다.

〈표 7-2〉를 통해 알 수 있듯, 사람들이 인지하는 노인 시작 연령은 가장 젊은 세대인 88만원 세대에서 가장 나이든 세대인 산업화 세대로 갈수록 점점 높아지는 경향을 띤다. 88만원 세대는 65.9세, X대는 66.2세부터 노인이라고 생각하는 반면에 베이비붐 세대와 산업화 세대는 각각 68.1세와 69.5세부터를 노인으로 봐야 한다고 답했다. 젊을수록, 즉 '노인'이라는 위치가 본인의 삶과 아직 밀접하지 않은 청년 세대의 경우 일반적으로 사회에서 통용되어온 65세 근처의 나이를 노인 시작 연령이라고 인지하는 반면, 나이가 많을수록 65세를 노인으로 보기엔 너무 젊다는 데 동의하고 있음을 알 수 있다.

65세를 노인으로 보기엔 무리가 있다는 지적은 미디어 보도를 통해서도 심심치 않게 등장하고 있다. 지난 2015년 10월 2일에 방영된 SBS 뉴스에서는 우리나라가 10년 뒤 65세 이상 인구가 20%가 넘는 초고령 사회에 진입하게 된다는 점을 지적하며 100세 시대를 맞아 노인의 기준을 65세에서 70세로 높여야 한다는 주장이 나오고 있음을 보도했다. 이 방송에서는 100세 이상 노인이 전국에 1만 5,000명이 넘고 65세 이상은 670만 명이나 된다고 보도하며, 때문에 수적인 측면에 있어 60대까지는 노인이라고 하기 어렵다는 의견이 적지 않다고 했다. 그러나 법적 노인 연령을 상향 조정하기에는 현행법상 65세를 기준으로 지급되는 노인 복지 혜택이 크고, 한국 노인의 절반 이상이 빈곤에 시달린다는 점에서 시기상조라는 의견이 있다는 점도 보고했다(SBS, 2015. 10. 02.).

뿐만 아니라 2016년에 필자가 실시한 인터뷰에서도 법적 노인 연령이 65세라는 데 동의하지 않는 의견이 많이 나왔다. 20·30대의 응답자들은 노인 시작 연령을 묻는 질문에 "적어도 70은 돼야 노인"이라고 답했고, 예비 노인이라 할 수 있는 60대 응답자는 "요즘엔 70이라고 해도 다 노인이라고 보기는 어렵다."고 응답했다. 그런데 이때 이들의 응답을 잘 살펴보면, '노인'을 규정할 때 단순히 나이만을 고려하는 것은 아님을 알 수 있다.

지난 주 학교에 어떤 분이 특강을 하러 오셨는데, 그분이 자기는 75살 할아버지라고 했는데 정말 그렇게 보이지 않더라고요. 뭔가 그 나이가 되도록 아직 사회생활을 한다는 것도 그렇고 아무튼 노인이라고 하면 더 나이가 많아야 되는 것 같기도 했어요.

(기타 세대 사례8, 23세, 남성)

어휴, 요즘 60대를 노인이라고 보는 건 말이 안 되는 거고, 사실 70대도 젊고 건강한 사람 엄청 많아. 같이 등산하는 사람 중에, 산 타는 사람들은 얼굴도 젊고 몸에 근육도 많고 그냥 아무것도 안 하는 60대보다 더 건강한 경우도 많지. 그리고 아무래도 돈이 있고 그러면 자기관리도 하고 그래서 그런 사람들을 노인이라고 부르기는 좀… 노인이라고 하면 아무래도 약하고 힘없고 그런 사람들이 노인이지.

(베이비붐 세대 사례10, 60세, 여성)

몇몇 인터뷰 사례를 가지고 일반화할 수는 없지만, 노인에 대한 이들의 경험과 생각은 현재 한국 사회를 살아가는 노인들의 이미지에 대한 중요한 실마리를 제공한다. 우리가 누군가를 '노인'이라고 부르기 위해서는 '나이' 이외에 많은 조건이 필요하다는 점이 바로 그것이다. 사람들의 머릿속에 늦은 나이까지 사회생활을 하고, 돈이 있어서 자기관리를 하고, 등산 등 운동을 꾸준히 하거나 별도의 취미를 가지고 있는 사람은 비록 그 사람이 나이가 많다고 하더라도 '노인'이라고 딱 잘라서 정의하기 어렵다고 느끼는 것이다. 과연 우리는 고령의 재벌 총수들과 국회의원들을 그저 '노인'이라고 부를 수 있을까? 다음 절에서 보다 구체적으로 각 세대가 바라보는 노인의 초상은 어떤지, 노인의 이미지에 대한 각 세대의 평가를 살펴보자.

### 노인을 '나이 듦'만으로 설명할 수 있을까: 각 세대가 바라보는 노인의 초상

노인이라는 존재는, 노인에 대한 사전적 정의처럼 단순히 '나이가 많이 들어 늙은 사람'이 아니라 다양한 특성을 지닌 존재이다. '노인' 하면 떠오르는 단어나 문구, 생각을 묻는 설문 조사에서 '나이가 많다' 이외에 수십 가지의 응답이 나오는 것만 보아도 노인을 단순히 '나이 듦'이라는 특성 하나로 설명할 수 없음을 알 수 있다. 〈표 7-3〉은 노인을 수식하거나 노인과 연관된 다양한 표현을 빈도에 따라 30위까지 정리한 것이다.

〈표 7-3〉에 제시되어 있듯이 노인에 대한 일반적 이미지는 공통적인 양상을 띠며 그려지고 있지만, 이를 응답자의 세대별로 구분해 살펴보면 노인 이미지에 대한 공통점뿐만 아니라 차이점도 나타나고 있음을

〈표 7-3〉 '노인'을 수식하거나 그와 연관된 표현들(빈도별 1~30위)

| 순위 | 노인 연상 단어, 문구, 생각 | 순위 | 노인 연상 단어, 문구, 생각 |
|---|---|---|---|
| 1 | 무기력/약함/힘이 없음 | 16 | 주름 |
| 2 | 건강 | 17 | 고집 |
| 3 | 외로움/소외/고독 | 18 | 여유로움/한가함/풍요 |
| 4 | 흰머리/백발 | 19 | 실버타운 |
| 5 | 빈곤/가난/경제적 어려움 | 20 | 치매 |
| 6 | 실업/일이 없다/할 일이 없다 | 21 | 보호/보호 받아야 할 대상 |
| 7 | 늙음/나이가 많다 | 22 | 노후/노후대책 |
| 8 | 질병 | 23 | 약자/노약자/사회적 약자 |
| 9 | 존경/공경/경로우대 | 24 | 은퇴/퇴직 |
| 10 | 지팡이 | 25 | 공원/파고다공원/탑골공원 |
| 11 | 느리다 | 26 | 독거 |
| 12 | 보수/고루함 | 27 | 경제력 |
| 13 | 노인정/경로당 | 28 | 아픔 |
| 14 | 불쌍하다/가여움 | 29 | 복지 |
| 15 | 무능력 | 30 | 죽음 |

알 수 있다.

〈표 7-4〉를 보면, 공통적으로 모든 연령대에서 '무기력/약함/힘이 없음', '건강', '외로움/소외/고독'을 노인 관련 문구로 꼽았고, 88만원 세대를 제외한 나머지 연령대에서 '빈곤/가난/경제적 어려움' 그리고 '실업/일이 없다/할 일이 없다'를 공통적으로 노인과 관련된 문구로 꼽았다. 반면에 세대별로 약간씩의 차이도 나타난다. 눈에 띄는 특징은, 가장 젊은 세대인 88만원 세대의 경우 노인의 외적인 특성을 나타내주는 '흰머리/백발', '지팡이', '주름' 등의 단어를 많이 연상했다는 점이다. 이 같은 사실은 88만원 세대가 연령대상 노인 세대로부터 가장 멀리 떨어진 존

〈표 7-4〉 세대별 '노인' 하면 가장 먼저 떠오르는 단어, 문구, 생각

| 순위 | 88만원 세대(25~37세) | X세대(38~47세) |
|---|---|---|
| 1위 | 무기력/약함/힘이 없음 | 무기력/약함/힘이 없음 |
| 2위 | 흰머리/백발 | 흰머리/백발 |
| 3위 | 건강 | 건강 |
| 4위 | 늙음/나이가 많다 | 외로움/소외/고독 |
| 5위 | 외로움/소외/고독 | 빈곤/가난/경제적 어려움 |
| 6위 | 지팡이 | 지팡이 |
| 7위 | 약자/노약자/사회적 약자 | 독거 |
| 8위 | 주름 | 실업/일이 없다/할 일이 없다 |
| 9위 | 할머니 | 늙음/나이가 많다 |
| 10위 | 경로석/노약자석 | 보수/고루함 |
| 순위 | 베이비붐 세대(48~67세) | 산업화 세대(68세 이상) |
| 1위 | 무기력/약함/힘이 없음 | 무기력/약함/힘이 없음 |
| 2위 | 건강 | 건강 |
| 3위 | 외로움/소외/고독 | 외로움/소외/고독 |
| 4위 | 실업/일이 없다/할 일이 없다 | 빈곤/가난/경제적 어려움 |
| 5위 | 존경/공경/경로우대 | 실업/일이 없다/할 일이 없다 |
| 6위 | 빈곤/가난/경제적 어려움 | 죽음 |
| 7위 | 질병 | 질병 |
| 8위 | 고집 | 늙음/나이가 많다 |
| 9위 | 느리다 | 무능력 |
| 10위 | 보수/고루함 | 노인정/경로당 |

재이자, 대부분 핵가족이라는 환경에서 자라나 노인 세대와 물리적, 그리고 정서적으로 접촉할 기회가 적기 때문이라고 해석해볼 수 있다. '경로석/노약자석'이 88만원 세대에서 유일하게 등장했다는 점 역시 이들 세대가 노인들을 접할 수 있는 기회와 장소가 지하철과 버스라는 한정

된 공간에 머물러 있다는 사실을 방증한다.

또한 88만원 세대는 '노인' 하면 연상되는 단어로 '할머니'를 꼽았는데, 이 점 역시 매우 특기할 만하다. X세대나 베이비붐 세대의 경우 산업화 세대의 자녀 세대라 할 수 있지만, '노인' 하면 연상되는 단어로 '어머니'나 '아버지'를 꼽지는 않았기 때문이다. 1990년대 초 X세대 담론이 등장한 이후, 젊은 세대였던 이들은 당시의 기성세대였던 산업화 세대에게 많은 비판을 받아왔다. 그리고 신·구 세력 갈등에서 기성세대로서 중심을 잡아온 것이 바로 산업화 세대이다. 이러한 사실은 X세대와 베이비붐 세대가 '노인'이라는 단어에서 '보수/고루함'이라는 키워드를 연상했다는 사실을 통해 알 수 있다. 이런 점에서, 88만원 세대에게 있어 '노인'이 된 산업화 세대는 '기성세대'라기보다는 영화를 통해서나 만날 수 있는 '할머니'와 '할아버지'로 인지되고 있음을 확인할 수 있다.

2016년 1월 24일자 한겨레신문에 연재된 "산업화 세대는 영화 속 할아버지… 386은 눈앞에 실재하는 꼰대"라는 제목의 기사는 이 같은 사실을 여실히 보여준다.

> 산업화 세대나 유신 세대가 '청년들이 고생 안 해서 잘 모른다', '중동 가라'고 할 때 욱하긴 하지만, 이들과는 솔직히 부딪칠 일이 별로 없다. 산업화 세대가 영화 〈국제시장〉에 나오는 할아버지 느낌이라면, 386과 '포삼'은 현실에 실재하는 '꼰대'다. 이들이 독점하고 있는 정치·경제적 영향력에 대한 반감이 크다.
>
> (한겨레, 2016. 01. 24.)

인용된 사례에도 등장한 영화인 〈국제시장〉(2014)은 '산업화 세대에게 바치는 헌사'라고 일컬어지며 개봉 이후 흥행에 크게 성공했지만, 이 영

[그림 7-2] 영화 〈국제시장〉(2014)과 〈수상한 그녀〉(2014)

화를 두고 각 세대의 반응은 매우 상이했다. 같은 해 1월 개봉한 〈수상한 그녀〉(2014)를 보고 "돌아가신 할머니가 생각나 많이 울었다."라고 이야기한 20·30대의 88만원 세대가 이 영화를 보고도 역시 "우리 할머니·할아버지들의 이야기"라고 평하며 감동스러워 한 반면, 과거 산업화 세대와 세대 갈등을 겪었던 '민주화 세대'들은 이 영화가 전형적인 '국뽕'이라고 칭하며 당시 억압되었던 정치적 현실은 전혀 반영하지 않았음을 크게 비판했다. 한때 이들과 극심한 정치적 갈등을 겪었던 민주화 세대는 이들을 심정상 단지 나이가 든 할머니, 할아버지로 느낄 수만은 없는 것이다.

X세대로 이동해가면서 점차 '노인'과 '노년'은 현실적인 문제로 다가온다. X세대의 경우 아직 흰머리 등 외적인 부분을 언급하고 있지만, 빈곤과 가난 등 경제적 어려움과 실업을 함께 떠올림으로써 아랫세대인 88만원 세대와는 차이를 보인다. 이러한 경향은 베이비붐 세대와 산업

화 세대에게서도 동일하게 나타난다. 현재 한국이 OECD 국가들 중 노인 빈곤률 1위라는 사실과, 연일 미디어를 통해 보도되는 노년 세대의 빈곤 및 고독사에 관한 사건·사고들은 앞으로 노년기를 맞이해야 하는, 혹은 현재 그러한 문제를 이미 직접 생활 속에서 경험하고 있는 세대들에게 노년기의 경제적인 문제를 매우 중요하게 고려하게끔 만든다고 볼 수 있을 것이다.

베이비붐 세대로 넘어가면, 더 이상 노인의 외적인 특성은 지목되지 않는다. 이미 흰머리와 주름 등은 노인만의 전유물이 아니라 자신들의 신체에도 나타나는 변화이기 때문이다. 신체적 변화와 관련해 예비 노인이라 할 수 있는 베이비붐 세대와 현재 노년기인 산업화 세대는 X세대 이하의 응답자들과 달리 노인의 외적 특성보다는 '질병'과 같은 신체적인 문제에 주목한다. 특히 산업화 세대의 경우 유일하게 '노인'이라는 단어에 '죽음'을 떠올렸으며 88만원 세대가 경로석과 노약자석을 언급한 것과 달리 노인정과 경로당을 그들 자신과 관련된 키워드로 응답했다. 노인에 대한 긍정적 평가는 '존경/공경/경로우대'를 언급한 베이비붐 세대가 유일했다.

### 노인 세대에 대한 타 세대의 평가

노인 세대에 대한 역사적 평가를 종합해보면, 현존하는 세대들 중에서 가장 고생을 많이 한 세대이자 우리나라의 경제 성장에 가장 많은 기여를 한 세대라 할 수 있다. 그렇다면 노인 세대가 아닌 다른 세대들은 과연 노인 세대에 대해 어떻게 인지하고 있을까? 이들이 걸어온 길과 살아낸 삶에 대해 얼마나 잘 알고 있고, 또 이해하고 있을까? 조사에 따르면, 모든 세대가 노인 세대가 살아온 삶을 이해하고 있는 것은 아닌

〈표 7–5〉 세대별 가장 고생을 많이 했다고 응답한 연령대

(단위: %)

| 세대 \ 연령대 | 10대 | 20대 | 30대 | 40대 | 50대 | 60대 | 70대 |
|---|---|---|---|---|---|---|---|
| 88만원 세대 (25~37세) | 0.3 | 4.2 | 2.4 | 4.5 | 35.6 | 27.5 | 25.4 |
| X세대 (38~47세) | | 0.8 | 3.1 | 3.5 | 16.3 | 40.9 | 35.4 |
| 베이비붐 세대 (48~67세) | 0.2 | | 0.2 | 0.8 | 11.4 | 33.7 | 53.7 |
| **산업화 세대 (68세 이상)** | | **0.5** | **0.5** | **0.5** | **3.9** | **21.8** | **72.9** |
| 전체 | 0.1 | 1.2 | 1.3 | 2.0 | 15.6 | 30.2 | 49.5 |

듯하다.

〈표 7-5〉와 〈표 7-6〉은 노인 세대에 대한 역사적 평가에 대해 연령대별로 어떻게 생각하고 있는지를 살펴본 것이다. 먼저, 가장 고생을 많이 한 연령대가 누구냐는 질문에 대한 답을 살펴보면 베이비붐 세대와 산업화 세대 응답자의 50% 이상이 70대를 가장 많이 고생한 연령대, 60대를 그다음으로 고생을 많이 한 연령대라고 답했다. 그러나 X세대와 88만원 세대로 내려오면 이에 대한 인식에 차이가 있음을 볼 수 있는데, X세대의 경우 60대를 가장 고생을 많이 한 연령대라고 평가했다. 또 88만원 세대의 경우 50대를 가장 고생을 많이 한 연령대라고 응답했으며, 60대를 그다음으로 고생을 많이 한 연령대로 평가했다. 특히 산업화 세대 응답자의 약 72.9%가 본인 세대를 가장 고생을 많이 한 세대로 꼽은 반면, 88만원 세대의 경우 약 25.4%만이 70대를 가장 고생을 많이 한 연령대로 꼽았다는 점에서 세대 간 노인 평가에 대한 역사적 인식에 큰 차이가 있음을 알 수 있다. 이러한 응답 경향은 우리나라 경제 성장에 가장 크게 기여한 연령대를 묻는 질문에서도 비슷하게 나타난다.

〈표 7-6〉 세대별 우리나라 경제 성장에 가장 크게 기여했다고 응답한 연령대

(단위: %)

| 세대 \ 연령대 | 20대 | 30대 | 40대 | 50대 | 60대 | 70대 |
|---|---|---|---|---|---|---|
| 88만원 세대(25~37세) | 1.5 | 3.6 | 17.6 | 56.3 | 19.3 | 1.8 |
| X세대(38~47세) | 0.8 | 3.1 | 13.6 | 45.3 | 30.2 | 7.0 |
| 베이비붐 세대(48~67세) | 0.2 | 1.6 | 5.2 | 36.7 | 46.6 | 9.7 |
| **산업화 세대(68세 이상)** | **0.2** | **1.9** | **7.4** | **33.6** | **42.9** | **13.9** |
| 전체 | 0.6 | 2.4 | 10.0 | 41.7 | 36.6 | 8.6 |

베이비붐 세대와 산업화 세대가 60대를 우리나라 경제 성장에 가장 크게 기여한 연령대로 평가한 반면, 88만원 세대와 X세대에서는 50대를 가장 크게 기여한 연령대로 보는 경우가 더욱 많았다. 가장 고생을 많이 한 연령대를 묻는 질문에서와 마찬가지로 이러한 경향은 특히 88만원 세대에서 두드러지게 나타난다. 88만원 세대 응답자 중 절반 이상이 50대가 우리나라 경제 성장에 가장 크게 기여했다고 생각하는 반면, 60대라고 평가한 응답자는 약 19.3%에 불과했다.

종합해보면, 88만원 세대의 노인 세대에 대한 인식과 평가가 이 세대에 대한 역사적 평가 및 타 세대들의 노인 세대에 대한 평가와 상이하다 할 수 있다. 베이비붐 세대와 산업화 세대가 오늘날 노인 세대에 대한 평가에 있어 사회적·역사적 평가와 그 맥을 같이하는 반면, 88만원 세대의 경우 그들의 부모 세대라 할 수 있는 50대가 가장 고생을 많이 하고 우리나라 경제 성장에 기여했다고 생각하는 것이다. 이러한 결과는 오늘날 노인 코호트에 대한 88만원 세대의 몰이해 정도를 부분적으로 보여주며, 상대방에 대한 이해 부족은 곧 상호 갈등을 야기한다는 점에서 지금의 노인 세대와 젊은 청년 세대 간 갈등이 첨예하게 나타날 수 있음을 시사한다.

## 3. 준비되지 않은 노년을 마주하다

### 악몽이 되어버린 장수의 꿈

2015년 통계청 자료에 따르면, 한국은 2000년을 기점으로 65세 이상 노인 인구가 전체 인구의 7%를 넘어 고령화 사회가 되었다. 행정안전부에 따르면 고령화 사회로 들어선 지 17년만인 2017년 8월, 65세 이상 인구가 전체 인구의 14%를 넘어서며 고령 사회로 진입했다(연합뉴스, 2017. 09. 03.). 그리고 현재 한국 사회 전체 인구의 약 14.6%를 차지하는 베이비붐 세대1955~1963년생가 노년기에 진입하게 되는 2026년에는 65세 이상의 노인이 인구의 20%를 차지하는 초고령 사회가 될 전망이다(김미령, 2015). 한국의 고령화 속도가 이처럼 세계에서도 그 유례를 찾아볼 수 없을 정도로 빠른 이유는 무엇일까?

학자들은 한 가지 주요한 원인으로 평균 기대 수명의 연장을 꼽는다. '무병장수의 꿈', 아마도 모든 현대인이 가지고 있는 소망일 것이다. 아직까지 현대인들이 많은 질병에 고통받고 있기는 하지만, 의료 기술의 발달 등으로 인해 과거보다 확실히 인간의 기대 수명은 과거에는 상상할 수 없을 정도로 많이 연장되었다. 2015년 통계청 자료에 따르면, 한국의 평균 기대 수명은 1965년 54.9세남자: 52.3세, 여자: 57.6세로 세계 91개국 중 71위였던 것에서, 50년이 지난 2015년에는 81.4세남자: 77.9세, 여자: 85.6세로 세계 12위까지 뛰어올랐다. 50년 사이 무려 약 30년이나 더 살게 된 것이다. 환갑이 되면 잔치를 열 정도로 장수했던 것으로 여겼던 시절과 비교할 때 실로 엄청난 변화라 할 수 있다.

그러나 이 같은 기대 수명의 급격한 연장은 청년 시절 50대 중·후반이 되면 죽을 것이라 예상했던 현재의 노인들에게 축복이 아닌 재앙으

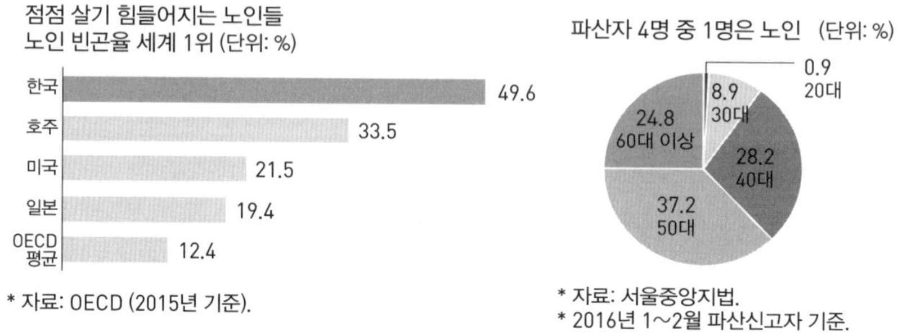


[그림 7-3] 2015년도 한국의 노인 빈곤 실태
출처: 매일경제(2016. 04. 08.)

로 다가왔다. 2015년 기준 OECD 국가 중 노인 빈곤율 1위, 그리고 노인 자살률 1위. 현재 한국 사회 노인들의 현주소이다. 2017년의 노인 빈곤율은 47.7%로, OECD 국가들의 노인 빈곤율 평균치2014년 기준 12.1%의 약 4배 수준이다(조선일보, 2017. 07. 05.). 지금의 노인 세대가 청년기 때 예상했던 그들의 수명, 그리고 자식들에게 헌신하는 이들 세대의 가치관을 고려할 때 노인 빈곤은 어쩌면 당연한 결과일지도 모른다. 오늘날 노년기를 보내고 있는 산업화 세대는 자신들의 긴 노년을 예상하지 못했기에 이를 대비하거나 준비할 수 없었고, 때문에 별다른 노후 대책 없이 맨몸으로 노년기를 맞닥뜨리게 되었다.

실제로 최근 몇 년간 '노인'이라는 단어로 인터넷 뉴스를 검색해보면 '노인 빈곤'에 관한 기사가 가장 많은 빈도로 쏟아져나오고 있으며, 이는 문제의 심각성을 보여주는 것이라 할 수 있다. 이와 동시에, 만 65세를 노인으로 보기는 어렵지만 과반수에 해당하는 노인이 절대적인 빈곤 상태에 있다는 점에서 현실적으로 복지 대상이 되는 노인 기준 연령을 70세로 올리기도 어려움을 알 수 있다.

한국 노인 빈곤 OECD '최악'… 연금소득은 '최하위권'

(연합뉴스, 2015. 03. 15.)

골드 실버는 없다… 생계형 취업에 20대 월급만큼도 못 받는다

(뉴스핌, 2015. 07. 10.)

현대硏 '빈곤노인 54%, 풍족한 노인 6% 불과…격차 확대'

(조선일보, 2015. 08. 09.)

현대硏 '늘어나는 독거노인, 소득 불안 시달린다'

(조선비즈, 2015. 08. 16.)

노인 빈곤율 OECD '꼴지'… '일자리가 없어요'

(SBS, 2015. 10. 23.)

그렇다면 이러한 노인 문제에 대한 각 세대의 인식 정도는 어떠할까? 아마 오늘날 노인들이 당면한 어려움 중 대표적인 것 두 가지를 꼽으라면 경제적 문제와 건강 문제를 들 수 있을 것이다. 〈표 7-7〉은 각 연령대의 주된 고민이라고 생각되는 점 중에서 건강과 경제적 문제에 관한 응답을 발췌한 것이다.

조사 결과를 보면, 전 세대에 걸쳐 60·70대 노인들의 주요 고민으로 건강 문제를 1순위로, 경제적 문제를 2순위로 생각하고 있는 것으로 나타난다. 그러나 이때 눈에 띄는 점은 젊은 세대로 갈수록 '건강' 문제를 60·70대의 주된 고민 1순위라고 응답하는 비율이 높아지는 반면, 당사자인 60·70대의 경우 건강보다는 경제적 문제에 대한 응답 비율이 상대적으로 더 높다는 것이다. 60대의 고민 1순위로 '경제적 문제'를 꼽은 세대별 응답 비율을 보면, 88만원 세대의 경우 17.7%만이 지목한 반면 당사자인 산업화 세대는 34.3%로 두 배에 달하는 응답자가 스스로의 주된 고민 1순위로 경제적 어려움을 꼽았다. 70대의 경우도 이와 다르지

〈표 7-7〉 60 · 70대의 주요 고민이라고 생각되는 것 중
'건강'과 '경제적 문제'에 대한 세대별 인식

(단위: %)

| 연령대 | 순위 | 세대 \ 유형 | 건강 | 경제적 문제 |
|---|---|---|---|---|
| 60대의 고민 | 1순위 | 88만원 세대 | **58.1** | 17.7 |
| | | X세대 | 55.6 | 28.2 |
| | | 베이비붐 세대 | 55.1 | 28.0 |
| | | 산업화 세대 | 50.4 | **34.3** |
| | | 전체 | 54.5 | 27.5 |
| | 2순위 | 88만원 세대 | 26.0 | 30.1 |
| | | X세대 | 23.6 | 36.7 |
| | | 베이비붐 세대 | 26.8 | 37.3 |
| | | 산업화 세대 | 30.7 | 41.2 |
| | | 전체 | 27.1 | 36.7 |
| 70대의 고민 | 1순위 | 88만원 세대 | **74.0** | 11.2 |
| | | X세대 | 70.3 | 21.6 |
| | | 베이비붐 세대 | 73.4 | 19.2 |
| | | 산업화 세대 | 70.0 | **25.9** |
| | | 전체 | 72.1 | 18.1 |
| | 2순위 | 88만원 세대 | 18.3 | 33.3 |
| | | X세대 | 22.0 | 42.9 |
| | | 베이비붐 세대 | 19.4 | 52.0 |
| | | 산업화 세대 | 24.5 | 54.9 |
| | | 전체 | 21.0 | 47.0 |

않다. 88만원 세대의 11.2%만이 70대의 주요 고민으로 경제적 문제를 꼽은 반면, 당사자인 산업화 세대는 두 배가량인 25.9%의 응답률을 보임으로써 경제적 열악함이 자신들의 주요 고민임을 토로했다. 이러한

결과는 타 세대가 생각하는 것보다 노인 세대가 스스로 인지하는 경제적 문제의 심각성이 매우 크다는 점을 보여주는 대목이며, 이들 세대에 대한 타 세대, 특히 젊은 세대의 이해 정도가 상대적으로 낮다는 점을 보여주기도 하는 부분이다.

### 상실의 세대: 새로운 세대의 탄생

절대빈곤과 전쟁이라는 정치적·사회적 불안 속에서 태어나 경제 성장이 가시화되기 시작한 시절 청소년기를 보내고, 또 정치적 민주화 과정을 지켜보며 성인기 시절을 보낸 오늘날의 노인 세대. 이러한 삶의 궤적을 가진 노인 세대를 두고 우리는 왜 풍요의 세대가 아닌 상실의 세대라고 부르는가? 노인에 대해 연구한 한 학자는 한 사람이 노인이 되는 것을 들어 '완전히 새로운 존재'가 탄생하는 것이라고 말한 바 있다. 노인은 건강, 사회적 지위, 경제력의 상실뿐만 아니라 배우자와의 사별, 자녀들의 독립 등으로 가족과도 이별하는 등 다각적인 측면에서 상실감을 겪는다. 생애 주기의 마지막 단계에서 겪게 되는 공통적인 과정인 이 같은 상실 경험이 노인의 육체적·정신적 건강이나 삶의 만족도에 미치는 영향에 관한 학술 연구가 많은 이유도 바로 여기에 있다.

그러나 지금의 노인 세대가 왜 상실의 세대인지를 정확하게 파악하기 위해서는 다시 한 번 이들의 노년기가 예상치 못한 수명 연장에서 비롯된 것이라는 점을, 그래서 이들의 상실, 특히 경제적인 부분에서의 상실이 미치는 충격과 여파가 크다는 점을 이해해야 한다. 또한 객관적인 자료를 바탕으로 외부적인 시각에서 그들이 잃은 것들을 분석하는 것에서 한 걸음 더 나아가 실제로 노인 세대 당사자가 자신의 삶에서 가장 좋았던 것은 무엇이고 현 상황과 비교할 때 '좋다'고 혹은 '중요하다'고 느끼

〈표 7-8〉 세대별 본인 세대가 누린 가장 좋은 점 1~3순위

| 세대 \ 순위 | 1순위 | 2순위 | 3순위 |
|---|---|---|---|
| 88만원 세대 (25~37세) | 디지털 및 통신 기술의 발전 | 경제적 발전으로 인한 물질적 풍요 | 예전보다 좋아진 교육 |
| X세대 (38~47세) | 경제적 발전으로 인한 물질적 풍요 | 디지털 및 통신 기술의 발전 | 예전보다 좋아진 교육 |
| 베이비붐 세대 (48~67세) | 경제적 발전으로 인한 물질적 풍요 | 낭만과 정, 순수함, 우정 등 인간적 가치를 지님 | 정치적 자유로 인한 민주사회의 획득 및 향유 |
| **산업화 세대 (68세 이상)** | **낭만과 정, 순수함, 우정 등 인간적 가치를 지님** | **가족의 소중함을 느낄 수 있었던 세대** | **깨끗한 자연환경을 경험** |

는 것들이 이들에게 남아 있는지 등을 함께 살펴볼 필요가 있다. 〈표 7-8〉은 세대별로 본인 세대가 누린 가장 좋은 점을 무엇이라고 생각하는지에 대한 설문 결과를 정리한 것이다.

조사 결과를 보면, 한눈에 보기에도 산업화 세대와 그 아랫세대들 간의 차이가 극명하게 나타남을 알 수 있다. 산업화 세대의 바로 이전 세대인 베이비붐 세대, 그리고 그 이하의 모든 세대가 본인 세대가 누린 가장 좋은 점 1순위와 2순위로 '경제적 발전으로 인한 물질적 풍요 및 삶의 질 향상'을 꼽은 것과는 대조적으로 산업화 세대는 '낭만과 정, 순수함, 우정 등 인간적 가치를 지님', '가족의 소중함을 느낄 수 있었던 세대', 그리고 '깨끗한 자연환경을 경험'했다는 것을 1~3순위로 꼽았다. 그런데 지금의 노인 세대인 산업화 세대가 이들 세대가 누린 가장 좋은 것으로 꼽은 이상의 세 가지는 오늘날의 현대사회에서 찾아보기 어렵다고 지적되는 것들이다. 이런 조사 결과를 고려할 때, 오늘날 노인 세대는 비단 사회경제적 지위나 건강뿐만 아니라 자신에게 중요하고 가치 있다고 생각되었던 것들까지 상실한 세대라고 해석해볼 수 있다.

## 젊음이 권력이 된 시대, 갈 곳을 잃은 노인들

노인과 관련된 학술 연구들 중 가장 많은 부분을 차지하는 것이 노인들의 신체적·정신적 건강우울, 치매, 빈곤, 자살, 노인 학대 등 이들이 당면한 어려움을 분석하고 이에 대한 해결 방안을 마련하고자 하는 것인데 이를 통해 현재 한국 사회의 노인들이 처해 있는 상황의 심각성을 알 수 있다. 그러나 세대 간 갈등이라는 측면에서 볼 때, 오늘날 노인 세대가 상실한 가장 큰 것은 바로 이들이 절대적인 것으로 믿고 따랐던 가치와 규범의 상실이 아닐까 싶다. 장유유서長幼有序는 지금의 노인 세대가 청년 세대였던 시절 막강한 힘을 가졌던 논리이다. 그러나 사회 전반적인 교육 수준의 향상과 개인주의화, 도시화와 핵가족화 등 다양하고도 급격한 사회 환경의 변화로 인해 연장자에게 부여되었던 힘이 그 영향력을 상실하면서 나이밖에 남은 것이 없는 이들을 벼랑 끝으로 몰고 있다.

지금은 익숙한 대중교통 노약자석이 탄생하게 된 배경도, 어쩌면 이제 더 이상 노인에게, 엄밀하게 말하면 연장자에게 '당연히' 자리를 양보해야 한다는 절대적인 믿음이 사라졌다는 데서 찾아볼 수 있을 것이다. 지하철을 통해 등하교하는 대학생들에게 '노인' 하면 떠오르는 것이 무엇인지 물으면 열에 아홉은 지하철 노약자석이라고 말한다. 이는 앞서 '노인' 하면 가장 먼저 떠오르는 단어를 물었을 때 20대가 '지하철 노약자석'이라고 응답한 것과 일맥상통한다. 이들의 말에 따르면 특히 서울 지하철 1호선은 노인 세대와 젊은 세대들이 '자리'를 두고 싸움을 벌이는 전쟁터이다. 지하철 노약자석에 관한 이야기는 인터넷에서 '지하철 노약자석'을 검색하면 어렵지 않게 찾아볼 수 있는 것이기도 하다.

10월 9일 오후 7시 서울 종로에서 경기 의정부시로 향하는 지하철 1호선 열차. 노약자석이 가득 찬 상태에서 한 노인이 일반석에 앉은 20대 남성의 머리를 우산으로 내리쳤다. 머리를 맞은 최 모 씨(22)는 그 자리에서 노인 이 모 씨(73)를 경찰에 신고했고 이 씨는 동묘앞역에서 붙잡혔다. 경찰 조사에서 이 씨는 "자리를 양보 안 하는 젊은 것이 싸가지가 없어 때렸다"고 진술했다.

(동아일보, 2015. 12. 22.)

"(노약자석이 비었을 때) 앉아도 된다고 생각하지만, 여태껏 양보를 강요받았기에 선뜻 못 앉겠어요. 게다가 이상한 일도 경험하니 더 못 앉겠더라고요. 노인분이 노약자석이 비었는데도 굳이 일반석에 와서 자기보다 어리면 자리를 비켜줘야 한다는 뉘앙스로 제 앞에서 말하는데 굉장히 불편한 느낌이 들더라고요."

(곧장토론, 2014. 05. 02.)

앞서 제시한 두 기사는 노인 세대와 젊은 세대의 가치관 차이를 극명하게 보여주는 사례들이다. 지금의 40대까지만 해도, 어린 시절을 떠올려보면 자신보다 나이가 한 살이라도 많은 사람이 있으면 자리를 양보했던 기억이 있을 것이다. 속으로는 그렇게 하고 싶지 않았다 하더라도, 자리를 양보해야만 하는 무언의 사회적 압박이라는 것이 존재했기에 '연장자'에게 자리를 양보하는 것을 당연하게 받아들였을 것이다. 그러나 30대 이하의 젊은 세대에게는 이런 장유유서의 가치가 내면화되어 있지 않으며, 그보다는 '자리 양보 = 사회적 약자를 위한 배려'라는 가치가 뿌리 깊게 자리하고 있다. 따라서 대중교통 노약자석을 '당위'로 생각하는 노인 세대는 이를 단지 '사회적 선의'나 '배려'로 생각하는 젊은 세대와 충돌할 수밖에 없다. 젊은 세대에게 '배려'의 대상이 되었다는 것은 결국 사회의 권력이 더 이상 배려를 받는 노인 세대에게 있지 않고 배려를 베푸는 젊은 세대에게 있다는 뜻이며, 이러한 상황을 노인 세대의 관점에서 바라보게 되면 실로 엄청난 '상실'이라 하지 않을 수 없다.

이처럼 지금의 노인 세대들에게 현대 한국 사회는 물질적, 그리고 정서적으로 낯선 곳이며 따라서 지속적인 소외 상태에 놓이게 만든다고 할 수 있다. 세계를 무대로 삼는 젊은 세대와 달리, 지금 한국의 노인 세대는 노인정과 경로당, 파고다 공원이라는 작은 공간에 머물러 있다. 실제로 현대 한국 사회 노인 문제를 진단한 한 책에서는 파고다 공원이라는 공간에 주목해 이 공간을 '노인들만의 섬'이라 묘사한다.

> 노인빈곤, 자식과의 단절, 고독 등 노인문제를 적나라하게 보여주는 파고다공원. 이곳에서는 200원짜리 커피 자판기 앞 공간이 사랑방 역할을 하고, 3500원이면 이발을 끝내고, 2000원 국밥과 1000원짜리 탁배기 잔술로 한 끼를 해결할 수 있다. 공간의 시계는 과거에 머물러 있으나 고령화 시대의 현주소를 가늠할 수 있는 노인들만의 섬, 파고다공원에서 살아가는 노인들의 역사와 분투기를 통해 우리 사회가 맞이할 미래를 생각해본다. (아시아경제신문 특별취재팀, 2014)

## 4. 노인이 된 산업화 세대, 혐오와 회피의 대상이 되다

### 그들은 우리가 생각하는 노인이 아니다: 혐오의 대상이 되어버린 노인

'혐로사회嫌老社會', '약육노식若肉老食'. 지난 2016년 2월 24일 JTBC 뉴스에서는 '노인충을 위한 변명'이라는 제목의 짧은 보도 방송을 내보냈다.

이 방송에서는 최근 일본에서 노인 혐오가 심각한 사회문제로 떠올랐다는 점을 지적하며 저출산·고령화로 인해 젊은 층의 고통이 커지면서 세대 간 갈등이 표면 위로 드러났다고 보도했다. 또한 이 방송에 따르면 일본과 같이 저출산·고령화 과정을 겪고 있는 한국에서도 노인 혐오 현상이 고개를 들고 있으며, 젊은 세대에게 노인 세대는 권위를 잃은 '꼰대', 더욱 심하게는 노인 뒤에 벌레 '충'자를 붙인 '노인충老人蟲'이라 불리고 있다(JTBC, 2016. 02. 24.). 왜 이런 현상이 나타나는 것일까? 이를 단순히 저출산·고령화로 인해 젊은 세대에게 부담이 가중되기 때문이라는 하나의 이유로 설명할 수 있을까? 오늘날 노인 세대를 바라보는 젊은 세대의 시각과 노인을 대하는 젊은 세대의 태도 및 인식을 보다 세밀히 파악하기 위해서는 이들이 다른 여느 세대와 확연히 다른 세대라는 점에 주목해야 한다.

세대가 다르다는 것은 그들이 살아온 삶, 살고 있는 사회적 상황과 구조, 그리고 그 안에서 통용되는 규칙과 가치가 다르다는 것을 의미한다. 베이비붐 세대의 자녀 세대이자 88만원 세대 또는 3포 세대로 불리는 오늘날의 청년 세대들은 노인 세대와는 확연히 다른 사회적 상황과 분위기 속에서 성장했고, 노인 세대와 청년 세대가 받고 자란 교육과 살아온 환경의 극명한 대비는 이 두 세대의 가치관에 있어서도 커다란 간극을 형성했다. 앞서 20·30대가 현 노인 세대에 대해 가장 낮은 이해도를 보인 것도 이러한 차이 때문이라고 할 수 있다.

그렇다면 20·30대 집단인 88만원 세대의 역사는 60·70대 노인 집단인 산업화 세대의 역사와 어떻게 다른가? 노인 세대가 절대빈곤과 정치적·사회적 불안 속에서 태어나 경제 성장이 가시화되기 시작한 시절 청소년기를 보낸 반면에 오늘날 20·30대 젊은 세대는 경제적 번영기와 정치적·사회적 안정 속에서 태어나 경제 위기가 시작되던 시절 청소년기를 보냈다. 따라서 이들은 탈권위주의와 평등주의, 개인주의, 소비주의의 가치관을 다른 세대보다 깊이 체화하고 있다. 이들은 TV가 보편화된 사회에서 성장해 소비, 특히 문화 소비에 대한 욕구가 매우 큰 세대이며, 소비를 통해 자신의 정체성을 형성하고자 하는 세대이기도 하다. 70대 이상의 노인 세대가 젊은 세대를 향해 "너희가 전쟁을 알아, 굶어보기를 했어!"라고 자신이 살아온 고단한 삶을 강조해도 이것이 젊은 세대들이 듣기에 그저 나이든 노인의 공허한 외침으로 그치는 이유는, 젊은 세대는 정말 모르기 때문이다.

풍요와 자유 속에 성장해 '소비 문화'가 가장 중요한 세대이지만, IMF와 오늘날 취업난 등을 겪으며 현실적 어려움에 부닥친 젊은 세대에게는 노인 세대가 겪은 과거의 어려움보다 지금 당장 자신에게 닥친 현실과 미래가 암울하게 느껴질 뿐이다. 이들이 학교 또는 가정에서 받은 교육의 내용도 확연히 다르다. 노인 세대가 군부 정권하에서 획일적이고 강압적인 교육, 반공 교육과 군사 훈련 등을 받았던 것과는 대조적으로, 젊은 세대는 탈권위주의와 민주화가 자리 잡은 학교에서 교육을 받았고, 교련 폐지, 전교조의 등장, 교복 자율화 등 문화적인 소비 욕구와 동시에 개인주의적 가치가 확대되는 경험을 했다.

20·30대 88만원 세대가 지닌 가치관 중 탈권위주의와 평등주의는 노인 세대와 충돌할 가능성이 가장 높은 영역이라 할 수 있다. 그리고 보다 최근에 초·중·고등학교에서 강조하고 있는 교육의 내용을 볼 때 앞으로 노인 세대와 젊은 세대 간 갈등은 더욱 심화될 것으로 예상된다. 오늘날의 20·30대가 공동체보다는 개인의 성공과 성취를 중요한 것으로 배워왔던 것에서 한 걸음 더 나아가 최근에는 학생들의 인권 의식 강화를 위한 교육이 강조되고 있다. 실제로 주요 인터넷 서점 홈페이지에서 '인권'이라는 키워드로 관련 서적을 검색해보면 [그림 7-4]와 같은 어

[그림 7-4] 어린이 분야 인권 관련 서적

린이초등 분야 서적이 상당수 검색된다.

인권 교육에서 강조되는 것이 바로 '개인'과 '평등'이라는 점, 그리고 이처럼 개인과 평등이 강조되는 교육을 받고 자란 세대가 바로 지금의 88만원 세대라는 점을 고려하면, 앞서 지하철 노약자석 논쟁에서 젊은 세대들이 취한 태도를 이해할 수 있다. 이들 세대에게 노인은 나이를 통해 권위를 갖는 사람이 아니라 나와 동등한, 그러나 단지 나이가 많은 사람일 뿐인 것이다. 한국 사회의 세대 문제를 분석한 학술 논문들을 보면, 불과 10여 년 전까지만 해도 한국 사회에서 세대 간 갈등이 문제이기는 하지만 여전히 '장유유서'가 중요한 사회적 가치로서 세대 간에 전승되고 있다는 점을 지적한다(홍덕률, 2003). 그러나 그로부터 13년이 지난 현재 장유유서는 우리 사회에서 빛바랜 가치가 되었으며 바로 이러한 사회적 변화가 노인 세대를 대하는 젊은 세대의 태도에서 가시화되고 있다. 88만원 세대가 갖는 이 같은 가치관은 이들을 대상으로 한 인터뷰 내용을 통해서도 여실히 드러난다.

(질문자: 지하철에서 노인과 청년들 사이에 갈등이 많다고 하는데?)

기타 세대 사례8(23세, 남성): 여자애들한테 많이 그래요. 소리 지르고 그러는 거. 자기 자리에 앉은 것처럼 막 나오라고 하니까.

(질문자: 그런 거 보면 어떤 생각이 들어요?)

기타 세대 사례7(23세, 남성): 저 같은 경우는, 이게(자리를 양보하는 것) 권리가 아니라 양보잖아요. 근데 그걸(자리를 양보하는 것) 당연하게 받아들이는 거 자체가 별로인 것 같아요.

기타 세대 사례10(24세, 남성): 저도 그건 배려라고 생각해요.

88만원 세대 사례2(25세, 남성): 저도 몇 번 겪었는데 (요즘 젊은 사람들이) 노인이라고 하는 거 자체를 싫어하는 거 같아요.

기타 세대 사례7(23세, 남성): (노인을 싫어하는) 이유가 있잖아요. 20대 중에 교양 있는 사람과 없는 사람이 있는 것처럼 노인들도 그런 것 같아요.

(질문자: 전통적으로 내려오는 장유유서 같은 정서가 있잖아요, 연장자이기 때문에 우대받아야 한다는 생각에 대해서는 어떤 의견들이 있는지?)

기타 세대 사례10(24세, 남성): 전 반대예요.

기타 세대 사례7(23세, 남성): 저도 반대.

88만원 세대 사례2(25세, 남성): 저도요.

기타 세대 사례8(23세, 남성): 저도, 존중받을 사람한테만 해야 한다고 생각해요.

(질문자: 존경받을 만한 노인은 어떤 모습인가요?)

88만원 세대 사례2(25세, 남성): 딱 보면 있잖아요. 나이 곱게 먹었다 그런 거.

기타 세대 사례8(23세, 남성): 피해만 안 주면 존중할 수 있을 것 같아요.

기타 세대 사례7(23세, 남성): 그건 사람 대 사람이니까 존중하는 거고, 그니까 애초에 뭐랄까 존중받지 못해야 할 사람이 반대로 나이가 많다는 것만 가지고 권위를 휘두르는 사람만 욕해야 한다고 봐요.

이들의 응답을 통해 알 수 있는 사실은, 이제는 더 이상 단순히 개인이 다른 개인보다 연장자이기 때문에 권위를 인정받아야 한다는 분위기가 부정되고 있다는 사실이다. 탈권위와 평등, 합리화와 실력주의의 가치를 체화하고 있는 젊은 세대는 노인을 자신이 무조건적으로 따르고 존경해야 할 대상이 아니라 자신과 동등한 '개인'으로서 인지하고 있으며, 자신들이 동 세대를 평가하는 것과 동일한 기준으로 이들을 평가하고 그 평가에 따라 대우하려는 모습을 보이고 있다.

젊은 세대의 노인에 대한 혐오를 가중시키는 배경에는, 이들이 노인이라는 존재를 접할 수 있는 통로가 사실상 언론과 미디어뿐이라는 사실 역시 존재한다. 과거 3대가 모여 사는 확대가족 형태가 보편적이던 시절, 노인은 나와 함께 사는 '우리 할머니' '우리 할아버지'였다. 짧지 않은 시간을 함께 보내면서 이들이 어떤 사고방식을 가지고 있는지, 어떤 삶을 살아왔는지, 노인에게 어떤 신체적·정서적 변화가 일어나는지를 직접 보고 경험하며 익숙해지고 또 이해하는 과정이 자연스러웠다. 학교에서 노인을 공경해야 한다고 배웠을 때, 아이들은 배운 내용을 직접 자신의 할머니·할아버지에게 적용해 실행에 옮길 수 있었다. 그러나 부모와 자녀로만 구성된 핵가족 형태로 자란 지금의 젊은 세대에게 조부모는 그들과 함께 사는 존재가 아니라 명절날 가끔 만나는 존재가 되었으며, 그에 따라 노인과 함께하는 과정 없이 언론과 미디어를 통해서만 노인을 접하게 되었다.

그러나 언론과 미디어를 통해 보도된다는 것 자체가 '보도될 만큼의' 심각한 문제이거나, 자극적인 사항, 일반적이지 않은 사건과 사고들을 의미한다는 점에서 이를 통해 노인과 노인 문제를 접하는 젊은 세대들의 노인에 대한 인식은 단편적이거나 왜곡될 수밖에 없다. 조금만 들여다봐도 오늘날 미디어를 통해 보도되는 노인 관련 사항들은 대체로 지하철 노약자석에서 발생하는 노인 세대와 젊은 세대 간 갈등, 증가하는 노인 범죄, 노인 빈곤과 자살, 노인 세대의 정치적 입장 등과 관련된 것들이 대부분임을 알 수 있다. 따라서 모든 노인 세대가 그렇지 않음에도 불구하고 젊은 세대에게 각인되어 있는 노인의 모습은 무조건 1번을 찍는 보수 꼰대, 어버이연합, 지하철에서 소리를 지르는 비상식적인 사람, 그래서 도무지 말이 통하지 않는 나이든 사람일 뿐이다.

물론 기성세대와 젊은 세대 간 갈등은 이미 예부터 진행되어온 것으로 더 이상 새로운 것은 아니다. 오랜 과거부터 지금까지 기성세대와 젊은 세대 간 차이를 설명하려는 숱한 시도가 있어왔고, 또 그러한 차이를 기반으로 생성된 갈등을 어떻게 해소할 것인가 하는 것 역시 주요한 사회문제로 대두되었다는 점이 그러한 사실을 방증한다. 기성세대는 젊은 세대를 이해하지 못하고, 젊은 세대는 변화를 거부하고 안정을 추구하는 보수적인 기성세대를 비판했다. 다음에 인용한 10여 년 전의 기사는 우리 사회의 세대 간 갈등이 최근의 일이 아니라는 점을 보여주는 동시에 나이든 세대의 상황과 젊은 세대가 이들을 비판하는 이유를 알려준다.

> 세대로 갈리고 지역으로 갈려 '늙은 세대'는 일이 손에 잡히지 않고 마치 패잔병처럼 밀려나는 수모와 패배감에 어쩔 줄 몰라 하고, '젊은 세대'는 인터넷파워를 자랑하며 윗세대를 '변화를 모르는 수구', '현실과 타협해온 무사안일' 계층으로 몰아간다.
>
> (조선일보, 2003. 01. 11.; 홍덕률, 2003: 151에서 재인용)

현재도 세대 간 갈등은 계속되고 있다. 그러나 요즘 노인 세대를 대하는 젊은 세대의 태도는 과거 젊은 세대가 그들의 윗세대를 비판하던 것과는 그 성격이 다르다. 우선 노인을 향한 '비판'이 아니라 '혐오'라는 점에서 그 형태가 다르고, 그 이유 역시 단지 노인 세대가 보수적이라서, 혹은 변화를 수용하지 않아서가 아니라 '이들이 자신의 권리를 침해하기 때문', '이들이 기본적인 매너와 상식을 지키지 않기 때문'이라는 점에서 그 내용도 매우 다르다.

나아가 빈곤과 고독, 소외 등 이들 눈에 비친 현재 노인들이 처한 상황은 현재 젊은 세대가 처해 있는 취업의 어려움 등의 현실적인 문제와 결합해 노인에 대한 혐오뿐만 아니라 늙는다는 것에 대한 불안과 공포를 불러일으킨다. 20·30대 88만원 세대의 이러한 특징은, 한국 사회에서 오래 산다는 것, 그리고 늙는다는 것에 관한 응답을 통해 드러난다. '현재 한국 사회에서 오래 산다는 것은 부담스러운 일이다'라는 의견에 동의하는 정도를 묻는 문항에 대한 응답을 살펴보면 88만원 세대와 X세대가 각각 5점 만점에 3.61점, 3.65점으로 오래 산다는 것에 대한 부담을 느끼는 것으로 나타났다. 뿐만 아니라 그 부담의 정도는 세대를 구성하는 연령대가 낮아질수록 더욱 심화되는 경향을 보였다.

부담보다 더욱 강한 어조인 늙는다는 것에 대한 '두려움'을 묻는 질문에 대해서도 이와 비슷한 양상이 나타났다. 88만원 세대가 5점 만점에 3.53점으로 늙는 것에 대해 가장 두려워하는 것으로 나타났고, X세대가 3.46점으로 그 뒤를 이었다. 세대를 구성하는 연령대가 낮아질수록 늙는다는 것에 대한 두려움 정도가 높아지는 이러한 결과는, 현재 노인들이 처해 있는 빈곤 상태가 젊은 세대에게 막연한 두려움을 갖게 만드는 것으로 해석해볼 수 있다(〈표 7-9〉 참조).

〈표 7-9〉 세대별 장수 및 노화에 대한 의견

| 문항 / 세대 | 현재 한국 사회에서 오래 산다는 것은 부담스러운 일이다 | 나는 늙는 것이 두렵다 |
|---|---|---|
| **88만원 세대 (25~37세)** | **3.61** | **3.53** |
| X세대 (38~47세) | 3.65 | 3.46 |
| 베이비붐 세대 (48~67세) | 3.34 | 3.24 |
| 산업화 세대 (68세 이상) | 3.21 | 3.08 |

주: 각 문항은 5점 만점의 척도로 측정되었음.
* 전혀 동의하지 않는다(1점) ~ 매우 동의한다(5점).

특히 이들이 '문화'와 '소비'가 중요한 세대라는 점에서 '나이듦', '노화'가 당장 자신에게 당면한 일이 아님에도 불구하고 공포심을 갖게 만든다고도 볼 수 있다. X세대의 끝자락과 88만원 세대의 시작점에 위치한 사람들을 대상으로 한 인터뷰에서도 노년과 죽음에 대한 이들 젊은 세대의 걱정과 공포감이 묻어나온다.

(질문자: 우울할 수도 있는 이야기이기도 한데, 오래 살고 싶으세요?)

88만원 세대 사례10(37세, 남성): 저희 집에서 노후 얘기가 나왔을 때 모토는 '각자도생하자'였어요. 대학까지는 도와주겠지만… 그 이후에는 각자 도생하는 걸로. 엄마랑도 그 얘기를 하는데 오래 사는 게 제일 무서운 일인 거 같아요. 백세인생 이런 노래 나오는데 그런 게 제일 현실적인 문제인 것 같아요. 요즘 최근 몇 년 들어서 죽음에 대한 얘기가 많이 나오잖아요. 그런데 어떻게 죽는 게, 죽음을 준비하는 게 좋은지에 대한 그런… 지금처럼 불안정한 상황에서 앞으로도 미혼이게 되면 사회적으로 어떻게 연결을 가져야 하는지에 대한 두려움도 있고, 잘 죽기 위한 준비가 필요한데 아이디어가 추상적인 상태예요. 그런 롤모델 같은 게 있었으면 좋겠는데 그런 걸 발견을 못하니까 잘 모르겠어요.

88만원 세대 사례9(36세, 여성): 가보지 않은 길… 그런 거 같은 거예요. 저희 세대도 미혼으로 사시는 여성분들도 있지만, 싱글로 이렇게 긴 수명을 저성장 시대에 내 경제 생활과 균형 있게 하면서 어떻게 잘 살 수 있을지에 대한 모델이 궁금해요. 일본은 저성장 시대도 겪었고, 이혼한 여성들도 많이 있으니까 일본에서 이런 책이 나오면 보고 싶다는 생각을 하긴 했어요. 두렵고 막막해요. 엄마도 긴 수명을 살고 있겠지만, 엄마는 부부로 사는 거니까,

자식도 있고, 나랑은 케이스가 다른 거 같고 내가 결혼을 안 하면 미혼으로서 긴 삶을 어떻게 살아야 될지 궁금해요.

88만원 세대 사례7(36세, 여성): 저는 두 가지 걱정 때문에 두려워요. 건강, 그리고 경제적인 것. 건강은 특히 치매 때문에… 다른, 몸이 아프고 그런 건 동정을 받을 수 있고 그런데 치매 이런 건 본인도 그렇고 주변 사람들에게도 그렇게 좋은 게 아닌 것 같아서 멀쩡한 몸과 정신으로 살면 100세든 200세든 상관없지만 내 건강과 경제력이 어느 정도로 갈 수 있을까 가늠할 수 없어서 구체적으로 생각하길 피하고 막연한 두려움이 있는 거 같아요. 몇 살까지 살고 언제 죽고 싶다 이런 건 내가 인간답게 살다가 곱게 가고 싶다는 꿈? 부모님들도 아빠는 평균 연령 계산해서 내가 살 날이 이만큼 남았다 이런 식으로 말씀하시는데 80 정도로 보시는 거 같아요. 부모님 같은 경우 80 정도면 갈 때가 되지 않았나. 건강하게 살다 갈 수 있는 나이라고 생각하시는 것 같아요. 그 이상은 내가 내 마음대로 몸을 쓰지 못하고 추하다고 느끼시는 것 같아요.

X세대 사례3(40세, 남성): 주변 사람들이 죽는 걸 많이 보고 마지막까지 살아남아서 자식 세대가 죽는 것까지 보게 되는 건 좀 싫고 남들 죽을 때 죽었으면 좋겠어요. 평균 수명대 즈음. 두려움은, 가까운 케이스에 치매는 없지만 치매는 저의 자기결정권을 선택할 수 없잖아요. 시설에 들어갔을 때 물건 느낌? 가까운 자식이나 친한 친구들에게조차도 제가 제가 아닐 테니까… 건강을 관리하고 그런다고 안 걸리는 게 아니라 랜덤한 케이스인데 그런 거. 제가 걸리지 않더라도 나이가 들수록 주변에 병 이런 게 경제적인 부분으로 감당할 수 있는 선이 넘어갔을 때 어떨까 그런 생각을 해봤고 그 점이 두려움을 만드는 거 같아요.

88만원 세대 사례11(37세, 여성): 할머니가 90세가 넘어서 돌아가셨어요. 그러고 나서 <할머니의 먼 집>이라는 영화를 봤는데 그 할머니도 90세가 넘으셨더라고요. 그런데 주위에 친한 사람이 다 죽은 거예요. 자녀를 제외하고 소통할 사람이 없는 상황에서 얻는 괴로움, 외로움. 그런 게 두려운 게 있고요. 또 한 가지는 나이가 들었을 때 의지를 가지고 살아갈 어떤 것이 있을지… 연구를 하든 새로운 거를 배우든 그런 게 있지 않으면 삶의 의지를 갖기가 어렵겠구나 싶었어요. 독신자로서 맞이하는 죽음의 마지막 모습이 과연 어떨 수 있을까 싶기도 하고… 암이다 이런 걸 알고서 죽음을 맞이할 때 부인과 자식들이 마지막을 지켜주는 걸 꿈꾸는데, 혼자 있는 사람은 과연 옆에 누가 있어줄까 이런 부분이 걱정이 돼요.

노년과 죽음에 대해 이들이 공통적으로 염려하는 것은 외로움과 고독감, 그리고 질병으로 인한 경제적 부담, 특히 치매로 인해 유발될 수 있는 인간 존엄성의 문제와 연관된다. 이들은 모두 오래 산다는 것, 그리고 홀로 죽음을 맞이해야 할지도 모른다는 것에 대해 입을 모아 '두렵다'고 말한다. 이들의 응답에서 노년이 기대된다거나 두렵지 않다거나 하는 희망은 전혀 찾아볼 수 없다. 그리고 전술한 통계 결과와 더불어, 특히 88만원 세대와 X세대처럼, 아직 노년기와는 거리가 먼 젊은 세대가 이러한 생각을 하고 있다는 것은 이들이 그동안 점유해온 라이프스타일과 무관하지 않아 보인다. 응답자들 중 미혼인 응답자들은 이미 가정을 꾸린 부모 세대와 본인 세대의 노후는 다를 것이라 이야기하고 있었고, 자연스럽게 자신이 평생 독신으로 살 수도 있다는 가능성을 열어놓고 있었다.

그렇다면 이제 곧 노년기에 진입하는 베이비붐 세대는 어떨까? 그들의 부모 세대가 맞이한 노년의 삶을 가장 가까이에서 마주하고 있으며,

그렇기 때문에 '노인'이 된다는 사실을 피부로 체감할 수밖에 없는 이들의 경우는 어떠한지 살펴보자.

### 우리의 미래는 지금의 그들과 달라야 한다: 준비된 노년을 향한 예비 노인들의 몸부림

노년에 대한 두려움은 20·30대의 88만원 세대와 40대인 X세대뿐만 아니라 곧 노인이 되는 50대 이상의 예비 노년층인 베이비붐 세대에게 있어서도 마찬가지이다. 그러나 88만원 세대의 두려움이 상대적으로 다소 '막연한' 것이라면, 베이비붐 세대의 두려움은 보다 '구체적이고', '현실적이며', '가까운 미래와 관련된 것'이라 할 수 있다. 이들은 지금의 노인 세대를 가장 가까이에서 지켜보고 있는 세대이며, 실질적으로 빈곤한 노인 세대를 부양하고 있는 세대이기 때문이다. 뿐만 아니라 지금의 베이비붐 세대는 위로는 준비되지 않은 노년을 맞이해 빈곤과 질병 속에서 살고 있는 부모 세대를 부양해야 하고, 동시에 아래로는 취업난에 허덕이는 캥거루족 자녀들을 보살펴야 하는 처지에 놓여 있다.

위로는 산업화 세대, 아래로는 88만원 세대를 품고 있는 50대 이상의 베이비붐 세대는 부모 세대인 산업화 세대가 누리지 못했던 물질적 풍요를 처음으로 경험하고, 고도성장기에 청·장년기를 보내면서 타 세대에 비해 상대적으로 많은 재산을 축적해두었다. 그러나 그렇기 때문에 부모 세대와 자녀 세대를 모두 부양해야 하는 부양 이중고에 시달리는 아이러니를 겪고 있다. 시대적 상황으로 인해 경제적 황금기, 고속 성장기를 보냈으나 바로 그 점 때문에 누구보다 부양의 의무가 큰 세대가 지금의 베이비붐 세대인 것이다. 최근 88만원 세대의 청년 실업과 관련해, 일각에서는 마치 베이비붐 세대가 회사에서 나가지 않아 88만원 세대의 일자리가 없는 것처럼 몰아가고 있다. 그러나 이를 베이비붐 세대의 입장에서 바라보면, 자신들에게는 부양해야 하는 자녀 세대와 부모 세대가 있으며 동시에 자기 나름의 노후도 준비해야 하는 처지라 누구보다 돈이 필요한 세대이다. 그러나 이들은 대부분 은퇴를 앞두고 있으며 따라서 누구보다 노후 준비에 대한 관심이 큰 세대이다.

은퇴를 앞둔 50대 중반에서 60대 초반의 독자들을 겨냥한 노후 준비 관련 서적들이 매년 엄청나게 출간되고 있다는 사실이 '준비된 노후'에 대한 이들 세대의 염원을 보여준다. 2011년에 수행된 조사 결과 역시 베이비붐 세대가 준비된 혹은 계획된 노후를 꿈꾸고 있다는 점과 본인의 노후는 본인이 책임져야 한다는 책임 의식을 가지고 있다는 점, 그리고 낀 세대로서 아랫세대와 윗세대를 부양해야 한다는 부담으로 인해 실질

[그림 7-5] 예비 노년층의 노후 준비에 대한 관심을 보여주는 서적

〈표 7-10〉 세대별 노후 및 노후 준비에 대한 의견

| 세대 \ 문항 | 나는 노후에 따로 하고 싶은 일이 있다 | 노후 준비는 본인의 몫이다 | 나는 노후 준비를 하고 있다/했다 |
|---|---|---|---|
| 88만원 세대 (25~37세) | 3.37 | 3.47 | 2.65 |
| X세대 (38~47세) | 3.45 | 3.61 | 2.99 |
| **베이비붐 세대 (48~67세)** | **3.52** | **3.76** | **2.98** |
| 산업화 세대 (68세 이상) | 2.78 | 3.74 | 2.88 |

주: 각 문항은 5점 만점의 척도로 측정되었음.
* 전혀 동의하지 않는다(1점) ~ 매우 동의한다(5점).

적인 노후 준비에 있어서는 어려움을 겪고 있다는 점을 보여준다(〈표 7-10〉 참조).

조사 결과를 보면, '나는 노후에 따로 하고 싶은 일이 있다'는 의견에 대해 현재 노인 세대인 산업화 세대는 3점 이하로 응답해 별달리 노후에 하고 싶은 일이 없는 것으로 나타났다. 그러나 바로 아랫세대인 베이비붐 세대의 경우 3.52점으로 같은 질문에 가장 높은 응답률을 보였다. 이러한 수치는 이들의 아랫세대인 88만원 세대, X세대보다도 높은 수치라는 점에서 주목할 만하다. 또한 베이비붐 세대는 이처럼 원하는 노후를 보내기 위해 필요한 노후 준비가 자기 자신의 몫이라고 생각하는 경향도 강했다. 베이비붐 세대는 3.76점으로 노후 준비가 본인의 몫이라고 생각하는 점수가 가장 높았으며, 산업화 세대 역시 비슷한 경향을 보이고 있었지만, 88만원 세대의 경우 이러한 의견에 대한 동의 정도가 가장 낮게 나타났다. 그러나 실질적인 노후 대비에 관한 응답률을 살펴보면 모든 세대의 응답자가 3점 이하로 응답해 노후 준비를 제대로 하

지 못하는 것으로 나타났다. 특히 노후에 하고 싶은 일도 많고, 또 이에 대해 스스로 준비해야 한다고 느끼는 베이비붐 세대가 실질적인 노후 대비는 미흡하다고 평가했다. 아직 노후가 상대적으로 자신과는 먼 일이라고 생각해 준비가 미흡할 수 있는 88만원 세대를 제외하고 본다면, 노후에 대한 준비 의식이 상대적으로 강한 베이비붐 세대가 처한 현실은 앞서 언급한 대로 부모와 자녀에 대한 부양으로 인해 금전적인 지출이 큰 상황에서 비롯된 것이라 해석해볼 수 있다.

## 5. 산업화 세대를 세대 담론 속으로 다시 불러들이자

고령 사회로의 진입을 앞둔 한국 사회에서 노인 세대의 비중은 갈수록 커지고 있다. 그리고 의료 기술의 발전과 함께 평균 기대 수명이 연장되었지만, 이를 예상하지 못했던 노인들은 경제적인 어려움 외에도 자신들이 추구하던 가치와 규범의 상실을 경험했고, 젊음이 중심이 된 사회에서 소외 상태에 놓여 있다. 한국 사회를 밑바닥에서부터 성장시킨 원동력이 된 세대였음에도 불구하고, 급변한 사회에 미처 적응하지 못한 채 사회적 소외와 배제의 상태에 놓이게 된 것이다. 노인 세대가 체감하는 소외와 배제는 비단 생활 영역에서뿐만 아니라, 학문적·정책적 영역에서도 심화되고 있다. 한국의 가장 어려웠던 시절부터 현재까지 급격한 성장과 변동을 몸소 체험한 산업화 세대는 한국 사회를 설명함에 있어 중요한 위치를 차지함에도 불구하고, 현재 세대 담론에서는 주변부에 위치하고 있다.

88만원 세대, X세대, 그리고 베이비붐 세대 등에 대한 논의는 정치, 사회, 문화 등 다양한 측면에서 다루고 있지만 노년기에 머무르고 있는 산업화 세대에 대해서는 이들의 절대적 빈곤과 건강 문제에 대해 우려하는 목소리만 들릴 뿐 다른 다양한 각종 세대 담론에서 배제되는 모양새를 띠고 있다. 가령, 영화 〈죽어도 좋아〉(2002)를 통해 노인들의 성 생활이 소개되었을 때, 많은 수의 비非노인들은 '늙어서 추하다'며 사람으로서 당연히 가질 수밖에 없는 이들의 감정과 일상생활을 외면했다. 한편 또 다른 일각에서는 노인을 위한 상품은 개발하지 않는다는 이야기도 들린다. 노인을 위한 전자제품이나 노인용 스마트폰을 개발한다 하더라도 그것의 타깃 구매층으로 삼았던 지금의 노인 세대가 그때가 되면 죽고 없기 때문이라는 것이다. 이들의 빈곤이 문제이고, 사회적으로 또 경제적으로 소외되었다고 말하면서도 결국 '돈'이 되지 않는다는 이유로 배제당하는 이들 세대의 모습은 슬프기만 하다. 정말 얼마 후면 사라질 세대이기 때문에 우리는 그저 바라보고만 있어도 되는 걸까?

이들은 학문적으로나 정책적으로 더욱 신경 써야 하는 세대이다. 특히 젊은 세대와 노인 세대의 갈등이 심화되고 있는 현 시점에서 노인 세대에 대한 논의가 다양한 측면으로 활성화될 필요가 있다. 젊은 세대와 노인 세대는 서로 다른 사회적 상황과 분위기 속에서 다른 교육을 받고 상반된 가치관을 내면화하며 성장했다. 그렇기 때문에 노인 문제에 대한 담론의 부재는 세대 간 소통과 교류를 원활하지 못하게 할 뿐만 아니라 젊은 세대를 중심으로 노인 혐오를 넘어 늙는 것에 대한 두려움과 공포를 갖는 부정적인 형태를 나타내게 만들 수밖에 없는 것이다. 생애 주기상 우리 모두는 노년기를 맞이해야 하는 시점이 오며, 그렇기 때문에 노인 문제 또한 특정 세대만의 문제로 끝나지 않는다. 따라서 이제부터라도 현대 한국 사회의 노인 문제를 단순히 산업화 세대만의 문제로만 다루는 것이 아닌 우리 사회의 모든 세대가 갖는 문제로 바라보아야 한다. '빈곤'과 '건강' 등 협소한 측면에만 국한되는 것이 아닌, 보다 다양한 측면에 주목해 이들에 대한 이야기를 펼쳐나갈 때 노년기를 바라보는 현재 젊은 세대에게도 긍정적인 영향을 미칠 수 있을 것이다. 그렇게 될 때 산업화 세대를 다시 세대 담론으로 불러들이는 일은 우리 모든 세대를 위한 작업이 될 것이다.

# 부록

1. 연표 이야기:
한국의 세대를 탄생시킨 정치적 · 경제적 · 문화적 사건들

2. 한국의 세대 연표

# 부록 1

# 연표 이야기: 한국의 세대를 탄생시킨 정치적·경제적·문화적 사건들

한국의 세대 문제를 연구해온 학자들은 해방 이후 한국 근현대사에 등장했던 역사적 사건들을 토대로 세대의 경계를 설정했으며, 만하임(Mannheim, 1952)의 세대 구분 논의를 받아들여 청소년기의 경험을 특히 중요하게 고려했다. 공통적으로 한국전쟁이나 유신체제, 3저 호황 및 IMF 경제 위기, 그리고 컴퓨터와 인터넷의 발달로 인한 정보화 사회의 도래 등 정치적·경제적·사회문화적 사건들을 종합해 고려했다. 여기서는 〈부록 2〉에서 제시한 세대 연표를 바탕으로 시기를 크게 5개로 구분하고, 각 시기에 해당하는 주요 사건들을 정리해 독자의 이해를 돕고자 한다. 5개의 시기는 전후 절대빈곤과 급속한 경제 발전이라는 경제적인 문제가 가장 중요했던 시기인 1950년대, 정치적으로 암흑기였으나 경제 성장이 시작된 1960~1970년대, 민주화 운동과 같은 정치적인 쟁점이 대두되었던 1980년대, 세계화 속 대중문화의 팽창이라는 문화적인 면이 가장 크게 부각되었으나 동시에 세계적 경기 침체로 다시 경제적인 불황이 가장 큰 문제가 된 1990~2000년대, 각종 사건·사고가 발생하고 이로 인한 촛불 문화가 대두된 2010년대 이후의 시기로 구분했다. 각 시기는 다시 정치·경제, 사회·문화의 두 영역으로 나누고, 그중 중요하다고 판단되는 사건들을 선정해 제시했다. 특히 사회·문화 분야의 경우 그 영역을 폭넓게 다룰 수 있지만, 이 책이 주로 문화적 경험과 갈등을 다루고 있다는 취지를 살려 각 시기의 대중문화 부분에 초점을 두었다. 이러한 시기 구분이 1부에서 서술한 세대 구분과 완벽하게 일치하지는 않지만, 각 세대의 코호트적 기반을 제공하고 가치관 및 태도를 형성한 핵심 사건들이라는 점에서 각 세대의 특성에 대한 이해의 폭을 넓혀줄 뿐 아니라, 기성세대의 역사적인 경험과 성장 과정에 대해 잘 알지 못하는 젊은 세대에게도 이해의 토대를 제공할 수 있을 것이다.

### 1) 1950년대 이전: 전쟁과 절대빈곤의 시절을 보내다

〈표 A-1〉 1950년대 이전 주요 사건

| 년도 \ 영역 | 정치 · 경제 | 사회 · 문화 |
|---|---|---|
| 1945 | ■ 해방(08. 15.) | ■ 전쟁 및 전후 복구<br>■ 일본과 미국의 영향을 받은 대중문화(트로트 등) |
| 1948 | ■ 제1공화국 정부 수립(08. 15.) | |
| 1950 | ■ 한국전쟁 발발(06. 25.) | |
| 1953 | ■ 한국전쟁 종료(07. 27.) | |

## 정치 · 경제

1950년대 이전 한국을 설명할 수 있는 키워드로는 '전쟁'과 '절대빈곤'이 있을 것이다. 1945년 일제강점기에서 해방된 이후 한국은 1948년 정부가 수립되기 전까지 얄타회담1945년 2월에서 이루어진 비공식적 합의에 따라 북위 38도선을 경계로 북쪽은 소비에트 연방, 남쪽은 미국의 영향권으로 들어가게 되었다. 이후 남과 북은 각각 자유주의 진영과 공산주의 진영의 영향을 받았고 끊임없는 이념 대립을 지속했다. 당시 세계는 미국을 중심으로 한 자유주의 진영과 소련으로 대표되는 공산주의 진영으로 나뉘어 대립하는 냉전 상태였다. 각각의 진영은 자신들의 세력을 늘리기 위해 적극적으로 활동했고, 이로 인해 각각 미국과 소련의 영향을 받았던 남과 북의 이념 대립은 매우 심했다. 남한에서는 소위 말하는 '빨갱이'를 없앤다는 명목으로 제주 4·3 사건과 같은 비극적인 민간인 학살 사건이 발생하기도 했다.

이러한 이념 대립은 이후 1950년 6월 25일 남과 북의 전쟁으로 확산되었다. 전쟁으로 인해 한국은 남과 북으로 나뉘게 되었고, 1953년 휴전협정이 이뤄지기까지 국가 전반에 걸쳐 많은 피해를 입게 되었다. 통계에 의하면 한국전쟁으로 한국군은 62만 1,470명의 인명 피해전사, 부상, 실종·포로 포함를 입었고(양영조, 2005), 민간인의 경우 총 99만 968명의 인명 피해사망, 학살, 부상, 납치, 행방불명 포함를 입었으며(내무부 통계국, 1955), 1951년 3월 기준 총 651만 4,582명의 피난민이 발생했다(대한민국 국방부 정훈국 전사편집회, 1951). 전후 수많은 아이가 부모를 잃고 전쟁고아가 되었으며 1,000만 명 이상의 이산가족이 발생했다.

휴전 이후 정치적으로나 경제적으로나 최우선시되었던 과제는 전쟁으로 인한 피해를 복구하고 절대적인 빈곤 상태에서 탈출하는 것이었

[그림 A-1] 6·25 전쟁 피난민 행렬과 전쟁고아
출처: KBS World Radio 광복 70주년 대한민국 파노라마
(http://world.kbs.co.kr/special/kpanorama)

다. 완전한 종전이 이루어진 것이 아니었기 때문에 당시 사회는 매우 불안정했다. 언제 다시 전쟁이 벌어질지 모른다는 불안감, 모든 국가 기반 시설의 붕괴, 절대적인 빈곤 등으로 인해 이 시기 사람들은 삶의 질의 좋고 나쁨을 떠나 삶 자체를 유지하는 것이 목표였다. 또한 이념 대립으로 발생한 민간인 학살 사건이나 전쟁으로 인해 자신의 이념을 증명하는 것이 매우 중요했다. 공산주의 이념이나 북한과 관련된 사안은 아무리 사소한 일이어도 곧 죽음과 연결되었고, 이는 이 시대를 경험한 세대에게 깊게 각인되었다.

1950년대 민중의 구성에서 가장 높은 비율을 차지한 부분은 농민층으로, 1960년대로 접어들면서 그 수치가 살짝 줄어들긴 했으나 그 이후에도 절대다수를 차지하고 있었다. 이 당시 이승만 정권이 전쟁 수행과 전후 처리를 위해 시행한 정책은 민중의 대다수를 차지하는 농민들에게 큰 부담이 되었다. 이승만 정권은 임시 토지 수득세와 농지 개혁 시 분배된 농지의 상환 부담을 전부 현물로 징수하고 공정 가격으로 정부가 양곡 총 생산량의 3분의 1을 수매하는 방식을 사용했는데, 곡물의 시장 가격이 공정 가격보다 훨씬 높은 현실에서 농민들은 피해를 입을 수밖에 없었다. 또한 당시 농민층 가운데 70%가 빈농층이었고, 그들은 생계비의 부족분을 날품팔이에 의존하거나 머슴살이를 하면서 생계를 유지했다. 그래도 모자란 부분은 빚을 져야 했고, 봄만 되면 곡식이 바닥나서 초근목피에 의존해야 했다. 부농, 중농층 또한 빈농층의 값싼 노동력에 의존해 성장할 기회를 만나기도 했으나, 이들 역시 대부분 현물세제의 유지, 미국의 잉여농산물 도입으로 강제된 저곡가에 의해 고통받았고, 결국 1950년대를 거치면서 농업의 재생산 기반은 흔들리기 시작했다(한국역사연구회 현대사연구반, 1993: 170-171).

박재홍(1995, 1999)에 의해 수행된 연구에는 전쟁을 직접 경험한 세대라고 할 수 있는 당시 60대 이상의 사람들의 경제적 곤궁이 생생한 기록으로 남아 있다. 이 연구는 생애사 자료를 검토했는데, 이를 바탕으로 당시의 경제적 궁핍과 관련된 사항을 살펴보면 다음과 같다. 이 당시 사람들의 궁핍은 주로 인간의 생존에 필요한 것들의 부재와 직결되어 있었다. 응답자의 대부분이 죽으로 끼니를 때우는 경우가 다반사였고 심한 경우 초근목피로 연명한 경우가 많았다.

> 제 어릴 때는 국민학교 들어가기 전까지는 아침도 죽 먹고 하루 세끼 죽 먹을 때도 많이 있었고, 잘 먹는다고 그래도 거의 보리밥만 두 번 삶아가지고 밥을 해먹고…
>
> (베이비붐 세대, 박재흥 연구 사례5, 64세, 남성)

> 국민학교 쪼끔 다니다 보니께네 배가 고파 살도 몬하는 기고… (그래서) 칼 가는 숫돌을 두 개씩 갈아가지고 공짜배기 차를 타고 가서 파는 기라. 그

[그림 A-2] 한국전쟁 이후 빈곤한 생활상(Werner Bischof, Bob Pierce 촬영)
출처: 매그넘 포토스 홈페이지(http://pro.magnumphotos.com),
크리스천투데이(2010. 10. 11.)

렇게 다니다가 집에 들어오면 또 배가 고픈 기라. 그래서 집안(친척 집)에 가가지고 묵자고 그라믄 또 한 개씩 얻어먹고 요리 돌아다니는 기라.

(베이비붐 세대, 박재흥 연구 사례6, 66세, 남성)

아침에 눈 뜨며는… 허기진 배를 달래기가 참 힘들었고, 그래서 참 초근목피지. 산에 가서 소나무 껍데기를 쏵 벗겨가지고, 그 안에 또 보며는 하얀 송진 같은 게 껍질이 또 있어요. 그러면 낫으로 베껴서 씹어먹고… 봄이 되며는 밀을 망에다 갈아가지고, 망에다 간 그 자체를 껄끄러운 거 가지고 거기다 쑥을 삶아서 먹고, 소위 옛날에 우리는 그걸 대갈범벅이다 카고 먹었기 때문에. 그것도 하루에 한 끼 먹기도 힘들어. 그러니까 굶주리고 배고프고 지치고 말도 못하지.

(산업화 세대, 박재흥 연구 사례20, 79세, 남성)

이 밖에도 '식모살이를 10여 년 하고 돌아왔는데 시집가서 보리밥이라도 배불리 먹으라며 모친으로부터 혼인을 권유받은 사례(산업화 세대, 박재흥 연구 사례18, 73세, 여성), 본인의 먹는 문제도 해결하고 가사에도 보탬이 되고자 12세 어린 나이에 군대에 취업한 사례(산업화 세대, 박재홍 연구 사례20, 79세, 남성)'(박재홍, 1999) 등은 이 당시 사람들이 생존 자체가 목적이 되어야 할 정도로 절대적인 빈곤 상황에서 경제적으로 매우 궁핍한 삶을 살아야 했음을 보여준다.

### 사회 · 문화

1950년대 당시 한국의 문화는 일본과 미국의 영향을 받아 형성되었다. 일제강점기 시절에는 일본 엔카의 영향을 받은 트로트 장르가 생겨났다. 조국을 잃은 슬픔을 주 내용으로 한 트로트는 당시 한국인의 애환을 달래주는 역할을 했다. 한국전쟁 중에는 현인의 〈전우여 잘 자라〉, 신세영의 〈전선야곡〉과 같은 전쟁가요가 유행했으나 휴전 이후에는 전쟁의 아픔과 실향민의 비애를 그린 현인의 〈굳세어라 금순아〉, 남인수의 〈이별의 부산정거장〉과 같은 곡이 유행했다.

한국전쟁 이후 미군의 통제가 시작되면서부터는 미국식 대중문화가 한국 사회에 유입되기 시작해, 해방 이후에 시작된 미군정 시대부터는 미국이 방송을 장악했다. 이 시절 주한 미군이 조직한 미8군 무대는 한국 대중가요의 밑바탕이 되었다. '김 시스터즈', '박단마 쇼', '센츄리 쇼' 등으로 일컬어지는 미8군 무대, 또는 미8군 쇼는 주한 미군 및 군무원을 대상으로 한국 연예인들이 벌인 무대였다.

미군은 한국전쟁 참전을 시작으로 정전 협정 이후에도 해외 파병 군인 중 가장 많은 수의 병사를 한국에 주둔시켰다(강성현 외, 2016). 이에 따라 주둔 미군들의 공연 수요 또한 증가하게 되어 미8군 무대의 규모는 시간이 지날수록 점점 커지게 되었다. "미군 클럽서 '훈련받은' 대중음악"(한겨레, 2005. 07. 06.)이라는 기사에 의하면, 1950년대 후반 미군

[그림 A-3] 박단마 쇼와 센츄리 쇼

출처: 문화일보(2012. 12. 11.), 한겨레(2008. 03. 05).

무대가 한창 정점에 이르렀을 때 미군 클럽은 264곳에 이르렀고 한국 연예인들의 수익은 연간 120만 달러에 육박했다는 증언이 있었다고 할 정도라고 하니, 당시 사회상에 비해 그 규모가 막대했다는 것을 확인할 수 있다. 시간이 지남에 따라 미8군 쇼의 구성이 노래와 춤이 섞인 버라이어티 쇼의 형태가 되면서 1957년에는 미8군 쇼 무대에 한국 연예인을 송출하는 용역 업체화양, 유니버설, 삼진, 공영 등가 등장하기 시작했으며, 오늘날의 연예 기획사와 같은 이러한 용역 업체는 외화벌이에 기여한다며 상공부에 등록까지 되었다(한겨레, 2005. 07. 06., 강성현 외, 2016).

1958년 국내에서 첫 LP음반이 제작된 이래, 미8군 무대에서 경험을 쌓은 가수들이 음반을 내면서 1960년대 한국 대중음악은 산업의 규모로 성장하기 시작했다(벅스뮤직, 2015. 08. 11.). 미8군 무대에서 공연을 할 자격을 얻기 위해서는 주한 미공보원이 주관하는 공개 오디션을 거쳐야 했기 때문에(한겨레, 2005. 07. 06., 강성현 외, 2016), 미8군 쇼에 출연하는 연예인들은 실력과 대중성을 겸비한 스타급 음악인의 인력풀로 기능했고, 이후 이들은 미국 음악에 한국의 정서와 가락을 융합한 한국형 가요를 작곡함으로써 1960~1970년대 대중음악의 발전에 기여했다.

이 시기를 기점으로 한국 대중문화의 내용은 일본식에서 미국 중심의 서구식으로 변화했으며 주로 반공주의와 친미주의를 전파하는 수단으로 활용되었다(김수정·최슬기·최샛별, 2014). 강성현 등(2016)도 이러한 미8군 무대가 1960년대 중반 베트남 전쟁과 함께 내리막길을 걸었고, 그에 따라 대중의 앞으로 나오게 된 연예인들은 각종 시국대회 및 반공대회 같은 곳에 동원되거나 진중가요, 건전가요를 짓고 부르는 등 국가의 수요에 부응했다고 설명한다.

## 2) 1960~1970년대: 정치적 암흑기, 경제 성장의 씨앗을 심다

〈표 A-2〉 1960~1970년대 주요 사건

| 년도 \ 영역 | 정치 · 경제 | 사회 · 문화 |
|---|---|---|
| 1960 | ■ 4 · 19 혁명 | – |
| 1961 | ■ 군사정변(05. 16.) | ■ KBS 개국 |
| 1962 | ■ 제1차 경제 개발 5개년 계획 | – |
| 1964 | ■ 6 · 3 사태(06. 03.)<br>■ 베트남 전쟁 파병 | – |
| 1966 | – | ■ 국내 최초 흑백 TV 생산 |
| 1970 | ■ 새마을 운동 시작(04. 22.)<br>■ 전태일 분신 · 사망(11. 13.) | ■ 경부고속도로 개통(07. 07.) |
| 1972 | ■ 10월 유신(10. 17.) | – |
| 1973 | ■ 강남 개발<br>■ 호남고속도로 개통(11. 14.) | – |
| 1974 | – | ■ 서울 지하철 1호선 개통(08. 15.) |
| 1977 | ■ 수출 100억 달러 달성(12. 22.) | – |
| 1979 | ■ 부마사태(05. 03.)<br>■ 박정희 대통령 피살(10. 26.) | – |

## 정치 · 경제

이 시기는 군부 정권의 장기 집권으로 인해 정치적으로는 매우 암울한 시기였으나 경제적으로는 국가 산업의 제반 시설을 마련하고 기틀을 다지는 등 한국 산업화의 토대가 마련된 시기였다. 1960년 발생한 4·19 혁명의 경우 이승만 정권의 부정선거에 반발한 학생들의 시위로부터 시작되었다. 3월 15일 마산의 학생들은 이승만 정권의 부정선거에 반발해 봉기를 일으켰다. 당시 경찰의 발포로 인해 많은 사상자가 발생했고, 실종되었던 고등학생 김주열 군의 시신이 해변에서 발견되고4월 11일 시위를 하고 집으로 돌아가던 고려대학교 학생들이 괴한에 의해 피습당하는 사건이 발생하자4월 18일 분노한 시민들은 경무대까지 진출해 시위를 벌였으며4월 19일, 이에 대해 비상계엄령이 선포되어 경무대에 의한 사망자 및 부상자가 속출하게 되었다(국가기록원 홈페이지: http://www.archives.go.kr/).

민주화를 열망했던 국민들의 바람과는 달리 5·16 군사정변을 통해 정권을 잡은 박정희 전 대통령은 1979년 피살되기 이전까지 장기 집권

[그림 A-4] 4 · 19 혁명 시위대와 『Life』에 실린 4 · 19 혁명 관련 기사

출처: KBS World Radio 광복 70주년 대한민국 파노라마
(http://world.kbs.co.kr/special/kpanorama)

16日새벽 軍「쿠데타」發生

軍事革命委員會를組織

東亞日報

首都서울을完全占領

行政·立法·司法府掌握

海兵一個旅團參加

尹大統領軟禁狀態

張總理避身?

今曉三時 軍서 無血「쿠데타」

軍事革命委設置, 戒嚴令宣布

京鄕新聞

大部分의 要人은 逮捕

六個項의 政策聲明發表

全國重要都市를 完全掌握

民生苦克服 反共强化

[그림 A-5] 5·16 군사정변 당시 기사

출처: 경향신문(1961. 05. 16.), 동아일보(1961. 05. 16.)

함으로써 1960~1970년대 한국 정치를 대변했다. 해당 시기에는 6·3 사태, 10월 유신, 부마사태 등 군부 정권에 반대하는 다양한 시위가 일어났으며, 그러한 시위에 대항하는 군부 정권의 폭력적인 진압이 반복해서 발생했다.

한편 경제적 측면에서 볼 때 1960~1970년대 박정희 정권은 강력한 국가 중심의 경제 발전을 이룩하고자 경제 개발 5개년 계획을 시행함으로써 한국 산업화의 토대를 마련했다. 1962년 시행된 제1차 경제 개발 5개년 계획에서는 '사회경제적 악순환의 시정과 자립 경제 기반 구축'을 기본 목표로 정유, 비료, 시멘트 등 기간 산업을 건설하고 전력, 철도, 항만, 통신 시설 등 사회간접자본을 확충했다. 또 제4차 계획 기간에는 '성장·능률·형평'을 기본 목표로 '자력 성장 구조 실현'이라는 기지를 내걸고 기술·고용 집약적 산업을 육성했다(대한민국역사박물관 홈페이지: http://www.much.go.kr/).

이와 함께 정권 주도하에 이루어진 새마을 운동, 경부고속도로 건설 등을 통해 한국은 전후 아무것도 없는 상황에서 유례없는 발전을 이룩했고, 1977년 수출 100억 달러를 달성했다. 1970년대에 이뤄진 새마을 운동은 38년의 역사 속에서 가장 성공적인 운동으로 알려져 있는데, 이는 '잘 살기'라는 이념하에 근면·자조·협동의 새마을 정신이 설정되었고 조직과 주체, 추진 원리 등이 형성되어 '농촌 근대화'라는 가시적인 성과를 거두었기 때문이다(국가기록원 홈페이지: http://www.archives.go.kr/). 가난으로부터 탈출을 희망했던 국민들의 요구와 조국의 근대화 의지가 결합되어 진행된 새마을 운동을 바탕으로 농촌의 많은 주택이 현대식으로 개량되었으며, 농촌 계몽 운동 또한 동시에 진행되었다.

물론 이러한 급격한 발전의 부작용도 만만치 않았다. 고도성장을 통해 이전에는 상상할 수 없을 정도로 급격한 발전이 이루어졌지만, '빠른 성장'을 목표로 하고 있었기 때문에 국가에 의해 선별된 몇몇의 산업에 집중적으로 자본이 투자되어 발전이 이뤄졌고, 이로 인해 농업과 공업 간, 도시와 농촌 간 격차가 커질 수밖에 없었다. 또한 당시 수출 산업의 경쟁력 확보에 주력하기 위해 실시된 수출 주도의 국가 경제 전략은 국내 노동자들의 저임금과 열악한 노동 환경으로 이어졌고, 그 결과 노동자 운동이 발생했으며, 1970년 당시 평화시장 봉제공장의 재봉사였던 22세의 전태일이 노동자의 권리를 주장하며 분신을 시도, 사망하는 사

[그림 A-6] 열악한 노동 환경에서 근무하는 여성들

출처: KBS World Radio 광복 70주년 대한민국 파노라마 (http://world.kbs.co.kr/special/kpanorama)

[그림 A-7] 6·3 항쟁과 그 이후 계엄령 관련 기사

출처: 동아일보(1964. 06. 04., 2013. 04. 26.)

건이 발생하기도 했다. 이 사건은 이후 이 시기 급속한 경제 성장의 어두운 면을 보여주는 주요 사건으로 기록되고 있다.

또한 산업화 및 근대화를 위해 자본이 필요했던 박정희 정부는 외국의 자본을 끌어들이는 데 집중했다. 이 일환으로 박정희 정부는 1965년 6월 22일, 이전부터 진행되지 못했던 일본 식민 지배의 법적 배상 및 보상과 관련한 협상을 서둘러 마무리 지었다. 당시 정부는 1962년부터 제1차 경제 개발 5개년 계획을 실행하고 있었지만 극심한 자금난에 시달리는 상황이었다. 따라서 일본과의 협상을 통해 받은 청구권 자금은 포항제철 건설과 경부고속도로 및 소양강 다목적댐 건설 등 국가 기간 산업과 사회 기반 시설 건설에 요긴하게 쓰였다(연합뉴스, 2015. 06. 15.). 하지만 협정이 이뤄지기 전 많은 국민이 일본과의 과거사가 마무리되지 않은 상황에서 이뤄지는 협정은 의미가 없다며 이를 반대하는 시위를 진행했다. 1962년 '김종필-오히라' 메모를 통해 배상금이 확정되고 박정희 정권이 서둘러 한일협정을 마무리 지으려 하자 시민들은 1964년 6월 3일 경무대 앞까지 진출, 한일협정에 반대하는 시위를 진행했다. 이에 박정희 대통령은 계엄령을 선포하고 시위대를 무력으로 진압했다.

외국의 자본을 끌어오는 또 다른 방안으로 박정희 정부는 당시 베트남과 전쟁을 하고 있었던 미국을 돕기 위해 베트남 파병을 결정했다. 이

[그림 A-8] 베트남 전쟁에 파병된 군인들
출처: 한겨레21(2010. 03. 10.), 중앙일보(2009. 06. 05)

결정으로 베트남에 다녀온 청년들은 32만 명에 달하며, 초기에는 강제로 징집·파병되었으나 이후에는 가난한 젊은이들이 돈을 벌고자 지원하는 경우도 많았다고 한다(한국일보, 2014. 09. 30.). 베트남 파병을 통해 미국은 차관을 더욱 증액해주었고, 이는 한국 기업들이 '재벌'로 도약하게 된 발판이 되었으며, 한국군은 미군의 기술과 무기를 바탕으로 현대화되었고 전쟁과 관련한 실전 경험을 쌓게 되었다(한겨레21, 2010. 03. 10.). 이는 결국 한국 군부의 힘을 더욱 강하게 만드는 결과를 가져왔고 베트남 전쟁에 참전해 공을 세운 장교들이 새로운 정치 실세로 부상하는 데 영향을 미치기도 했다. 그러나 전쟁을 통한 경제적인 발전의 이면에는 많은 한국 청년이 베트남 전쟁으로 목숨을 잃거나 부상을 당했으며, 고엽제로 인한 장기적인 후유증에 시달리는 고통을 받게 된 슬픈 역사가 자리 잡고 있다.

1968년 2월, 제2차 경제 개발 5개년 계획의 일환으로 착공한 경부고속도로는 1970년 7월 7일에 완공되었다. 경부고속도로의 개통은 한국의 양대 경제 권역인 한강 유역과 낙동강 유역을 1일 생활권으로 묶고 항만과 주요 도시를 연결함으로써 산업 발전에 결정적인 기여를 하는 한편,

고속도로 인근 지역의 소득을 향상시키고, 도로 건설 기술의 축적을 통해 해외 건설 시장으로의 진출의 발판을 마련했다는 평가를 받는다(최태희, 2000). 하지만 동시에 경부고속도로로 인해 국토가 불균형하게 발전했다는 의견과, 이를 당시 '빨리빨리', 혹은 '하면 된다'는 식의 결과지향적 철학의 산물로 보는 시각이 존재하며(한겨레21, 2010. 04. 13.), 빠른 시일 내에 완공하는 데 목적을 두고 있었기 때문에 공사의 완성도가 좋지 못했다는 평가 역시 존재한다(경향신문, 2016. 03. 05.).

이렇듯 이 시기는 정치적으로 매우 불안정하고 억압적인 시기였으나 급격한 경제 성장을 바탕으로 삶의 질이 확연히 나아진 시기이기도 했다. 박정희 정부하에서 이뤄진 이러한 급격한 경제적 발전은 1950년대 이전에 태어난 사람들로 하여금 박정희 정권에 전폭적인 지지를 보내게 했고 이들 스스로가 산업화의 일군으로 성장하도록 하는 데 영향을 미쳤다.

### 사회 · 문화

사회·문화적 측면에서 1960년대 중반은 대중문화의 시대가 시작된 시기라고 볼 수 있다. 이 시기의 문화 관련 기기의 생산 및 보급 확산, 방송, 영화, 가요 등 대중매체의 급격한 발달은 경제 발전으로 인한 국민들의 문화 욕구와 결합해 대중문화의 발전을 이끌었다(정진석 외, 2016). 1966년 금성에서 국내 최초의 흑백 TV를 생산했고, 라디오의 보급률도 급증했다. 또한 이 시기에 TV 방송국도 하나둘 개국하기 시작했다. 1961년 국영방송인 KBS를 시작으로 DTV1년 뒤 JBS와의 합병으로 TBC로 변화함, 1964년가, 1969년에는 MBC가 개국했다. 1970년대 말 TV 수상기 보급률은 급격히 높아졌으며 이 시기를 기점으로 어릴 때부터 TV를 보고 성장한 청소년의 수가 늘어났다(임종수, 2003). 또한 이 시기 박정희 정권이 추진한 '근대화 이데올로기'를 바탕으로 많은 농촌 인구가 도시로 이동하게 되었는데 이러한 현상 역시 대중문화 소비 계층 확대에 영향을 미쳤다.

1950년대 미8군 쇼를 중심으로 발전해 대중과 유리되어 있던 대중음악의 경우 1960년대로 접어들면서 큰 전환기를 맞았다. 음반 형식이 SP에서 LP로 변화했고 TV 및 상업 방송의 등장을 바탕으로 대중음악의 방송 유통망이 대폭 확대되었으며, 미국 대중음악의 영향을 직접 받은 '팝' 스타일이 새로운 주류 장르로 부상·정착했다(이준희, 2015: 78). 또한 1970년대에는 연령에 따른 대중음악의 취향 분화가 확실해지면서 10대 청소년을 대상으로 한 대중음악 프로그램이 본격적으로 등장하기 시작했다(김형찬, 2004). 1977년부터 시작된 'MBC 대학가요제'와 1978년부터 시작된 'TBC 해변가요제'는 당시 청소년들로 하여금 대학생 그룹사운드의 붐을 일으켰고(박용규, 2007) 이는 1980년대 대중음악에 영향을 미쳤다.

1960년대는 한국 영화가 크게 발전한 시기이기도 했다. 1964년에는

[그림 A-9] 1세대 여배우 트로이카(문희, 남정임, 윤정희)
출처: 스포츠경향(2012. 03. 26.)

한해 총 147편에 달할 정도로 많은 영화가 제작되었고 동시에 해외 영화제에서 수상하는 등1961년 강대진 감독은 〈마부〉로 제11회 베를린 영화제에서 은곰상 수상 이 시기는 한국 영화의 양적 팽창과 질적 성장이 이뤄진 시기였다고 볼 수 있다(데일리한국, 2015. 05. 30.). 문예영화〈사랑방손님과 어머니〉(1961), 〈갯마을〉(1965) 등와 청춘영화〈맨발의 청춘〉(1964)가 큰 인기를 끌었고 이 시기부터 문희, 남정임, 윤정희를 시초로 한 '여배우 트로이카 시대'가 개막되었다(데일리한국, 2015. 05. 30.).

그러나 내용적인 측면에서 볼 때 이 시기 대중문화의 발전은 미진했다. 대중문화 소비가 급속히 확대되었으나 동시에 다양한 윤리위원회가 설치되면서 문화에 대한 사전 검열이 확대되고 심화되었기 때문이다. 1960년대부터 대중문화의 시기가 시작되었으나, 이후 1970년대 말 유신 시대가 개막하면서 대중문화 생산물뿐만 아니라 생활 전반에 걸친 검열이 시작되었다. 많은 음악은 '금지곡'이 되어 방영될 수 없었고, 퇴폐·문란 등 소위 '반사회적·반민족적' 콘텐츠를 담고 있는 영화, 방송 프로그램, 기사, 대학 강의 등에 대한 검열로 인해 대중문화가 위축되었다(경향신문, 2013. 11. 15.).

또한 이 시기부터 젊은이들 사이에서는 해외로 진출해야 한다는 생각이 확산되기 시작했다. 1960~1980년대는 정부와 민간인이 해외를 개척해 국부國富를 창출하기 위해 혼신을 다하던 시기로, 이 기간에 중요 신문은 김찬삼의 세계 무전 여행기를 연재해 독자들의 흥미를 끌었다. 이 여행기는 세계를 무대로 활약하는 대한민국 정부, 외교가, 해외 파병 군인, 기업인, 학자와 유학생, 체육인 등의 필독서로 기능했다(정진석 외, 2016: 32).

## 3) 1980년대: 급속한 경제 성장 속 민주주의가 태동하다

〈표 A-3〉 1980년대 주요 사건

| 년도 \ 영역 | 정치 · 경제 | 사회 · 문화 |
|---|---|---|
| 1980 | ▪ 광주 민주화 운동(05. 18.) | ▪ KBS 컬러 TV 첫 방영(12. 01.) |
| 1982 | – | ▪ 통행 금지 해제(01. 05.)<br>▪ 프로야구 출범(12. 11.)<br>▪ 국내 인터넷 시작 |
| 1984 | – | ▪ 서울 지하철 2호선 개통(05. 22.) |
| 1985 | ▪ 남북 이산가족 방문단 상호 교류(09. 20.) | – |
| 1986 | ▪ 3저 호황(~1988)으로<br>▪ 급격한 경제 성장 이룩 | ▪ 서울 아시안게임 개최 (09. 20.~10. 05.) |
| 1987 | ▪ 6월 민주항쟁<br>▪ 6 · 29 선언<br>▪ 7,8월 노동자 대투쟁<br>▪ 대통령 직선제 헌법 개정 | – |
| 1988 | – | ▪ 88 서울 올림픽 개최 (09. 17.~10. 02.) |

### 정치 · 경제

1980년대는 1960년대부터 국가 주도로 추진되어온 경제 개발 정책의 성과가 가시화되면서 경제적으로 고도성장한 시기이다. 동시에 급속한 경제 성장 속에서 그동안 억눌려 있었던 사람들의 민주주의에 대한 염원과 열망이 터져 나온 시기이기도 하다. 이 시기의 민주주의 운동은 1960년대부터 1970년대까지의 운동과는 매우 다른 성격과 의의를 가진다. 이전의 민주주의 운동의 경우 운동의 주요 세력인 대학생의 수가 많지 않았기 때문에 군부 정권을 압도할 만한 대규모의 운동으로 확대되지 못했다. 뿐만 아니라 대부분의 학생운동이 광장에서 진행되지 않고

[그림 A-10] 1980년 5·18 광주 민주화 운동

출처: 월요신문MDN(2015. 05. 21.), 미디어오늘(2011. 05. 25.)

지하에서 진행되었기 때문에 운동의 규모가 커지고 확산되는 데 장애가 있었다. 이와는 다르게 1980년대에는 군인을 전후 복구를 도와준 고마운 존재가 아닌 정치적 탄압의 주체로 기억하는 1960년대생들이 대학생이 되어 민주화 운동에 적극 참여함으로써 민주주의 운동을 대규모로 확장시켰다.

이러한 상황을 토대로 진행된 민주화 운동은 실패로 끝났던 과거와 달리 이 시기에 커다란 성공을 거두었다. 과거 1960년대와 1970년대에 벌어진 6·3 사태, 10월 유신, 부마사태 등의 정치적 사건들은 모두 군부 정권의 탄압으로 실패한 반면, 5·18 광주 민주화 운동과 6월 민주항쟁, 6·29 선언, 그리고 대통령 직선제 헌법 개정 등 1980년대의 주요 정치적 사건들은 군부 정권에 대항하는 민주화 운동 세력이 승리했다. 특히 5·18 광주 민주화 운동은 이후의 민주화 운동의 기폭제가 되었으며 대한민국 민주주의 발전에 큰 기여를 했다고 할 수 있다. 박정희 대통령의 피살로 정국이 혼란한 틈을 타 전두환을 주축으로 한 신군부는 1979년 12월 12일 군사반란을 통해 권력을 장악했다. 박정희 정권이 끝난 이후 민주주의가 도래하길 바랐던 국민들은 전두환 정권이라는 또 다른 군부 정권이 집권하자 '서울의 봄'으로 상징되는 거센 민주적 열망을 표출하기 시작했다. 1980년 3월부터 5월 초까지 전국의 대학생이 군부 정권에 반대하며 시위에 나섰다. 전두환 정권은 민중의 뜨거운 열망을 잠재우기 위해 전국에 계엄령을 선포했으며 광주를 표적으로 삼아 민주화 운동 세력을 제거하고 나섰다. 계엄령 철폐를 주장하는 광주와 전라도 지역의 대학생들과 강경 진압으로 대응한 진압군 사이에 총격전까지 벌어졌고, 그 결과 많은 학생과 시민이 목숨을 잃었다.

결국 전두환 군부 세력에 의해 광주 민주화 운동은 진압당했지만, 이는 1980년대 전반에 걸쳐서 민주화 운동 세력의 동력이 되었고, '제5공화국'을 청산하는 데 국민적인 합의를 이끌어내는 근거가 됨으로써 부도덕한 정권 청산의 첫 선례로 남게 되었다(5·18민주화운동기록관 홈페이지: http://www.518archives.go.kr). 1987년 대통령 직선제를 요구하는 시위에도 여전히 정부는 강경한 태도로 민주주의에 대한 국민의 요구를 무시했으며, 그 과정에서 박종철 고문치사 사건과 이한열 최루탄 피격 사건은 국민들의 분노를 임계점에 다다르게 했다. 1987년 6월 10일부터 20일가량 시위가 지속되었으며, 이에 따라 당시의 대선 주자였던 노

[그림 A-11] 1987년 6월 민주항쟁

출처: 6·10민주항쟁(http://www.610.or.kr/610/about)

[그림 A-12] KBS 〈누가 이 사람을 모르시나요〉(1983)와 1985년 이산가족 방문단
출처: 동아일보(1983. 07. 04.), e영상역사관(1985. 09. 23.)

태우 후보는 직선제 요구를 수용해 6·29 선언을 했다. 6월 항쟁은 민중이 스스로 정치 투쟁의 주체로 등장해, 적극적인 저항으로 절차적 민주주의를 태동시킨 중요한 역사적 사건이 되었다. 민주적 투쟁 속에서 우리나라는 민주국가로서의 초석을 마련할 수 있었다(김용철, 2015; 오픈아카이브 홈페이지: http://db.kdemocracy.or.kr/main).

민주화를 위한 투쟁이 지속되는 한편, 1985년 9월 20일 남북한은 최초로 이산가족 간 공식적인 첫 상봉의 결실을 맺었다. 1972년 8월부터 이듬해 7월까지 대한적십자사의 제안으로 '1천만 이산가족 찾기 운동'을 위한 남북 적십자사 회담이 개최되었다. 하지만 이 회담은 별다른 소득 없이 의견 차이로 인해 10여 년 동안 잠정적으로 중단되었다. 그러던 중 1983년 여름 〈누가 이 사람을 모르시나요〉를 메인타이틀로 KBS에서 이산가족 찾기 생방송을 기획했다. 이 프로그램은 원래 6·25 특집으로 기획되었으나 예상 외로 밀려드는 문의와 신청으로 석 달간 마라톤 생중계를 했다. 이때 접수된 건수는 10만 952건, 이 중 5만 3,536건이 방송되어 1만 189가족이 눈물의 해후를 했다(민중의소리, 2005. 11. 04.). 이후 1984년 여름 남한에서 발생한 수해 피해에 대해 북한이 구호물자 지원을 제의하면서 남북 간 대화의 분위기가 조성되었고, 1985년 말에 이르기까지 5차에 걸친 남북 경제 회담이 이루어졌다. 여기에서는 남북 간의 물자 교류, 경제 협력, 경제 협력 공동 위원회의 설치 등이 논의되었다. 뿐만 아니라 그동안 잠정적으로 중단되었던 적십자 회담도 재개되어 제10차 회담까지 서울과 평양을 오가며 개최되었다. 이러한 상호 교류의 분위기 속에서 1985년 5월 '남북 이산가족 고향 방문 및 예술 공연단 상호 교환'이 성사되었다(국가기록원 홈페이지: http://www.archives.go.kr/). 그해 9월 20일 남한의 이산가족 35명과 북한의 이산가족 30명은 '분단 40년 장벽'을 뚫고 이산가족 간 처음으로 공식적인 상봉의 결실을 맺게 되었다. 남북 분단 사상 최초의 직접적이고 공식적인 쌍방 교류였다(박찬봉, 1991).

당시의 경제적 상황을 살펴보면, 1980년대 초 제2차 석유 파동의 여파와 10·26 사태는 정치적인 불안정뿐 아니라 경제적인 위기를 증대시켰지만, 1980년대 중반부터 한국 경제는 안정적인 성장기로 들어서게 되었다(정해구, 2011: 216). 과거 산업화 세대가 다져놓은 경제적 토대를 기반으로 한국 사회는 유례없는 경제적 호황을 누렸다. 부모 세대가 마련해놓은 기틀 위에서 1950년대에 출생한 베이비붐 세대는 자신들의 성실한 노동을 더해 한국을 '한강의 기적'을 이룬 국가로 이끌었다. 한창 경제 생활을 하던 당시 20·30대의 노동자들은 1970~1980년대에 불었던 중동국가 건설 붐에 따라 사우디아라비아 등의 국가에 현장 파견 근무를 가기도 했다. 그리고 이들이 벌어들인 외화는 한국의 내수시장이 강화·확대되는 데 막대한 영향을 미쳤다.

전두환 정권은 국내 산업을 보호하던 기존 정책의 방향을 틀어 수입을 개방하고 경쟁을 촉진하는 대외 경제 정책을 펼쳤다. 중간재 자원은 없지만 양질의 저임금 노동력이 상대적으로 풍부했던 상황에서 우리나

〈표 A-4〉 1980년대 한국 경제의 주요 지표

| 지표 / 연도 | 국민 총생산 (억 달러) | 1인당 국민소득 (달러) | 경제 성장률(%) | 소비자 물가지수 (1995=100) | 수출 (억 달러) | 수입 (억 달러) |
|---|---|---|---|---|---|---|
| 1980 | 622 | 1,598 | −1.5 | 40.4 | 175 | 223 |
| 1981 | 696 | 1,749 | 6.2 | 49.0 | 213 | 261 |
| 1982 | 744 | 1,847 | 7.3 | 52.5 | 219 | 243 |
| 1983 | 823 | 2,020 | 10.8 | 54.3 | 244 | 262 |
| 1984 | 906 | 2,190 | 8.1 | 55.5 | 292 | 306 |
| 1985 | 934 | 2,229 | 6.8 | 56.8 | 303 | 311 |
| 1986 | 1,076 | 2,550 | 10.6 | 58.4 | 347 | 316 |
| 1987 | 1,352 | 3,201 | 11.1 | 60.2 | 473 | 410 |
| 1988 | 1,808 | 4,268 | 10.6 | 64.5 | 607 | 518 |
| 1989 | 2,207 | 5,185 | 6.7 | 68.2 | 624 | 615 |

출처: 석혜원(2008); 정해구(2011)에서 재인용.

라는 경제 성장의 엔진으로서 수출 지향 공업화를 선택했다. 한편 시행착오를 최소화하기 위해 산업화에 성공한 국가들의 경험을 모방하는 전략을 펼쳤고, 그에 따라 수출은 3.7배로 증가했다(핫토리 타미오, 2006; 동아일보, 2013. 03. 11.). 이 시기에는 무역 흑자는 192억 달러, 경상수지는 340억 달러에 이를 만큼 경제가 성장했고, 국민들의 자긍심도 높아졌다. 그 결과 1970년 255달러에 불과했던 우리나라 1인당 국민소득은 15년 후인 1985년에는 이보다 약 10배 이상 많은 2,229달러로 크게 증가했다(통계청, 2001).

1986년부터 1988년까지 3년에 걸친 '3저 호황저유가, 저금리, 저달러' 역시 석유 파동으로 주춤했던 한국 경제가 위기를 딛고 높은 성장률을 달성하게 했다. 먼저 1980년 석유값이 배럴당 40달러로 하락한 것을 시작으로 1986년에 들어서는 15달러 수준으로 떨어지면서 국내 물가가 안정되기 시작했다. 뿐만 아니라 달러가 평가절하되고 국제 금리가 하락하면서 한국의 수출이 증가하고 국제수지가 흑자로 전환되었으며 외채가 축소되는 등 전례 없는 경제 호황을 위한 최적의 조건이 마련되었다. 이 시기에는 '단군 이래 최고의 경제 호황'이라는 말이 회자되기도 할 정도로 한국 경제가 높은 성장률을 보였고, 국민의 절대적 삶의 질 역시 상승하게 되었다.

1980년대 경제 호황과 더불어 한국 사회에는 주식과 부동산 투기 열풍이 불었다. 1987년 9.4%였던 아파트 가격 상승률은 1988년에 20%를 넘어 1990년에 이르러서는 32.2%에 달했다. 1980년대 초 100포인트 대였던 종합 주가 지수는 1980년대 말에 무려 1,000포인트에 육박했으며, 국내 주식 시장 시가 총액도 100조 원에 가까워졌다. 부동산과 주식이 급등한 배경에는 경상수지의 흑자 전환과 1988년 서울 올림픽 개최 등에 따라 자금의 시중 유동성이 풍부해진 상태에서 조성된 투기 열풍이 있었다. 이러한 분위기 속에서 한국 사회의 국민 60%는 스스로를 중산

국민60%이상 "나는 中産層"

승용차 保有 49명에 1臺·都市家口 월소득 農村앞서

근로자 週52시간 일해-제조업 하루9시간, 世界最長

人口증가 1%이하유지-국민 평균연령은 28.7세로

死亡원인 癌이 16.7%로 87년에 3萬2千여명 숨져

[그림 A-13] 서울의 대표적인 '중산층 타운'이 된 목동 아파트 단지와 중산층 신화

출처: 조선일보(2009. 05. 06.), 동아일보(1989. 01. 23.)

층이라고 여기는 '중산층 신화'가 만들어졌다(정해구, 2011: 218-219).

### 사회 · 문화

이 시기 정권을 잡고 있었던 전두환 정권은 대대적인 문화 정책을 통해 군부 체제를 정당화하고 국민을 통합시키려는 목적을 갖고 있었다. 이 시기 정부는 대규모 문화 및 스포츠 행사의 개최와 유치를 통해 특정 형태의 문화 콘텐츠를 육성했다. '3SSports, Sex, Screen 정책'하에 정부는 군부 정권에 대한 사람들의 관심과 불만을 스포츠와 성 풍속, 그리고 영상 문화로 돌려놓고 해소시키고자 했다.

특히 전두환 정권은 '스포츠 공화국'이라고 불릴 정도로 스포츠를 적극적으로 장려했다(정해구, 2011). 1982년 프로야구의 출범과 1986년 개최된 서울 아시안게임, 그리고 뒤이어 1988년에 개최된 서울 올림픽까지 유독 스포츠와 관련된 행사가 많았던 것도 이러한 맥락에서 진행된 일이었다. 재벌 그룹들을 중심으로 팀 창단을 적극 종용한 결과, 인천의 삼미 슈퍼스타즈, 대구의 삼성 라이온즈, 서울의 MBC 청룡, 부산의 롯데 자이언츠, 광주의 해태 타이거즈, 대전의 OB 베어스, 총 6개의 구단이 탄생했다. 1982년 3월 27일 첫 출범 경기가 서울 운동장에서 개최된 이래로 프로야구는 정부의 지원과 TV 중계 시간 확대를 통해 대중 스포츠로 발전했다. 이뿐만 아니라 1983년에 연이어 프로축구, 프로씨름, 농구 대잔치가 출범했다.

박정희 정권 말기부터 시작해 전두환 정권에 들어서 본격적으로 유치된 1988년 서울 올림픽은 '우리나라의 경제력과 국제적 역량을 과시하고 공산권 국가 및 비동맹 국가와 국교를 수교하는 데 유리한 입지를 확보'하기 위해 적극적으로 추진되었다. 서울 올림픽 대회 유치뿐만 아니

[그림 A-14] 1982년 출범한 6개 프로야구단

[그림 A-15] 프로야구 출범 경기에서 시구 중인 전두환 전 대통령
출처: 일요신문(2015. 03. 30.)

라 1986년 제10회 아시안게임 유치까지 성공한 전두환 정권은 세계 곳곳에 한국의 발전상을 알리고 이미지를 제고하는 데 기여했다.

뿐만 아니라 이 시기는 3S 정책과 맞물려 대중문화가 본격적으로 꽃을 피우기 시작한 시기였다. 1980년대가 시작되던 해, KBS에서 처음으로 컬러 방송을 시작하며 본격적인 영상 미디어의 시대를 열었다. 일반 국민들의 경제력 상승과 그로 인한 소비 지출의 증가로 컬러 TV의 보급이 확산되었고, 1980년대 중반 무렵에는 전국 가구의 절반 이상이 컬러 TV를 보유하게 되었다. 이는 거대 기업의 자금이 방송가로 유입되며 이후

[그림 A-16] 1988년 서울 올림픽

1980년대 대중가요계가 부흥기를 맞이하게 된 배경이 되었다. 1977년에 시작된 MBC 대학가요제는 1980년대에 폭발적인 인기를 누렸으며, 이후 많은 대학생 출신 가수를 배출했다. 뿐만 아니라 이 시기에는 김수철, 조용필, 산울림, 송골매 등과 같은 록 가수들이 대거 등장해 큰 인기를 누렸다. 또한 이용, 이선희, 이문세 등을 중심으로 한 팝 발라드 장르

[그림 A-17] 대한민국 최초 컬러 TV와 MBC 대학가요제

도 발전했고, 나미, 김완선, 박남정과 같은 비디오형 댄스 가수들도 등장했다.

이 시기에는 야간 통행 금지 해제, 교복 자율화, 해외여행 자유화와 같은 새로운 변화들이 생겨났다. 야간 통행 금지는 자정부터 이튿날 새벽 4시까지 통행을 금지했던 제도로 1945년부터 치안 및 질서 유지를 목적으로 시작된 이래 37년간 유지되다가 1982년에 폐지되었다. 이러한 흐름은 전두환 정권이 정통성 결여를 보완하기 위해 유화 정책을 펼치면서 생겨난 변화였다. 통금이 있던 시절에는 밤 11시만 되면 귀가를 서두르는 인파로 대중교통이 북새통을 이루었고, 자정이 되면 사이렌이 울리면서 거리 곳곳에 철제 바리케이드가 설치되고 2인 1조의 야경꾼들이 외치는 "통금!" 소리가 골목골목에 울렸다.

1989년 1월 1일을 기점으로 우리나라 국민은 누구든지 해외여행을 갈 수 있게 되었다. 이전에는 해외에 나가기 위해서 필요한 여권 발급에 연령 제한이 있었고 공무, 출장, 유학 등의 목적이 분명해야 했다. 그러나 이 시기를 기점으로 기존의 여권 발급 제한이 사라졌다. 그 결과 이 시기 신혼부부들은 신혼여행을 해외로 떠나고, 대학생들은 '유럽 배낭여행 1세대'가 되었다(중앙일보, 2014. 01. 03.).

## 4) 1990~2000년대:
## 세계화 속 정보화 및 문화의 시대가 도래하다

〈표 A-5〉 1990~2000년대 주요 사건

| 년도 \ 영역 | 정치 · 경제 | 사회 · 문화 |
|---|---|---|
| 1990 | – | ■ 국내 최초 인터넷을 통한 국제 접속 성공(03. 24.)<br>■ 윈도우 3.0 발매(05. 22.) |
| 1991 | – | ■ UN 가입(09. 17.) |
| 1992 | ■ 한 · 중 국교 수립(08. 24.) | – |
| 1993 | ■ 김영삼 대통령 취임(02. 25.)<br>■ 금융 실명제 도입(08. 12.) | – |
| 1994 | ■ 김일성 사망(07. 08.) | – |
| 1995 | ■ 전두환 · 노태우 전 대통령 구속 (11. 16., 12. 03.)<br>■ WTO 가입 | ■ 케이블 TV 첫 방송(03. 01.)<br>■ 하이텔 PC통신 시작 |
| 1996 | ■ OECD 가입(10. 11.) | – |
| 1997 | ■ IMF 금융 위기(11. 21.) | ■ 삐삐 이용자 1,500만 명 돌파<br>■ 한메일 서비스 시작<br>■ 초등학교 영어 교과목 추가 |
| 1998 | ■ 김대중 대통령 취임(02. 25.) | ■ 일본 대중문화 개방(10. 08.)<br>■ 〈스타크래프트1〉 발매 |
| 1999 | – | – |
| 2000 | ■ 제1차 남북 정상회담 | – |
| 2001 | ■ IMF 지원 자금 상환(08. 23.) | – |
| 2002 | ■ 제2 연평해전(06. 29.) | ■ 한일 월드컵 4강 진출<br>■ 주한 미군 장갑차에 의한 여중생 사망 사건(06. 13.) |
| 2003 | ■ 노무현 대통령 취임(02. 25.)<br>■ 카드 대란 | ■ 대구 지하철 참사 |
| 2008 | ■ 미국발 금융 위기 발생 | ■ 국내 아이폰 도입(11. 22.) |

## 정치 · 경제

1990~2000년대는 한국인의 삶과 가치관이 가장 크게 변화한 시기이다. 1980년대 민주화 운동의 성공을 통해 군부 정권이 막을 내린 것을 계기로, 1990년대에 들어선 한국 사회는 드디어 정치적, 그리고 경제적 안정을 동시에 누리게 되었다. 이 시기에 정치적으로 가장 중요했던 사건은 1993년 2월 김영삼 대통령이 취임하면서 문민정부가 탄생한 것이라 할 수 있다. 김영삼 대통령은 우리나라의 역사를 바로 세우기 위한 목적으로 5·18 특별법을 제정해 1995년 11월과 12월에 각각 노태우 전 대통령과 전두환 전 대통령을 구속했다.

1997년 4월 17일 대법원의 확정 판결로 전두환 전 대통령은 무기징역과 2,205억 원의 추징금이 선고되었고 노태우 전 대통령은 징역 17년에 2,628억 원의 추징금이 선고되었다. 8개월 뒤인 1997년 12월 22일 김영삼 대통령이 15대 대선의 김대중 당선자와 합의해 국민 대화합을 명분으로 관련자를 모두 특별사면하긴 했지만, 최소한 외면적으로나마 과거 군부 정권에 대한 확실한 종지부를 찍었다고 할 수 있다.

전씨 전격 구속

소환불응따라 사전영장…합천서 오늘새벽 집행

안양교도소에 수감…반란수괴 등 6개 죄목 적용

검찰, 노씨 구치소방문 12·12조사

강경조처 시사

"검찰협조 않겠다" 정면도전

전씨 성명 "정치종결사건 재수사는 보복…YS도 '야합'책임" 주장

민자·민주, 전씨 발언 강력 비난

국민회의·자민련 "김대통령도 책임"

[그림 A-18] 김영삼 대통령 취임과 전두환 전 대통령 구속

출처: 조선일보(2017. 06. 16.), 한겨레(1995. 12. 03.)

[그림 A-19] 제1차 남북 정상회담

출처: 한국일보(2015. 06. 05.)

대한민국 헌정 역사상 최초로 여야 정권 교체를 이루며 출범한 김대중 정부는 일명 '햇볕정책'을 통해 남북 간 관계의 회복을 급격하게 진전시켰다. 남북 분단 이후 2000년 6월 13일부터 6월 15일까지 남북 최고 지도자들이 평양에서 만나 최초로 남북 정상회담을 진행, '6·15 남북공동선언'을 발표했다. 이는 '제2 연평해전' 등으로 인해 갈등이 심화되기 전까지 한반도의 평화적 화합의 분위기가 조성되도록 했으며, 김대중 대통령이 후일 한국인 최초로 노벨 평화상을 수상하는 데 영향을 미친 사건으로 평가된다.

경제적으로 문민정부에서는 금융 실명제를 통한 금융 개혁을 실시했으며, 수출 위주의 국가 경제 전략은 수입에 관한 것으로 변화했다. 금융 실명제는 1993년 비실명 거래를 금지함으로써 부정부패비자금, 범죄 수익 은닉 및 정경유착불법적 정치 자금 제공을 근절하고 분배 정의조세를 실현하기 위한 취지로 도입되었다. 한편으로는 불법 목적 차명 거래의 문제점으로부터 자유롭지 못하다는 한계도 여전히 지적되고 있지만 실명 거래

확립, 금융 거래 투명성 제고 등의 많은 성과를 낳았다(김자봉, 2016).

정치적 민주화가 안정권에 접어든 이후 정부는 국제 무대로 눈을 돌렸다. 1992년에는 노태우 대통령과 장쩌민 중국 공산당 총서기가 '한·중 외교 관계 수립에 관한 공동성명6개항'을 발표하고 국교 수립을 공식화하면서 한·중 국교가 수립되었으며, 베트남과도 국교를 수립했다. 뿐만 아니라 UN1991년 9월과 OECD1996년 10월에 가입하면서 국제 무대에 나서기 시작했다.

1993년 WTO의 탄생과 함께 대한민국도 세계화에 동참하게 되었다. 당시 한국 정부는 쇠고기, 돼지고기, 고추, 마늘 등 농축산물 14종의 전면 수입 자유화를 결정했다. 2015년에는 한·중 자유무역협정FTA이 공식 발효되면서 그간 경제계가 중심이 됐던 한·중 교류를 사회·문화 등 다방면으로 확산시킬 수 있는 기반을 마련했다.

이러한 세계화의 추세를 반영하듯 1997년에는 초등학교 필수 교과로 영어 교과목이 신설·추가되기도 했다. 일반 사람들의 생활 방식도 크게 달라져 1995년 WTO 가입 이후 해외여행을 가는 사람들의 수가 급격히 증가하기 시작했으며, 외국 제품에 대한 관심과 구매도 활성화되었다. 소비 사회의 도래라는 표현에 걸맞게 과거 근검절약을 생활윤리로 삼고 소비가 아닌 저축을 미덕으로 생각했던 사람들의 인식도 달라져 TV, 냉장고, 세탁기 등 가전제품 구매가 증가하고 외식 빈도도 늘어나게 되었다.

한편 1990년대 중반에 발생한 IMF 금융 위기는 당시 한창 성장 가도를 달리던 한국 사회에 커다란 충격으로 다가왔다. 전 국민의 대대적인 금 모으기 운동을 통해 2001년 국가의 모든 채무를 상환하긴 했지만, 이때의 경험은 자신들이 만들어온 사회에 대한 자부심으로 충만했던 기성세대에게 큰 상처가 되었다. 이 시기 청소년기와 청년기를 보내던 세

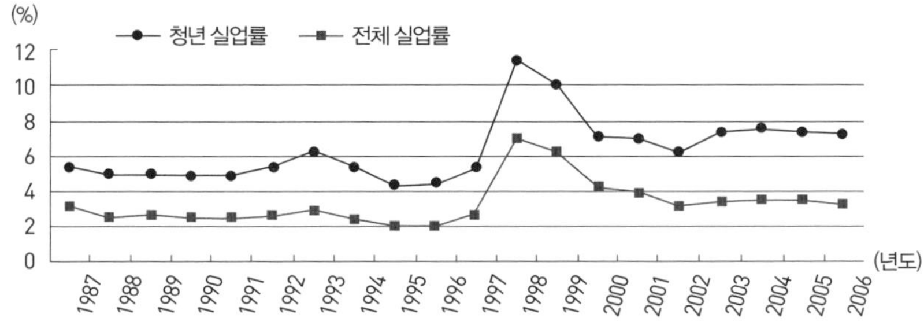


[그림 A-20] 전체 실업률과 청년 실업률
출처: 오마이뉴스(2007. 09. 04.)

대들은 정보문화와 대중문화의 세례를 받으며 자유분방한 라이프스타일과 가치관을 형성했으나, 이들을 바라보는 나이든 세대들은 급격한 사회 변화의 속도와 이러한 환경에서 나고 자란 어린 세대의 새로운 삶의 방식에 당혹스러워했다. 무엇보다도 한창 경제 생활을 하고 있던 중년들에게는 명예퇴직일명 '명퇴' 바람이 불면서 견고할 것만 같았던 안정적인 삶의 상실, 그리고 그로 인한 가정 파괴를 경험하기도 했다.

외환 위기exchange crisis란 '금융 위기financial crisis'의 한 형태로서 외화의 순유출이 지속되고 자국 화폐에 대한 투기적 공격이 심화됨으로써 발생하는 일련의 사태를 의미한다(백종국, 1998). 외환 위기 직후 IMF의 자금 지원을 받은 동아시아 국가들은 자금 지원의 조건으로 합의한 IMF의 프로그램을 따르게 되면서 단기적으로는 외환 시장 안정을 위한 거시 긴축 정책을, 중장기적으로는 구조개혁을 강조했다(이종화, 2002). IMF의 권고는 극도의 통화 긴축과 연 30%를 웃도는 고금리 정책, 은행들의 연말 국제결제은행BIS 기준 자기 자본 비율 충족을 위한 보수적 자금 운용 등을 초래했고, 이에 따라 기업들의 부도가 속출했다(연합뉴스, 1997. 12. 27.). 기업 부문에서는 기업의 과도한 부채와 과잉 투자로 인한 수익성의 하락이 위기를 증폭시켰다는 문제 인식에서 구조조정이 이루어졌다. IMF 당시 숱한 중소기업뿐만 아니라 한보, 삼미와 같은 재벌 그룹, 은행마저도 부도가 나거나 합병되어 사라졌다. '국민의 정부' 시기에는 이러한 시대적 상황에서 대대적인 정리 해고, 고용 조정과 구조 개혁이 이루어졌다.

IMF 이후 체제에서 기업들은 수익성 관리와 유동자산 및 유동부채 관리에 만전을 기하는 것, 투하자본의 수익과 비용을 고려해 최대한 안정성 있는 사업 계획을 수립하는 것을 주요 경영 전략으로 권고받았다(연합뉴스, 1998. 08. 06.). 취업 시장에서는 그 이전까지 기피되어왔던 공무원 등의, 봉급이 적더라도 해고나 임금 체불의 위험이 없는 안정적인 직장이 엄청난 인기를 끌기 시작했고, 지금까지도 이러한 분위기가 이어지고 있다(오마이뉴스, 2007. 09. 04.; 아주경제, 2011. 05. 03.). 뿐만 아니라 IMF 지원 자금을 상환 완료한 2001년 이후로도 그 후유증은 한국 사회 곳곳에 남았고, 당시의 경제 정책 조치로 인한 부작용들이 사회적 문제로 나타나기도 했다. 대표적으로 2003년의 카드 대란은 김대중 정권 시절 시행되었던 내수 진작을 위한 신용카드 활성화 정책이 지나치게 규제를 완화하면서 실상 지불 능력이 없는 사람들에게까지도 무분별하게 카드 발급을 허용한 것이 근본 원인이라고 할 수 있다. 이후에 과잉 소비와 가정 파탄 등의 사회적 문제가 심각하게 나타나 이슈가 되었다.

2008년 글로벌 금융 위기로 미국에서 발생한 서브프라임 모기지 사태의 파장은 당시 전 세계로 확산되어 경기 침체를 일으켰으며, 한국도 이와 같은 상황에서 예외가 아니었다. 2008년 당시의 금융 위기는 미국의 경기 침체가 현실화되면서 대미 의존도가 높았던 한국의 수출 기업들에게 큰 타격을 주었을 뿐만 아니라(세계일보, 2008. 01. 21.) 한국의 경제 성장률이 세계 경제의 여건에 취약하다는 경각심을 불러일으켰으며 세계적으로도 신자유주의의 한계를 깨닫게 한 계기가 되었다.

2008년 금융 위기와 1997년 외환 위기를 비슷한 경제 위기로 인식할 수도 있지만 자세히 들여다보면 발생 원인이나 정부 대응책 등의 측면에서 두 경제 위기는 성격이 구분되는 사건이다(헤럴드경제, 2010. 06. 17.). 경제적으로 그 내용을 자세히 들여다보기보다 사회적 여파의 측면에서 두 경제 위기를 비교해보면, 외환 위기 때는 구조조정의 직접적 대상이었던 50대가 가장 큰 타격을 받은 반면, 금융 위기 때는 당장 구직난에 시달리고 있었던 20·30대가 가장 큰 피해를 본 사람들이라는 점이 차이가 있다(머니투데이, 2010. 02. 17.). 특히 2008년 금융 위기는 1997년의 외환 위기처럼 대량 실업이나 고용 환경 악화를 유발하진 않았지만, 전반적인 경기 침체로 중산층의 경제 상태가 악화되고, 보편적 복지 패러다임으로의 전환의 필요성이 전 사회적으로 제기되게 한 계기가 되었다. 2008년 금융 위기 이후로 중산층이 크게 어려워지면서 오늘날까지 이어지는 한국 경제의 구조적 문제점이 시작되었다는 것이다.

서울에 사는 중산층 3가구 중 1가구 꼴로 2008년 글로벌 금융 위기를 겪은 뒤 소득이 감소했으며, 절반 이상의 가구는 생활비를 줄인 것으로 나타났다(헤럴드경제, 2010. 07. 05.). 서울시정개발연구원이 2010년에 서

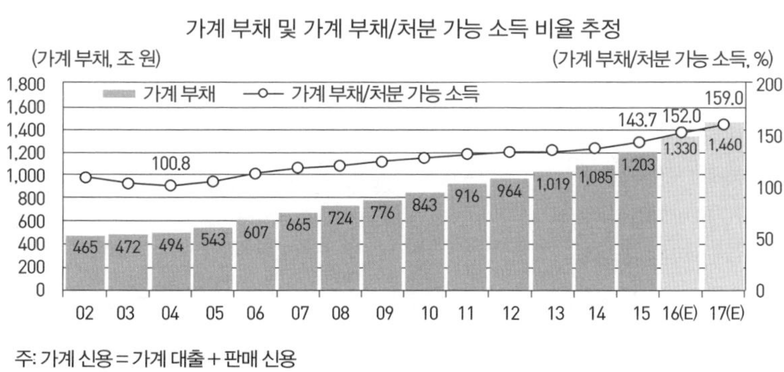


[그림 A-21] 가계 부채 및 가계 부채/처분 가능 소득 비율 추정

출처: 연합뉴스(2016. 12. 21.)

울의 중산층을 대상으로 한 설문 조사 결과에 따르면, 당시 적자 재정을 경험한 가구가 39.5%에 달한다(파이낸셜뉴스, 2010. 07. 05.). 오늘날에도 가계 부채의 심화는 경기 침체의 근본적 원인으로 지적되는 문제이다(연합뉴스, 2016. 12. 21.). 오늘날 한국 경제는 표면상 두 차례의 경제 위기를 극복했지만, 내용적으로는 그로 인한 파장과 그 시대의 위기 극복 과정에서 비롯된 사회구조적 문제들을 중대한 차기 해결 과제로 여전히 안고 있는 셈이다.

### 사회 · 문화

이 시기 사회·문화 영역에서 주목해야 할 부분은 정보통신 문화와 대중문화의 급격한 성장이다. 1990년대에는 인터넷 제반 시설 마련과 같은 IT 관련 산업이 국가적 차원에서 주목을 받았고, 국민들에게 IT 기술이 본격적으로 전파되기 시작했다. 정보화 관련 업무가 총리 담당 업무로 지정되기도 했으며, 대기업 중견 관리자들과 고위 공무원들이 앞장서서 정보화 교육을 받기도 했다. 1990년 3월 국내 최초로 인터넷을 통한 국제 접속에 성공했고, 1995년에는 첫 케이블 TV 방송이 전파를 탔

[그림 A-22] 하이텔 PC통신과 1990년대 한 초등학교의 컴퓨터 실습 시간

으며, 하이텔 PC통신이 시작되었다. 그로부터 2년 후인 1997년에는 삐삐 이용자 수가 1,500만 명을 돌파했으며 인터넷 포털 사이트 다음DAUM에서 무료 이메일 서비스인 '한메일hanmail.net' 서비스를 시작했다.

정보통신의 발달로 인해 오락 문화 또한 발전했다. 특히 PC게임 중에서 〈스타크래프트1〉의 인기가 엄청났다. 〈스타크래프트1〉은 1998년에 발매된 게임으로, 단일 게임으로서는 가장 큰 인기와 엄청난 영향력을 발휘했다. '스타크래프트'가 국내에 첫 선을 보일 당시 인터넷 PC게임방은 불과 500여 곳에 불과했으나 1999년에 1만 2,000곳으로 늘어났다(연합뉴스, 1999. 10. 28.). 이를 계기로 폭발적으로 증가한 PC게임방이 오락 문화의 향유 외에 지역 정보화의 기능을 하면서 소프트웨어 공급과 인터넷의 확산을 주도했다는 평도 있다. 당시 〈스타크래프트1〉은 청소년이나 20대 등 일부 세대가 아니라, 세대 간 장벽을 넘어 모든 연령층이 즐긴 '국민 게임'이었다.

이 무렵 빠른 속도로 진전된 경제적 세계화에 발맞추어 대한민국은

[그림 A-23] 1998년 유행한 PC게임, 〈스타크래프트1〉

[그림 A-24] 2002년 한일 월드컵

2002년 한일 월드컵을 성공적으로 개최했을 뿐 아니라, 점차 해외 문화도 한국 사회로 유입되기 시작했다. 특히 1998년 김대중 대통령 재임 시절 일본의 대중문화 개방이 이루어짐에 따라 해방 이후 약 50여 년 만에 다시금 일본 대중문화의 수입도 재개되었다. 우리나라는 1965년 국교 정상화 이후로 무역, 관광 등에서는 일본과 긴밀한 관계를 맺어왔지만, 일제 식민 통치 기간의 상흔으로 일본 문화에 대해서만은 배타적인 입장을 취하며 문화적으로 어색한 관계를 유지하고 있었다. 하지만 PC통신의 발전으로 인터넷 등을 비롯한 비공식 채널로 일본 문화를 향유하는 젊은 세대가 늘어남에 따라 점차 그러한 자세가 개방화 추세에 맞지 않게 문화적 폐쇄성으로 인식되기 시작하면서 김대중 정부는 단계적인 개방책을 취했다. 이 시기를 기점으로 이전 '신토불이' 등의 말로 대표되던 일종의 자국 문화에 대한 자부심이 위축되고 완전히 뒤바뀌어 일본, 미국 등의 해외 문물을 적극적으로 소비하는 분위기가 나타났다.

이와 함께 대중문화 영역의 성장은 1990년대를 휩쓴 가장 큰 사건 중 하나라고 할 수 있다. 국민 통합을 목적으로 한 콘텐츠가 만들어지거나 윤리위원회가 설립되어 극심한 검열을 하는 등 자유로운 콘텐츠 제작이 불가능했던 과거 군부 정권 시절과 달리, 정치적 목적을 떠나 순수하게 오락적인 문화 콘텐츠가 제작되기 시작했다. 또 군사 정권의 끝을 알린 1987년 6월 항쟁 이후로는 문화 전반에 대한 정치 권력의 영향력이 약화되면서 금지곡이 해제되고 대중문화에 대한 검열이 완화되었다. 이러한 분위기는 김영삼 정권으로 접어들면서 과거 투쟁적 성격의 문화 담론을 대표했던 민중문화가 소비 중심의 대중문화로 흡수되고, 문화 시장이 급속하게 팽창되는 결과를 낳았다.

대중음악계의 경우, 서태지와 아이들의 등장과 함께 10대 취향의 댄스 음악 돌풍이 불기 시작했으며, TV 쇼 프로그램 역시 10대 취향으로 구성되었다. 가창력보다는 외모나 춤 실력이 주가 되는 비디오형 가수가 양산되기 시작하고, 국내 대중음악이 서양의 팝송을 앞지른 것이 바로 이 시기라 할 수 있다(김창남, 2010). 서태지를 필두로 H.O.T, S.E.S, 젝스키스, 신승훈, 김건모 등의 가수가 당대를 휩쓸었다. 1990년대는 가요

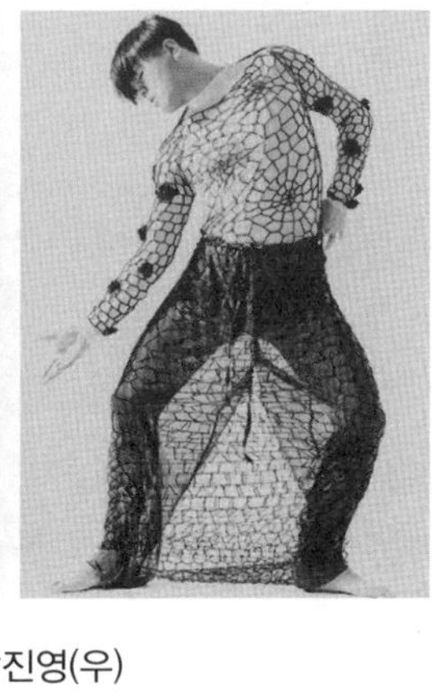

[그림 A-25] 서태지와 아이들(좌)과 박진영(우)

의 양과 질이 모두 폭발하며 대중음악에 대한 관심이 그 어느 때보다도 강렬히 촉발된 시기였다(한겨레, 2013. 12. 04.). 현대 대중음악계에서 아이돌 팝 시장에 본격적으로 뛰어든 대표적인 제작사 JYP 엔터테인먼트와 YG 엔터테인먼트의 대표인 박진영과 양현석 모두 1990년대에 직접 활동해 성공한 가수였다. god, 원더걸스, 2PM, 미쓰에이, 트와이스이상 JYP 소속와 지누션, 원타임, 세븐, 빅뱅, 2NE1이상 YG 소속 등 이들이 차린 대형 소속사에서 탄생한 가수들이 2000년대 이후 대중음악계를 휩쓴 대표적인 가수들로 성장하게 되었다.

영화와 드라마의 경우 1990년대 초·중반에 홍상수, 김기덕, 허진호 같은 작가 감독이 데뷔했고, 〈쉬리〉(1998)의 강제규, 〈투캅스〉(1993)의 강우석이 흥행 감독으로 자리 잡았다. 심은하, 고현정, 고소영, 장동건, 정우성, 이정재와 같은 지금의 톱스타로 손꼽히는 배우들이 이 당시 첫 작품을 찍었다(한겨레21, 2005. 09. 14.). 이 시기 최초로 시도된 트렌디 드

[그림 A-26] 영화 〈쉬리〉(1999)와 〈투캅스〉(1993)

라마 〈질투〉(1992)는 이후 한국 드라마의 판도를 바꿔놓았다(교보문고 북뉴스, 2011. 08. 11.). 또한 2000년대에 들어서면서 일본에 수출된 〈겨울연가〉 (2002)가 선풍적인 인기를 끌며 본격적인 한류 열풍이 시작되었다. 〈대장금〉(2003), 〈올드보이〉(2003) 등 드라마 및 영화에서의 한류 열풍은 중국, 동남아 등 아시아 전역으로 확산되었으며, 수출 실적 및 관련 사업도 폭발적으로 증가했다(한경비즈니스, 2005. 02. 06.).

한편 사회적으로 2000년대 이후 국민들을 충격과 슬픔에 잠기게 한 사건들에는 예방할 수 있었던 사고, 인재人災가 적지 않았다. '제2 연평해전'과 '주한 미군 장갑차에 의한 여중생 사망 사건'이 그것이다. 이 두 사건은 2002년 월드컵의 열기가 한창일 때 발생한 비극적 사건으로, 특히 후자는 당시 중학교 2학년이던 신효순, 심미선 양이 이동 중이던 주한 미군의 장갑차에 깔려 현장에서 숨졌지만 해당 미군들은 무죄를 선고받아 국민적 공분을 샀다(뉴스핌, 2016. 12. 24.). 이 사건을 계기로 광장에서 촛불을 드는 집회 문화가 정착되었으며 이후에 진행된 미국산 쇠고기 수입 반대 운동, 세월호 희생자 추모 집회, 박근혜 대통령 퇴진 운동 등으로 이어지게 된다.

2003년 2월에 발생한 대구 지하철 화재는 대구 지하철 1호선 중앙로역 구내에 진입한 전동차 안에서 방화로 인한 화재가 발생해 192명이 사망하고 148명이 부상을 당하는 등 340명에 달하는 인명 피해를 빚은 대형 참사이다. 정부에서는 대구 지하철 화재 참사 이후 나타난 문제점을 보완하고, 각종 재난으로부터 국민의 생명과 신체, 재산을 보호하기 위해 재해와 재난 등으로 다원화되어 있는 재난 관련 법령자연재해법, 재해구호법, 재난관리법의 주요 내용을 통합해 「재난 및 안전관리 기본법」을 제정2004년 3월 11일했으며, 중앙 정부 차원에서 각종 재해와 재난의 효율적 예방과 관리를 전담하는 조직인 소방방재청2003년 3월 17일을 설치했다.

## 5) 2010년대 이후: 각종 사건·사고의 발생, 그리고 촛불 문화가 탄생하다

〈표 A-6〉 2010년 이후 주요 사건

| 년도 \ 영역 | 정치 · 경제 | 사회 · 문화 |
|---|---|---|
| 2010 | ■ 천안함 피격 사건(03. 26.)<br>■ G20 서울 정상회의(11. 11.~12.)<br>■ 연평도 포격 사건(11. 23.) | - |
| 2011 | ■ 김정은 조선인민군 최고사령관 추대 | - |
| 2012 | ■ 박근혜 대통령 당선(12. 19.) | ■ 싸이 〈강남스타일〉 유튜브 10억 뷰 돌파 |
| 2013 | ■ 노태우 미납추징금 완납 (비자금 사건 종결)<br>■ 개성공단 가동 중단(04. 08.) | ■ '안녕들 하십니까' 대자보 |
| 2014 | - | ■ 에볼라 바이러스 확산(3월)<br>■ 윤일병 구타 · 사망 사건(04. 06.)<br>■ 세월호 침몰 사고(04. 16.)<br>■ 프란치스코 교황 방한(08. 14.~18.) |
| 2015 | ■ 공무원 연금 개혁 타결(05. 29.) | ■ 간통죄 폐지(02. 26.)<br>■ 메르스 사태<br>■ 역사교과서 국정화(11. 03.) |
| 2016 | ■ 한반도 사드 배치 결정 및 중국 사드 보복 조치<br>■ 최순실, 박근혜 국정 농단<br>■ 박근혜 대통령 퇴진 운동(10. 29.~) | ■ 알파고와 이세돌 바둑 대결 (03. 09.~15.)<br>■ 강남역 묻지마 살인 사건(05. 17.)<br>■ 김영란법 시행(05. 29.) |
| 2017 | ■ 박근혜 대통령 탄핵 및 구속<br>■ 문재인 대통령 당선(05. 09.) | ■ 살충제 계란 파동<br>■ 경주 포항 지진 |

### 정치 · 경제

이 시기는 보수 성향의 대통령이 연달아 집권한 시기로, 2008년 이명박 대통령을 뒤이어 2012년 박근혜 대통령이 당선되며 헌정 사상 첫 여성 대통령이라는 타이틀을 얻었다. 이에 따라 진보 정당이 정권을 잡았던 2000년대와 반대되는 정치적·경제적 특징들이 나타났다. 2000년대와 가장 큰 차이를 보인 정치적 상황으로는 북한과의 관계가 매우 악화되었다는 점을 들 수 있다. 2010년 한 해 동안 두 차례에 걸쳐서 발생한 북한의 도발과 공격은 한반도의 불안한 정세를 그대로 드러냈다. 먼저 2010년 3월 26일 백령도 근처 해상에서 북한 잠수함의 어뢰 공격을 받은 천안함이 침몰한 사건이 있었다. 이 사건으로 인해 대한민국의 해군 장병 46명이 희생되었고, 구조 과정에서도 한 명의 군인이 순직했다.

2010년 11월 23일에는 북한이 연평도를 향해 포격을 가한 사건도 있었다. 이 사건으로 인해 해병대원 2명이 사망하고, 군인 16명이 중경상을 입었을 뿐만 아니라 2명의 민간인이 사망했다. 두 사건으로 인해 남북의 군사적 긴장은 더욱 고조되었다. 그뿐만 아니라 2011년 집권한 김정은 북한 국무위원장이 집권 이후 4차례 핵실험을 진행하고, 수십여 발의 탄도 미사일을 발사하면서 남북 관계가 위기를 맞기도 했다. 2016년에는 경제 협력의 상징이었던 개성공단마저 폐쇄되면서 북한과의 관계가 진전될 기미는 보이지 않았다. 이러한 사회적 분위기 속에서 '종북'이라는 단어가 한동안 유행하기도 했다.

2016년에는 한국 역사상 최초로 민간인에 의한 국정 농단 사태가 벌어졌다. 민간인 최순실 씨가 적법한 절차를 전혀 거치지 않고 박근혜 대통령의 '비선 실세'로서 국정 운영에 개입했다는 의혹이 보도되면서 박근혜·최순실 게이트로 불거지게 되었다. 이는 국정 농단뿐만 아니라 미르재단과 K스포츠 재단 등의 사유화를 통한 사익 편취, 비선 실세인 최순실과 최측근들의 권력 남용, 재벌 총수들의 뇌물 공여 등이 얽혀 있는 사건으로 온 국민을 상심에 빠뜨렸다. 특히 박근혜·최순실 게이트는 세월호 참사 당시의 정부의 무능력한 대응과도 관련이 있는 것으로 나타나 전 국민의 공분을 샀다. 박근혜 대통령이 대국민 사과를 했지만, 국

[그림 A-27] 박근혜 대통령 탄핵 집회

민들의 분노의 불씨는 꺼지지 않았다.

이때 2002년 주한 미군 장갑차에 의한 여중생 사망 사건으로 시작된 시위 문화가 빛을 발해 2016년부터 2017년까지 박근혜 대통령의 탄핵을 외치는 촛불 집회가 매주 전국 각지에서 열렸다. 2016년 10월 29일 광화문에서 첫 촛불 집회가 시작된 이래로 총 23차의 공식 집회가 열렸다. 특히 박근혜 대통령의 '3차 대국민 담화'로 인해 6차 집회에서는 역대 촛불 집회 사상 최다 인원인 232만 명이 모여 국민의 정치 참여와 정치 효능감이 정점에 달했다. 2016년 12월 9일, 국회에서 박근혜·최순실 게이트와 세월호 7시간 의혹 등 9가지 탄핵 소추 사유가 담긴 탄핵 소추안이 가결되었고, 2017년 3월 10일, 헌법재판소의 판결에 따라 대통령이 탄핵되었다. 해당 사건은 국민들에게 혼란과 트라우마를 낳기도 했지만, 헌법을 유린하고 국정 질서를 혼란케 한 정부 권력에 맞서 폭력을 행사하지 않고 법의 테두리에서 심판해 정권을 교체했다는 점에서 국민들의 성숙한 집회 문화와 민주주의 정신이 재평가되는 계기가 되었다.

### 사회 · 문화

2010년대에 발생한 다양한 사건·사고는 안전 불감증, 세대 및 젠더 갈등, 혐오 정서 등 대한민국의 현재와 이후 세대들의 코호트 형성에 영향을 줄 만한 사건들이다.

그중에서 2014년 4월 16일 발생한 세월호 사건은 오늘날을 살아가고 있는 대한민국 국민들에게 깊은 상처와 기억으로 남아 있으며 현재진행 중이다. 세월호 침몰 사건은 인천에서 제주로 향하던 여객선이 진도 인근 해상에서 침몰하면서 승객 300여 명이 사망하거나 실종된 대형 참사이다. 사고 발생 직후 정부 차원의 확실한 대책이 이루어졌다면 그 정도의 참사로 이어지지는 않았을 것이라는 사회적 평가와 함께, 희생자 대부분이 어린 학생이었다는 점에서 한국 사회를 구성하는 모든 어른에게 책임을 묻는 상징적 사건이 되었다. 이러한 사건을 지켜본 청소년들에게 한국 사회는 변화되어야 할 무엇으로서 크게 다가왔을 것이다. 특히 세월호 사건은 당시 고등학생들에게 한국 사회 전반에 대해 깊은 실망과 회의를 안겨주었으며, 언론과 국가, 사회에 대한 전반적인 신뢰를 상실하게 한, 또 소통과 연대의 중요성을 일깨워준 사건으로 평가된다(한겨레, 2014. 08. 20.). 또한 이 사건은 박근혜 전 대통령 퇴진 운동과 탄핵, 그리고 새로운 정권의 수립으로까지 이어지는 일련의 사건의 중심에 있으며, 이를 통해 젊은 세대의 정치 참여 증가, 새로운 형태의 집회 문화로까지 이어진다는 점에서 대한민국에서 가장 중요한 사건 중 하나로 기억될 것이다.

[그림 A-28] 세월호 참사 사건

온 국민을 감염의 공포에 떨게 한 메르스MERS 사건도 빼놓을 수 없다. 2015년 유행한 전염병 메르스는 5월 20일 첫 환자가 확진된 이후 정부의 초기 대응 실패와 검역 구멍으로 전국적인 전염성 사회 재난이 되었으며, 많은 국민에게 부정적인 심리적 영향을 미쳤다. 메르스 사태를 겪은 대한민국 국민의 95%는 '국가가 나를 보호해주지 못하므로 내가 스스로를 지켜야 한다'고 생각했고, 절반 정도는 불안, 우울 등 '정서적 디스트레스destressed'를 경험한 것으로 나타났다(연합뉴스, 2016. 07. 14.).

2016년 발생한 강남역 살인 사건의 경우에는 여성 혐오가 단순히 온라인상에서만 벌어지는 현상이 아니라 우리 현실과 직접적으로 맞닿아 있는 것임을 일깨워주는 사건이었다. 이것은 2016년 5월 17일 새벽, 서울 강남구 서초동에 위치한 노래방 건물의 남녀 공용 화장실에서 조현병이 있는 30대 남성이 20대 여성을 흉기로 수차례 찔러 살해한 묻지마 살인 사건이다. 이 사건으로 피해자를 추모하는 메시지들이 강남역 10번 출구에 붙기 시작했으며, 많은 사람이 그 앞에 국화 꽃다발을 놓는 등 추모 행렬이 이어졌다(스타뉴스, 2016. 05. 18.). 이 사건을 계기로 SNS와 각종 커뮤니티에서 진행되던 젠더 갈등과 혐오를 둘러싼 다양한 논쟁이 수면 위로 올라왔다. 나아가 성차별, 성폭행, 인권 문제 등의 이슈들이 언론 및 SNS와의 연계를 통해 고발 및 확산되고 있으며 인스타그램 해시태그로 대변되는 미투 운동Me Too Movement이 진행되고 있다.

대중문화 영역에서는 2000년대 후반부터 시작된 유튜브의 성장, 디지털 시장의 발달과 결합해 본격적으로 한류의 세계화가 일어나고 있다. 2000년대 중반 드라마와 영화를 중심으로 진행되었던 과거의 한류와는 달리, 최근 K-POP을 필두로 한 신한류는 디지털 환경을 토대로 성장 및 확산한다는 점에서 특징적이다. 그중 대표적인 사례는 싸이 〈강남스타일〉의 유튜브 10억 뷰 돌파이다. 가수 싸이의 B급 감성이 묻어난 〈강남스타일〉 뮤직비디오가 SNS, 유튜브 등을 통해 전 세계로 전파되면서 2012년 12월 22일 〈강남스타일〉은 유튜브에서 10억 뷰가 넘는 조회 수를 달성했고 2017년 11월에는 30억 뷰를 돌파했다. 이와 관련해 전 세계 각지에서 패러디 영상이 쏟아졌고 ABC, BBC, CNN, 뉴욕타임스, 월스트리트저널 등 유수의 외신들도 싸이와 '말춤' 신드롬을 하나의 사회현상으로 조명했다(브레이크뉴스, 2017. 11. 26.).

[그림 A-29] 싸이의 〈강남스타일〉(2012) 뮤직비디오

## | 참고문헌 |


FSI. (2006). 『돈 걱정 없는 노후 변액보험으로 시작하라』. 이레미디어.

강내희·이성욱 편(1994). 『문화분석의 몇 가지 길들』. 문화과학사.

강명구(1993). 『소비대중문화와 포스트모더니즘』. 민음사.

강성현·강진아·김성보·김종엽·김진호·김학재·오제연·이유재·이하나·이혜령·한성훈·허은·홍석률(2016). 『한국현대 생활문화사 1950년대: 삐라줍고 댄스홀 가고』. 창비.

강원택(2002). 세대, 이념과 노무현 현상. 『사상』, 54, 80-102.

______(2009). 386세대는 어디로 갔나?: 2007년 대선과 2008년 총선에서의 이념과 세대. 『변화하는 한국유권자 3: 패널조사를 통해 본 18대 국회의원선거』(pp. 69-97). 동아시아연구원.

고득성(2009). 『돈 걱정 없는 노후 30년 가족재산 이야기』. 다산북스.

권기헌(1997). 정보화 사회와 정보정책: 정보혁명, 정보문화와 정책적 대응. 『사회과학연구』, 23(0), 307-337.

김광억(1986). 한국 사회연구와 인류학적 방법론. 『사회과학과 정책연구』, 8(1), 131-157.

김귀원(2011). 세대간 정보소비 격차에 관한 연구. 『한국공공관리학보』, 25(4), 81-122.

김난도(2007). 『사치의 나라 럭셔리 코리아』. 미래의 창.

김대철(2013). 국민연금 재정안정화 방안과 세대간 형평성 분석. 『大韓經營學會誌』, 26(6), 1653-1668.

김대호·윤병기(2012). 『결혼불능세대: 투표하고, 연애하고, 결혼하라』. 필로소픽.

김미령(2015). 노후연령인지의 다차원성과 성별차이. 『한국노년학』, 35(2), 375-394.
김병조·김수정·조성남(2014). 군(軍)에 대한 인식격차 연구: 성별, 세대별 차이를 중심으로. 『국방정책연구』, 29(4), 213-242.
김수정·이명진·최샛별(2012). 한국 사회 여가, 계급 그리고 구별짓기: 평일과 휴일의 여가활동유형 분석을 중심으로. 『여가학연구』, 10(2), 55-85.
______(2014). 구별짓기 장(場)으로서의 스포츠 영역에 관한 연구: 스포츠 활동에 대한 선호와 참여, 운동장소를 중심으로. 『한국인구학』, 37(3), 53-77.
김수정·최슬기·최샛별(2014). 대중문화와 세대: 대중문화에 대한 인식을 중심으로. 『국민대학교 사회과학연구』, 27(1), 69-94.
김영주(2006). 『한국의 청년 대중음악 문화』. 한국학술정보.
김영하(2007). 『퀴즈쇼』. 문학동네.
김용철(2015). 한국의 민주화운동과 민주화. 『민주주의와 인권』, 15(3), 275-320.
김원동(2010). 산업화 세대의 특징에 대한 탐색. 『지역사회학』, 11(2), 5-29.
김은석(2016). 베이비붐 세대의 귀농·귀촌 선택 동기와 준비경험: 대졸 남성 퇴직자를 중심으로. 『韓國老年學』, 36(2), 419-442.
김은영(2014). 은퇴 전후 세대 재정안정성: 노년기 삶의 수준에 대한 기대와 지원. 『한국 사회복지학』, 66(1), 61-85.
김이배(2013). 빈곤의 세대간 이전 과정에 관한 생애사 연구: 30·40대 자활사업 참여자를 중심으로. 『사회복지정책』, 40(2), 89-121.
김자봉(2016). 『금융실명제 시행 20년의 성과와 향후 과제』. 한국금융연구원.
김재은(1987). 『한국인의 의식과 행동 양식』. 이화여자대학교 출판문화원.
김정미·엄기욱(2014). 베이비붐 세대의 가족특성이 경제적 노후준비에 미치는 영향 연구. 『한국 사회복지행정학』, 16(4), 197-221.
김정훈(2003). 세대와 정치의식. 2003년 한국산업사회학회 춘계학술대회: 세대 혁명은 일어나고 있는가?, 충북대학교, 2003. 4. 26. 발제문.
______(2012). 안철수 현상, 그리고 희망 혹은 희망 고문. 『경제와 사회』, 93, 104-136.

김창남(2010). 『대중문화의 이해』. 한울아카데미.
김태호(2011). 「베이비부머 성공적 노후에 관한 연구」. 숭실대학교 교육대학원 석사학위 논문.
김형찬(2004). 1970년대 통기타 음악과 청년문화의 인프라. 김창남(편). 『대중음악과 노래운동 그리고 청년문화』(pp. 159-192). 한울.
교육부(2015). 학교진로교육실태조사(2015). 교육부.
나은영·민경환(1998). 한국문화의 이중성에 관한 소고. 『사회과학연구』, 24, 3-16.
나은영·차재호(1999). 1970년대와 1990년대 간 한국인의 가치관 변호와 세대차 증감. 『한국심리학회지: 사회 및 성격』, 13(2), 37-60.
나카지마 다카시(2008). 『20대 공부에 미쳐라: 부와 성공에 직결되는 공부법』. 김활란 역. 랜덤하우스코리아.
나카타니 아키히로(2006). 『20대 자신의 재능을 깨워라』. 이선희 역. 바움.
내무부 통계국(1955). 『대한민국 통계연감』. 통계청.
노환희·송정민·강원택(2013). 한국 선거에서의 세대 효과: 1997년부터 2012년까지의 대선을 중심으로. 『한국정당학회보』, 12(1), 113-140.
농림축산식품부·산업통상자원부(2014). WTO 쌀 관세화 유예 종료 관련 공청회 개최 (2014. 06. 20.) 결과 보도자료.
대한민국 국방부정훈국전사편집회(1951). 『한국전란 1년지』. 국방부.
모린 오코너(2006). 『평등할 권리』. 승영조 역. 승산.
박권일(2012). 세대와 정당정치. 『황해문화』, 74, 53-72.
박길성(2002). 왜 세대인가. 『사상』, 54, 8-27.
박명진(1996). 정보격차와 세대차이. 『정보사회와 사회윤리』(pp. Ⅳ16-Ⅳ29.). 아산사회복지재단.
박명호(2009). 2008 총선에서 나타난 세대 효과와 연령 효과에 관한 분석. 『한국정당학회보』, 8(1), 65-86.
______(2012). 정치적 태도의 연속성과 변화에 관한 연구: 세대와 고령화를 중심으로. 『국제지역연구』, 15(4), 145-162.
박병규(1991). 3저호황 이후 한국경제의 동향과 전망. 『동향과 전망』, 14, 149-

167.

박병영(2006). 세대와 정치적 정체성. 『한국 사회학회 전기사회학대회 논문집』, 197-198.

박용규(2007). 1970년대 텔레비전과 대중음악: 청소년 대상 대중음악 프로그램을 중심으로. 『韓國言論學報』, 51(2), 5-29.

박재홍(1992). 한국 사회의 세대 문제: 질적 접근. 『사회와 역사』, 38, 11-66.

______(1993). "신세대 개념과 사회적 위치." 『예향(3월호)』. 광주일보사.

______(1995). 신세대의 일상적 의식과 하위문화에 관한 질적 연구. 『한국사회학』, 29(1), 651-683.

______(1999). 기성세대의 생애사와 세대차이 인지에 관한 연구: 질적 접근. 『한국 사회학』, 33(1), 257-296.

______(2003). 세대 개념에 관한 연구: 코호트적 시각에서. 『한국사회학』, 37(3), 1-23.

______(2005). 『한국의 세대문제』. 나남출판사.

______(2009). 세대 명칭과 세대갈등 담론에 대한 비판적 검토. 『경제와 사회』, -(81), 10-34.

박종홍(1978). 『한국적 가치관』. 교학사.

박찬봉(1999). 송년특집: 분단과 통일의 역사, 20세기를 보내며: 1985 남북이산가족 방문 4. 『평화문제연구소』, 192, 24-25.

박태정(2013). 베이비부머 세대들의 삶을 통해 본 일과 은퇴의 경험적 의미에 대한 연구. 『노동정책연구』, 13(3), 29-57.

발레리아 파렐라(2012). 『우리에겐 어떤 권리가 있을까: 어린이 인권 동화』. 유지연 역. 청솔.

방정배·최세경(2003). 한국 언론의 사회적 갈등담론 생산구조에 과한 연구. 『언론과학연구』, 3(2), 219-270.

배규한·이창호(2009). 『청소년의 세대특성 및 세대 간 소통방식에 관한 연구: 2008년 촛불집회를 중심으로』. 한국청소년정책연구원.

백원기(2016). 『노후를 위해 집을 이용하라: 대출 없이 2년에 1채씩, 현실적인 부동산 투자법』. 알키.

백정선·김의수(2015). 『노후 걱정 없는 우리 집: 은퇴 후 50년, 어떻게 준비할 것인가?』. 덴스토리.
백종국(1998). 『동아시아 모델 위기론』에 대한 비판적 고찰. 『한국정치학회보』, 32(3), 95-116.
서미라·박상진(2013). 실버세대 취업정보사이트의 웹 접근성 준수 현황 분석. 『디지털융복합연구』, 11(12), 785-791.
서현진(2008). 17대 대통령선거의 투표참여와 세대에 관한 연구. 『의정연구』, 14(2), 117-142.
석혜원(2008). 『이야기로 읽는 대한민국 경제사』. 미래의 창.
설동훈(2005). 정치이념과 세대: 한국형 정치이념 지표의 측정과 적용. 『지역사회학』, 7(1), 53-74.
손민지(2014). 『초등학생을 위한 인권이야기』. 생각너머.
손인수(1978). 『한국인의 가치관』. 문음사.
송호근(2003). 『한국 무슨 일이 일어나고 있나: 세대, 그 갈등과 조화의 미학』. 삼성경제연구소.
신동균(2013). 베이비 붐 세대의 근로생애사 연구. 『保健社會硏究』, 33(2), 5-32.
신인수(1984). 학교 조직 내의 인간관계 개선에 대한 일 연구. 성균관대학교 교육대학원 석사학위 논문.
심상준(2014). 『노후를 디자인하라: 부머세대를 위한 행복한 노후 재테크』. 새빛.
아시아경제신문 특별취재팀(2014). 『그 섬, 파고다』. 황금사자.
안영노(1994). 신세대: 그들의 정치경제. 『신세대론: 혼돈과 질서』(pp. 99-112). 현실문화연구.
안청시·최일섭(1987). 『전후세대의 가치관과 이념』. 집문당.
양영조(2005). 『알아봅시다! 6·25전쟁사(3권)』. 국방부군사편찬연구소.
오세제(2015). 386세대 세대효과의 특징 연구: 세대효과의 조건적 표출을 중심으로. 『21세기정치학회보』, 25(1), 133-164.
오영수(2004). 『은퇴혁명시대의 노후설계』. 해남.
오찬호(2009). 공포에 대한 동년배 세대의 상이한 반응: 2008년 촛불시위에서

20대를 이해하는 몇 가지 가설. 『한국청소년연구』, 53, 357-381.
______(2015). 『진격의 대학교: 기업의 노예가 된 한국 대학의 자화상』. 문학동네.
______(2016). 『대통령을 꿈꾸던 아이들은 어디로 갔을까: 믿을 건 9급 공무원뿐인 헬조선의 슬픈 자화상』. 위즈덤하우스.
온만금(2004). 2002년 대통령 선거에서 지역과 세대. 『사회연구』, 5(2), 79-96.
우석훈·박권일(2007). 『88만원 세대: 절망의 시대에 쓰는 희망의 경제학』. 레디앙.
유수연(2008). 『20대 나만의 무대를 세워라』. 위즈덤하우스.
유창오(2011). 『진보세대가 지배한다』. 폴리테리아.
윤민재(2014). 청년층 인턴문화에 관한 연구. 『민주주의와 인권』, 14(1), 271-305.
윤상철(2009). 세대정치와 정치균열. 『경제와 사회』, 81, 61-88.
윤성이(2012). 소셜 네트워크의 확산과 민주주의 의식의 변화. 『한국정치연구』, 21(2), 145-168.
이갑윤(2008). 한국선거에서의 연령과 투표참여. 『의정연구』, 14(2), 93-115.
이갑윤·이현우(2008). 이념투표의 영향력 분석: 이념의 구성, 측정, 그리고 의미. 『현대정치연구』, 창간호, 137-167.
이경의(1982). 『한국경제와 중소기업』. 까치.
이광석(2012). 디지털 세대와 소셜 미디어 문화 정치. 『동향과 전망』, 84, 102-129.
이내영(2002). 세대와 정치이념. 『사상』, 54, 53-79.
______(2010). 6·2지방선거와 세대균열의 부활. 『변화하는 한국유권자 4: 패널조사를 통해 본 2010 지방 선거』(pp. 179-200). 동아시아연구원.
이동연(2003). 세대 문화의 힘과 참여 정치의 전망. 『기억과 전망』, 2, 74-87.
이미경(2006). 『20대 여성이 성공하고 행복할 수 있는 7가지 좋은 습관』. 버들미디어.
이미숙·김희섭·홍순구(2015). 실버세대가 지각하는 삶의 행복감과 만족감이 인터넷 이용의지에 미치는 영향. 『인터넷전자상거래연구』, 15(1), 17-32.

이솔지(2014). 『지켜줘요 완전 소중한 인권』. 아르볼.
이수애(1979). 「사회문화적 변동기에 있는 한국의 세대 간 갈등에 관한 연구」. 이화여자대학교 대학원 석사학위 논문.
이윤진(2002). 「한국 텔레비전 문화의 형성과정」. 고려대학교 대학원 박사학위 논문.
이인규(1999). 무너지는 학교, 흔들리는 교단. 『창작과 비평』, 105, 351-360.
이종화(2002). 동아시아의 금융 위기와 회복과정의 평가. 『아세아연구』, -(108), 275-300.
이준희(2015). 〈기획논문: 대중의 노래전통〉 1940~1950년대 트로트의 확장: 장조화(長調化)의 도입과 변용. 『동양음악』, 38, 75-94.
이지성(2010). 『20대 자기계발에 미쳐라』. 맑은소리.
이현출(2005). 한국 국민의 이념성향: 특성과 변화. 『한국정치학회보』, 30(2), 321-343.
이혜정·유규창(2013). Y세대의 일과 삶의 균형. 『노동정책연구』, 13(4), 1-31.
인권교육센터 들(2011). 『나도 권리가 있어』. 책 읽는 곰.
임미리(2013). 「세대별 주택구입능력 격차에 관한 연구: 베이비붐 세대와 에코 세대를 중심으로」. 고려대학교 정책대학원 석사학위 논문.
임종수(2003). 「1970년대 한국 텔레비전의 일상화와 근대 문화의 일상성」. 한양대학교 대학원 박사학위 논문.
임희섭(1984). 『한국의 사회변동과 문화변동』. 현암사.
______(1996). 『사회 변동과 가치관』. 정음사.
장윤정(2000). X세대의 라이프스타일 분석. 중앙대학교 석사학위논문.
전상진(2002). 세대와 정당정치. 『사상』, 54, 103-124.
______(2004). 세대 개념의 과잉, 세대 연구의 빈곤. 『한국사회학』, 38(5), 31-52.
______(2009). 2008년 촛불 현상에 대한 세대사회학적 고찰. 『현대정치연구』, 2(1), 5-31.
______(2012). 2040이 보수를 혐오하게 된 이유. 『철학과 현실』, 920, 30-40.
정진민(2002). 세대와 정당정치. 『사상』, 54, 103-124.

______(2012). 한국 유권자들의 투표행태와 세대: 2010년 지방선거를 중심으로. 『한국정치연구』, 21(2), 1-20.

정진석·서경석·한기호·이상해·이인규·이선민·김종원·박성서·조현범(2016). 『한국의 문화 70년』. 한국학중앙연구원 출판부.

정철희(2012). 엔세대의 신좌파적 정체성. 『사회과학연구』, 51(1), 1-21.

정해구(2011). 『전두환과 80년대 민주화운동: '서울의 봄'에서 군사정권의 종말까지』. 역사비평사.

조대엽(2002). 386세대의 문화와 세대경험. 『한국의 문화변동과 가치관』(pp. 249-280). 나남출판사.

조동성(1995). 『21세기 경영 패러다임』. 민음사.

조성주(2009). 『대한민국 20대 절망의 트라이앵글을 넘어: 88만원 세대의 희망찾기』. 시대의 창.

조원광(2014). 한국 소비사회의 등장과 미시권력의 변화. 『한국사회학』, 48(1), 133-172.

조혜선(1990). 「한국 사회의 세대구분과 세대차이 연구」. 연세대학교 대학원 석사학위 논문.

조혜정(1994). 『탈식민지 시대 지식인의 글 읽기와 삶 읽기(3)』. 또 하나의 문화.

주은우(1994). 90년대 한국의 신세대와 소비문화. 『경제와 사회』, 21, 70-91.

중앙일보 청춘리포트(2016). 『청춘 리포트』. 맥스미디어.

최기홍(2013). 국민연금의 세대 간 회계와 세대 간 형평성의 측정. 『재정학연구』, 6(3), 1-29.

최샛별(2006). 상징적 경계와 한국 사회의 문화 자본 연구. 『사회와 이론』, 9, 191-228.

______(2010). 20대, 문화소비를 장악하다: 문화소비의 세대격차 문화자본론으로 풀어보기. 송호근·강원택·김은경·문상현·배영·이연호·장덕진·조화순·최샛별 편. 『위기의 청년세대: 출구를 찾다』(pp. 193-236). 나남출판사.

______(2016). 에코세대에 대한 사회학적 이해. 『울림세대여, 일어나서 함께 가자!』 (pp. 194-219). 한지터.

최샛별·이명진(2012). 음악장르, 여가활동, TV프로그램 선호분석을 통해 본 한국 사회의 문화지형도. 『한국사회학』, 46(2), 34-60.
최선희(1999). 「정보사회의 소외에 관한 연구」. 정보통신학술과제.
최원석·이진숙(2014). 베이비부머세대 여성의 취업계획에 영향을 미치는 요인에 관한 연구. 『保健社會硏究』, 34(1), 299-327.
최유정·신아름·최샛별(2015). 한국의 다양한 가족형태에 대한 사회적 인식. 『가족과 문화』, 24(4), 1-44.
최유정·최샛별(2013). 연령대별 세대 의식과 정치적 태도를 통해 본 세대의 경계: 정치적 세대의 가능성에 관한 시론. 『사회과학연구논총』, 29(2), 159-201.
최태희(2000). 경부고속도로의 30년 역사. 『대한토목학회지』, 48(7), 11-17.
통계청(2012). 『베이비부머 및 에코세대의 인구·사회적 특성분석: 2010년 인구주택총조사 중심으로』. 통계청.
한국사회학회 편(1990). 『한국 사회의 세대 문제』. 나남출판사.
한국역사연구회 현대사연구반 편(1993). 『한국현대사2: 1950년대 한국 사회와 4월민중항쟁』. 풀빛.
한규석·신수진(1999). 한국인의 선호가치 변화: 수직적 집단주의에서 수평적 개인주의로. 『한국심리학회지: 사회 및 성격』, 13(2), 293-310.
한기호(2009). 『20대 컨셉력에 목숨 걸어라』. 다산호당.
한남제(1989). 가구행태와 세대관계의 변화. 크리스챤 아카데미 편. 『가족: 가족의 변화와 전망』(pp. 158-169). 우석출판사.
한덕웅·이경성(2003). 한국인의 인생관으로 본 가치관 변화: 30년간 비교. 『한국심리학회지: 사회 및 성격』, 17(1), 49-67.
한완상(1991). 한국 사회에서 세대갈등에 대한 한 연구. 『계간사상』, 봄호, 248-309.
한화생명 은퇴연구소(2015). 『불안한 노후 미리 준비하는 은퇴설계: 영화 같은 노후 드라마 같은 은퇴』. 경향미디어.
함인희(2007). 세대 분화와 세대 충돌의 현 주소. 『한국 사회의 새로운 갈등과 국민통합』. 인간사랑.
______(2002). 가족, 세대갈등의 역동적 무대. 『계간 사상』, 54, 189-211.

핫토리 타미오(2006). 1980년대 한국의 사회경제적 변화: 한국에 있어 1980년대는 어떤 시대였나? 『한일공동연구총서』, 2006(7), 11-42.

현대경제연구원(2012). 『지속가능 성장을 위한 경제주평: 에코부머의 3대 경제난』. 현대경제연구원.

현실문화연구 편(1993a). 『신세대 네 멋대로 해라!』. 현실문화연구.

현실문화연구 편(1993b). 『문화연구 어떻게 할 것인가』. 현실문화연구.

홍덕률(2003). 한국 사회의 세대 연구. 『역사비평』, 64, 150-191.

홍성태(2004). 세대갈등과 문화정치. 『문화과학』, 37, 154-172.

황금진(2015). 「베이비붐 세대와 에코 세대의 가계자산구조 및 재무건전성 비교분석」. 고려대학교 일반대학원 석사학위 논문.

황민수(2011). 『연애, 결혼, 출산을 포기한 삼포 세대』. 상원.

황상민(1999). 세대의 계열과 인생주기를 통한 미래사회 성격의 예측. 『현상과 인식』, 23(4), 100-118.

황상민·양진영(2002). 한국 사회의 세대집단에 대한 심리학적 탐색: 전이적 공존 관점을 통한 대학생 집단의 세대 이미지 분석. 『한국심리학회지: 사회 및 성격』, 6(3), 75-93.

황아란(2008). 제17대 대통령선거의 투표행태 분석: 지역, 이념, 세대요인을 중심으로. 한국정치학회 특별학술회의 자료집: 17대 대선과 정치발전, 서강대학교, 2008. 2. 16. 발제문.

Acock, A. C. (1984). Parents and Their Children: The Study of Intergenerational Influence. *Sociology and Social Research, 68*(2), 151-171.

Bengtson, V. L. (1975). Generation and Family Effects in Values Socialization. *American Sociological Review, 40*(3), 358–371

Bengtson, V. L., Cutler, N. E., Mangen, D. J., & Marshall, V. W. (1985). Generations, Cohorts, and Relations Between Age Groups. In R. H. Binstock & E. Shanas (Eds.). *Handbook of Aging and the Social Sciences* (pp. 304-338). New York: VNR.

Bourdieu, P. (1984). *Distinction: A Social Critique of the Judgement of Taste*, translated by Nice, R. Cambridge, MA: Harvard University Press.

Choi, S. (2013). The Class and Cultural Hierarchy of South Korean Society: Focusing on Tastes in Cultural Activities. *Korean Journal of Sociology, 47*(6), 1-24.

Emirbayer, M. (1997). Manifesto for a Relational Sociology. *American Journal of Sociology, 103*(2), 281-317.

Epstein, C. F. (1992). Tinkerbells and Pinups: The Contruction and Reconstruction of Gender Boundaries at Work. In M. Lamont & M. Fournier (Eds.). *Cultivating Differences: Symbolic Boundaries and the Making of Inequality* (pp. 232-256). Chicago, IL: University of Chicago Press.

Esler, A. (1984). The Trust Community: Social Generation as Collective Mentalities. *Journal of Political and Military Sociology, 12*, 99-112.

Eyerman. R., & Turner, B. S. (1998). Outlines of a Theory of Generation European. *Journal of Social Theory, 1*, 91-106.

Giesen, B. (2004). Noncontemporaneity, Asynchronicity and Divided Memories. *Time & Society. 13*(1), 27-40.

Glenn, N. D. (1977). *Cohort Analysis*. Beverly Hills/London: SAGE.

Kertzer, D. I. (1983). Generation as a Sociological Problem. *Annual Review of Sociology, 9*, 125-149.

Lamont, M. (1992). *Money, Morals, and Manners: The Culture of the French and the American Upper-Middle Class*. Chicago, IL: University of Chicago Press.

Lamont, M., & Fournier, M. (1992). *Cultivating Differences: Symbolic Boundaries and the Making of Inequality*. Chicago, IL: The University of Chicago Press.

Lamont, M., & Molanr, V. (2002) The Study of Boundaries in the Social Science, *Annual Review of Sociology, 28*, 167-195.

Lee, Y. G., & Huh, E. J. (2003). Consumption and Saving Behavior of Older and Younger Baby Booers in Korea. *Journal of Family and Economic Issues*, 25(4), 507-526.

Logan, J. R., Alba, R. D., & Leung, S. Y. (1996). Immigrant Access to White Suburbs: A Multiregion Comparison. *Social Forces, 74*, 851-881.

Mannheim, K. (1952). The Problem of Generations. In P. Kecskemeti (Ed.). *Essays on the Sociology of Knowledge* (pp. 276-320). London: Routledge and Kegan Paul.

Marías, J. (1974). Generations: The Concept. In D. M. Sills (Ed.). *International Encyclopedia of the Social Sciences, 6* (pp. 88-92). New York: Macmillan and Free Press.

Marshall, V. W. (1983). Generations, Age Groups and Cohorts: Conceptual Distinctions. *Canadian Journal on Aging, 2*(2), 51-62.

Massey, D., & Denton, N. A. (1993). *American Apartheid: Segregation and the Making of the Underclass*. Cambridge, MA: Harvard University Press.

Mauss, M. (1969). La Civilisation: Eléments ef formes, *Oeuvres, 2*, 456-479, 471-472.

Nash, L. (1978). Concepts of Existence: Greek Origins of Generational Thought. *Daedalus, 107*, 1-21.

Rintala, M. (1974). Generations: Political Generations. In D. M. Sills (Ed.). *International Encyclopedia of the Social Sciences, 6* (pp. 92-97). New York: Macmillan and Free Press.

Somers, M. R. (1994). Reclaiming the Epistemological 'Other': Narrative and the Social Constitution of Identity. In C. Calhoun (Ed.). *Social Theory and the Politics of Identity* (pp. 37-99). Cambridge, MA: Blackwell.

Sorokin, P. A. (1962). *Social and Culture Dynamics*. New York: The Bedminster Press.

Spitzer, A. B. (1973). The Historical Problem of Generations. *American Historical Review, 78*, 1353-1385.

Stinchcombe, A. L. (1995). *Sugar Island Slavery in the Age of Enlightenment: The Political Economy of the Caribbean World*. Princeton, NJ: Princeton University Press.

Wagner-Pacifici, R. (2000). *Theorizing the Standoff: Contingency in Action*. New York: Cambridge University Press.

Zerubavel, E. (1997). *Social Mindscapes: An Invitation to Cognitive Sociology*. Cambridge, MA: Harvard University Press.

## 인터넷 자료

e영상역사관(1985. 09. 23.). 국가기록사진: 남북고향방문단 및 예술공연단 교환방문 후 귀환. http://ehistory.go.kr/page/view/photo.jsp?photo_PhotoSrcGBN=PT&photo_PhotoID=7823&detl_PhotoDTL=&gbn=PT

JTBC(2016. 02. 24.). [앵커브리핑] '노인충을 위한 변명'. http://news.jtbc.joins.com/article/article.aspx?news_id=NB11179964

KBS뉴스(2016. 09. 16.). [그때 그 뉴스] 일본 영화·음반·게임 전면 개방. http://news.kbs.co.kr/news/view.do?ncd=3345779&ref=D

KNS뉴스통신(2016. 12. 19.). [탐방] 부산 성형외과, 취업준비생들이 원하는 '자연스러운 코성형' '외모가 스펙' 자연스러운 코성형으로 '취업도 콤플렉스도 해결'. http://www.kns.tv/news/articleView.html?idxno=266799

SBS(2015. 10. 02.). "65살이 노인? 너무 젊다"…기준 연령 조정 논란. https://news.sbs.co.kr/news/newsPlayerIframe.do?news_id=N1003199180&plink=VIDEOOBJECT

______(2015. 10. 23.). 노인 빈곤율 OECD '꼴지'… "일자리가 없어요". http://news.sbs.co.kr/news/endPage.do?news_id=N1003231790

Story In Pictures (2016. 08. 14.). Sadly accurate. https://t.co/FS3pk7QVfB (http://www.wikitree.co.kr/main/news_view.php?id=271396에서 재인용)

YTN(2015. 08. 13.). 386세대, X세대, 88만원 세대…세대론으로 돌아본 70년. http://v.media.daum.net/v/20150813070107334

경향비즈(2016. 12. 12.). 'X세대' 아직 안 늙었네…1970년대 생, 가장 진보적. http://biz.khan.co.kr/khan_art_view.html?artid=201612121745001&code=920100

경향신문(1961. 05. 16.). 금효삼시 군서 무혈 「쿠데타」 군사혁명위 설치, 계엄령 선포. http://newslibrary.naver.com/viewer/index.nhn? publishDate=1961-05-16&officeId=00032&pageNo=1#

______(2006. 08. 29.). 고령화에 꾸준히 성장…'황금알 거위' 부푼 꿈. http://media.daum.net/society/others/newsview?newsid=20060829 174513934

______(2008. 07. 09.). [실버산업 탐방] 진화하는 실버타운…신세대 노년층 몰려. http://news.khan.co.kr/kh_news/khan_art_view.html?artid=200807081819032&code=940706

______(2009. 01. 15.). [어제의 오늘] 1982년 야간통금 전면해제. http://news.khan.co.kr/kh_news/khan_art_view.html?artid=200901051758145#csidxc8b266df32ea801a427df57586c78ea

______(2013. 08. 09.). [세상 속으로] '서태지'와 '접속'에 열광했던 그들, 대중문화의 황금세대로. http://news.khan.co.kr/kh_news/khan_art_view.html?artid=201308092142575&code=960100#csidx7b7537d7763c59596974b7903fedf9f

______(2013. 11. 15.). [1970 박정희부터 선데이서울까지](15) 영화, 검열과의 공존. http://news.khan.co.kr/kh_news/khan_art_view.html?artid=201311152136035&code=210100

______(2014. 06. 05.). [경향으로 보는 '그때'] 1993년 12월 15일 우루과이 라운드 타결. http://news.khan.co.kr/kh_news/khan_art_view.html?artid=201406052039205&code=990100

______(2016. 01. 26.). [부들부들 청년] 2부 ① 흙 심은데 흙 난다: 부모 자녀 '쌍봉형 가난'에 더 이상 비빌 언덕은 없다. http://news.khan.co.kr/kh_news/khan_art_view.html?artid=201601262356135

______(2016. 03. 05.). 경부고속도로의 기능, 그리고 그 속에 녹아 있는 권력에 대한 상상. http://news.khan.co.kr/kh_news/khan_art_view.html?artid=201603051716351

곧장토론(2014. 05. 02.). 노약자석은 노약자'만'의 자리인가?. http://goham20.tistory.com/3685

교보문고 북뉴스(2011. 08. 11.). [90년대 문화 탐험 2] 쿨하지 않아도 미안할 건 없었던 '드라마 전성기' (1). http://news.kyobobook.co.kr/it_life/specialView.ink?sntn_id=3745&expr_sttg_dy=20110811144

국가주요지표(2018. 03. 29.). 한국주요경제지표: 국민총소득(1인당). http://www.index.go.kr/potal/main/EachDtlPageDetail.do?idx_cd=4023

국민일보(2013. 11. 30.). 94세대가 뜬다: 불혹의 '칠봉이' 지갑 열다. http://news.kmib.co.kr/article/view.asp?arcid=0007800759&code=13110000

______(2015. 06. 02.). 野 '노조 동의 없는 임금피크제 도입…나쁜 정부' 청·장년 세대갈등 조장. http://news.kmib.co.kr/article/view.asp?arcid=0009505985&code=61111111&cp=nv

노컷뉴스(2007. 11. 25.). 유통업계 큰손 '골드미스'를 모셔라. http://media.daum.net/economic/finance/newsview?newsid=20071125090209554

뉴스와이어(2014. 03. 27.). 2014년 초등학생 38%의 장래희망은 '연예인'. http://v.media.daum.net/v/20140327170718824

뉴스토마토(2014. 05. 02.). 50대에 퇴직하면 돈 되는 일이면 뭐든 하겠다. http://www.newstomato.com/ReadNews.aspx?no=465702

뉴스파인더(2016. 12. 20.). 성공적인 취업 면접을 위한 모발 이식과 헤어라인 교정. http://www.newsfinder.co.kr/news/articleView.html? idxno=67180

뉴스핌(2015. 07. 10). 골드 실버는 없다…생계형 취업에 20대 월급만큼도 못 받는다. http://www.newspim.com/news/view/20150709000185

______(2016. 12. 24.). 효순이·미선이 사건 촛불 집회 주동자, 시신으로 발견…정치적 테러 의심. http://www.newspim.com/news/view/20161223000041

뉴시스(2006. 11. 21.). 22일 한미 FTA저지 국민 총궐기 전북대회. http://news.naver.com/main/read.nhn?mode=LSD&mid=sec&sid1=102&oid=003&aid=0000240291

데이터뉴스(2016. 04. 12.). 서울 베이비붐 세대 가구 절반이 적자…평균 자산 5억 1,400만원, 부채 3,600만원, 학력 높을수록 자산 많아. http://www.datanews.co.kr/news/article.html?no=93049

데일리한국(2015. 05. 30.). [최규성의 대중문화산책] 한국영화의 역사. http://daily.hankooki.com/lpage/column/201505/dh2015053007025 9140830.htm

동아일보(1961. 05. 16.). 16일 새벽, 군「쿠데타」발생 군사혁명 위원회를 조직. http://newslibrary.naver.com/viewer/index.nhn?articleId=1961051600209101001&officeId=00020#

______(1964. 06. 04.). 서울에 비상계엄 선포. http://newslibrary.naver.com/viewer/index.nhn?articleId=1964060400209201001&officeId=00020

______(1983. 07. 04.). 이 아픔, 이 통곡, 이 단절. http://newslibrary.naver.com/viewer/index.nhn?articleId=1983070400209201004&editNo=2&printCount=1&publishDate=1983-07-04&officeId=00020&pageNo=1&printNo=18999&publishType=00020

______(1989. 01. 23.). 국민 60% 이상 "나는 중산층". http://newslibrary.naver.com/viewer/index.nhn?articleId=1989012300209207001&editNo=2&printCount=1&publishDate=1989-01-23&officeId=00020&pageNo=7&printNo=20712&publishType=00020

______(2007. 04. 24.). 일본 대중문화 개방 9년 한국 속의 '日流' 현주소. http://news.donga.com/3/all/20070424/8433902/1#csidx0603502106ec0d6a224c51f971554d1

______(2008. 09. 30.). IP세대 〈1〉: 재미와 열정(Interest&Passion). http://news.donga.com/3/all/20080930/8637176/1

______(2008. 10. 02.). IP세대 〈2〉: 국제적 잠재역량(International Potential). http://news.donga.com/3/all/20081002/8638188/1

______(2008. 10. 03). IP세대 〈3〉: 혁신적 개척자(Innovative Pathfinder). http://news.donga.com/3/all/20081003/8638697/1

______(2008. 10. 06). IP세대 〈4〉: 똑똑한 재테크족(Intelligent Portfolio). http://news.donga.com/3/all/20081006/8639606/1

______(2008. 10. 07.). IP세대 〈5〉: 만질 수 없는 파워(Intangible Power). http://news.donga.com/3/all/20081007/8640120/1

______(2008. 10. 08.). IP세대 〈6〉: 상호작용하는 참여(Interactive Participation). http://news.donga.com/3/all/20081008/8640788/1

______(2008. 10. 09.). IP세대 〈7〉: 즉흥적 인간관계(Instant Partnership). http://news.donga.com/3/all/20081009/8641330/1

______(2009. 11. 19.). 아이폰 한국판매 1년이나 걸린 까닭은. http://news.naver.com/main/read.nhn?mode=LSD&mid=sec&sid1=101&oid=020&aid=0002093306

______(2011. 05. 28.). X세대의 귀환. http://news.donga.com/Culture_List/3/07/20110527/37594974/1

______(2013. 03. 11.). 빈곤 한국 '한강의 기적' 어떻게 가능했나?. http://news.donga.com/List/Series_70010000000679/3/70010000000679/20130310/53599053/1

______(2013. 04. 26.). 박정희 정권 첫 계엄령… 한일회담 반대투쟁 내리막길. http://news.donga.com/List/Series_70000000000570/3/ 70000000000570/20130426/54713638/1

______(2015. 12. 22.). '노인매너'에 대한 어르신들 생각은. http://goham20.tistory.com/3685

______(2016. 01. 01.). 20~50대 빈곤율 높아졌다. 20대 빈곤율, 40대 첫 추월. http://news.donga.com/3/01/20160101/75689507/1

______(2016. 01. 02.). '가난한 20~50대' 점점 늘어. http://news.donga.com/3/all/20160102/75691854/1

매일경제(2009. 09. 20.). 실버산업 2010년 43조→2020년 148조 급팽창. http://news.mk.co.kr/newsRead.php?year=2009&no=492995

______(2016. 04. 08.). 현실로 닥친 '노후파산' 당신은 안녕하십니까? http://news.mk.co.kr/newsRead.php?year=2016&no=258669

머니투데이(2010. 02. 17.). 금융 위기, 20~30대 고용에 가장 큰 타격. http://www.mt.co.kr/view/mtview.php?type=1&no=2010021711072438302&outlink=1

문화일보(2009. 10. 16.). [문화] 책 읽기 세상 보기: '88만원 세대' 벗어나기.

http://www.munhwa.com/news/view.html?no=20091016010322 300730012

______(2012. 12. 11.). 한국전쟁 후 고단한 삶 달래주던 '박단마 쇼'. http://www.munhwa.com/news/view.html?no=2012121101033021 092002

______(2015. 09. 24.). 자녀 교육·결혼 '발등의 불'…은퇴 후도 계속 일해야. http://www.munhwa.com/news/view.html?no=2015092401030221 081001

______(2015. 09. 25.). "학비 줬으니 결혼 땐 못 준다" 엄포 놨지만 퇴직금마저…. http://m.media.daum.net/m/media/society/newsview/201509251 12107400

______(2016. 11. 30.). 꼰대 부장 vs 뺀질 대리…경쟁력 갉아먹는 직장 내 세대갈등. http://www.munhwa.com/news/view.html?no=201611 3001031421084001

미디어오늘(2011. 05. 25.). 5·18기록, 광주 넘어 '세계의 민주운동사' 됐다. http://www.mediatoday.co.kr/?mod=news&act=articleView&idxno=95519

민중의소리(2005. 11. 04.). '눈물의 드라마' 남북 이산가족 상봉의 발자취… 1985년 첫 상봉부터 20년 후 화상상봉까지. http://www.vop.co.kr/A00000032132.html

벅스뮤직(2015. 08. 11.). 한국 대중음악 100년의 역사와 기록 1편: 한국 대중음악의 시작. http://music.bugs.co.kr/specialView/focus/X8IKJUEWN 0XIE2OGRG1Z

브레이크뉴스(2017. 11. 26.). 싸이, '강남스타일' 뮤비 유투브 조회수 30억뷰 돌파 韓대중음악사 대기록. http://www.breaknews.com/sub_read.html?uid=544145

서울신문(2011. 03. 25.). '뉴 시니어' 등장…새 소비주체 급부상. http://www.seoul.co.kr/news/newsView.php?id=20110325017013

세계일보(2005. 01. 03.). [위기의 한국 사회 해법은] ③ 깊어지는 세대 간 갈등. http://media.daum.net/society/others/newsview?newsid=2005010307 1835793

______(2007. 04. 24.). '골드미스 모십니다' 호텔, 여행 업계 등 마케팅 봇물. http://media.daum.net/society/others/newsview?newsid=2007042406

4013323
______(2008. 01. 21.). 서브프라임 모기지 파장…美 경기 침체 땐 수출 치명타. http://www.segye.com/content/html/2008/01/18/20080118002 456.html
______(2012. 09. 06.). 소비시장 주도 '397세대' 뜬다. http://www.segye.com/content/html/2012/09/06/20120906023036.html
______(2015. 10. 07.). '재취업·소득' 절벽… '치킨집' 내몰리는 50대. http://m.media.daum.net/m/media/society/newsview/20151007190804723?seriesId=113194
______(2016. 12. 28.). 전국에 번진 촛불집회… 대통령 탄핵 가결. http://www.segye.com/content/html/2016/12/27/20161227003106.html? OutUrl=naver
스타뉴스(2016. 05. 18.). 강남역 10번 출구, '강남역 묻지마 살인' 추모 행렬 이어져. http://entertain.naver.com/read?oid=108&aid=0002526285
스타서울(2016. 11. 12.). 박근혜 대통령 '5% 지지율' 지속 20대·호남선 0%, 부정률 90%…새누리당 17% 최저치(한국갤럽). http://www.starseoultv.com/news/articleView.html?idxno=433808
스포츠경향(2012. 03. 26.). [아이콘, 그때 그 시절] ④ 여배우 트로이카, 문희 남정임 윤정희. http://sports.khan.co.kr/news/sk_index.html?art_id=201203261742313
______(2016. 06. 10.). [디어마이프렌즈 돋보기] ⑤ '일하는 엄마' 배우 고두심의 연기인생 44년. http://sports.khan.co.kr/entertainment/sk_index.html?art_id=201606102130003&sec_id=540101
씨네21(2002. 07. 24.). 기브 미 초콜릿의 기억. http://www.cine21.com/news/view/?mag_id=11506
아시아타임즈(2015. 10. 14.). 20·30대와 마찬가지로 아름다움에 중점. http://www.asiatime.co.kr/news/articleView.html?idxno=110691
아주경제(2011. 05. 03.). [심층르포] "중소기업에는 합격해도 안 가요". http://www.ajunews.com/common/redirect.jsp?newsId=20110503000415
______(2016. 08. 21.). [한·중수교 24주년] 한·중 미래 지향 '경제 新파트너' 관

계 정립. http://www.ajunews.com/view/20160821143037084

연합뉴스(1994. 05. 09.). 소프트웨어 산업 국가전략산업으로 육성. http://media.daum.net/breakingnews/newsview?newsid=19940509155600659

______(1994. 12. 20.). 文體部(문체부) 보고서 통해본 오렌지족 특징 9가지. http://news.naver.com/main/read.nhn?mode=LSD&mid=sec&sid1=102&oid=001&aid=0003832232

______(1997. 05. 26.). OECD 가입 너무 빨라 得보다 失이 많아. http://news.naver.com/main/read.nhn?mode=LSD&mid=sec&sid1=101&oid=001&aid=0004224236

______(1997. 12. 06.). IMF 관리하 일본영화 수입 개방 문제 이슈로 부각. http://news.naver.com/main/read.nhn?mode=LSD&mid=sec&sid1=103&oid=001&aid=0004208857

______(1997. 12. 27.). 기업 부도 도미노 가속화, 하루 평균 45개 부도. http://news.naver.com/main/read.nhn?mode=LSD&mid=sec&sid1=101&oid=001&aid=0004212

______(1998. 02. 11.). 정보산업연합회, '정보정책포럼' 개최. http://media.daum.net/breakingnews/newsview?newsid=19980211110000141

______(1998. 03. 10.). IMF 수술 100일의 현황과 과제. http://news.naver.com/main/read.nhn?mode=LSD&mid=sec&sid1=101&oid=001&aid=0004375450

______(1998. 05. 13.). 日 대중문화개방 배경과 파급효과 ① 총론. http://news.naver.com/main/read.nhn?mode=LSD&mid=sec&sid1=103&oid=001&aid=0004358704

______(1998. 08. 06.). IMF체제의 기업 경영 전략은 안정성이 최우선. http://news.naver.com/main/read.nhn?mode=LSD&mid=sec&sid1=101&oid=001&aid=0004333824

______(1999. 07. 06.). PC방 획일적 규제에 선의의 학생들 피해. http://news.naver.com/main/read.nhn?mode=LSD&mid=sec&sid1=102&oid=001&aid=0004413456

______(1999. 08. 12.). 기초자치단체장들, 정보화 교육받아. http://media.daum.net/breakingnews/newsview?newsid=19990812125200773
______(1999. 09. 13.). 2002년까지 정보통신망 선진화 사업 마무리. http://media.daum.net/breakingnews/newsview?newsid=19990913110100028
______(1999. 10. 28.). 스타크래프트 국내 판매 100만장 돌파. http://news.naver.com/main/read.nhn?mode=LSD&mid=sec&sid1=105&oid=001&aid=0004481624
______(1999. 12. 10.). PC 게임방에 직장인들 몰린다. http://news.naver.com/main/read.nhn?mode=LSD&mid=sec&sid1=102&oid=001&aid=0004493878
______(1999. 12. 19.). [컴퓨터시대 신풍속도] ② 프로게이머를 꿈꾸는 아이들. http://news.naver.com/main/read.nhn?mode=LSD&mid=sec&sid1=102&oid=001&aid=0004492886
______(2007. 01. 23.). 20·30대 여성 직장인 68%, "골드미스로 살고 싶어". http://media.daum.net/press/newsview?newsid=20070123091315022
______(2010. 04. 28.). 금융 위기 파장 외환위기보다 작은 이유는. http://www.yonhapnews.co.kr/bulletin/2010/04/28/0200000000AKR20100428060200003.HTML?did=1179m
______(2011. 04. 27.). '뉴 시니어' 공략 TV 홈쇼핑 잘 나가네. http://www.yonhapnews.co.kr/bulletin/2011/04/27/0200000000AKR20110427052200003.HTML?did=1179m
______(2015. 03. 15.). 한국 노인빈곤 OECD '최악'…연금소득은 '최하위권'. http://www.yonhapnews.co.kr/bulletin/2015/03/13/0200000000AKR20150313158200004.HTML
______(2015. 06. 15.). [한일수교 50년] ② '미완의 한일협정'… 빛과 그림자. http://www.yonhapnews.co.kr/bulletin/2015/06/14/0200000000AKR20150614059100043.HTML
______(2015. 12. 27.). 대졸청년 4명중 1명은 일터밖 '니트족'…OECD 3위 '불명예'. http://www.yonhapnews.co.kr/economy/2015/12/24/0301000000AK

R20151224174500017.HTML?template=2087
______(2016. 07. 14.). 메르스 겪은 국민 절반, 불안·우울 '정서적 디스트레스' 경험. http://www.yonhapnews.co.kr/bulletin/2016/07/14/0200000000AKR20160714019500004.HTML?input=1195m
______(2016. 12. 21.). 내년 가계 부채 1천500조 넘어서고 주택시장 침체 가능성. http://www.yonhapnews.co.kr/bulletin/2016/12/21/0200000000AKR20161221082300002.HTML?input=1195m
______(2017. 09. 03.). '늙어가는 한국' 고령사회 진입했다… 65세 이상 14% 차지. http://www.yonhapnews.co.kr/bulletin/2017/09/02/0200000000AKR20170902048400004.HTML
오마이뉴스(2004. 03. 13.). "탄핵 무효, 민주수호" 종로의 8만 촛불 함성 "4월 15일, 우리는 너희를 잊지 않을 것이다". http://www.ohmynews.com/NWS_Web/View/at_pg.aspx?CNTN_CD=A0000174534
______(2007. 09. 04.). 80학번은 '현장투신' 00학번은 '구직투쟁'. http://www.ohmynews.com/NWS_Web/view/at_pg.aspx?CNTN_CD=A00007 03936
월요신문MDN(2015. 05. 21.). [특별기획 그날] 오지 않은 봄… 5·18 민주화 운동. http://www.wolyo.co.kr/news/articleView.html?idxno=32118
이데일리(2015. 02. 03.). 삼성맨 '꼰대·젊은것들' 세대 차이는…"주말근무 vs. 개인주의". http://www.edaily.co.kr/news/NewsRead.edy?SCD=JC41&newsid=02017206609266912&DCD=A00304&OutLnkChk=Y
______(2015. 08. 17.). 성장 주역에서 고용 계륵으로…'낀 세대' 50대의 눈물. http://www.edaily.co.kr/news/NewsRead.edy?SCD=JA11&newsid=01190646609468304&DCD=A00101&OutLnkChk=Y
이투데이(2015. 06. 10.). 한국, 일자리 놓고 세대 간 갈등 고조. http://www.etoday.co.kr/news/section/newsview.php?idxno=1141109
일요신문i(2015. 03. 30.). 프로야구 아웃사이드 파크 [38] 개막전 시구의 역사: 각하를 보호하라! 전두환 던질 때 경호원이 심판으로…. http://m.ilyo.co.kr/?ac=article_view&entry_id=120011
조선비즈(2015. 08. 16.). 현대硏 '늘어나는 독거노인, 소득 불안 시달린다'.

http://biz.chosun.com/site/data/html_dir/2015/08/16/2015081600381.html
조선일보(2003. 01. 10.). [김대중 칼럼]'점령군'의 進駐? http://m.chosun.com/svc/article.html?sname=news&contid=2003011070384#Redyho
______(2009. 05. 06.). 단군 이래 최대 경제 성장…아파트·마이카 시대 열려. http://businessnews.chosun.com/site/data/html_dir/2008/ 07/31/2008073101545.html
______(2015. 07. 07.). [20대를 말하다] ① 10명 중 7명 '미래 불안하다'. http://biz.chosun.com/site/data/html_dir/2015/07/07/2015070701478.html
______(2015. 07. 07.). [20대를 말하다] ② 너무 높은 취업 장벽…첫발부터 좌절. http://biz.chosun.com/site/data/html_dir/2015/07/07/ 2015070701493.html?related_all
______(2015. 07. 07.). [20대를 말하다] ③ '취업하는 데 4269만원? 미친 나라죠!'. http://biz.chosun.com/site/data/html_dir/2015/07/07/ 2015070701499.html?Dep0=twitter
______(2015. 07. 08.). [20대를 말하다] ④ 모텔비, 식비에…"연애, 경제적으로 부담" 65%. http://biz.chosun.com/site/data/html_dir/2015/07/07/2015070702541.html
______(2015. 07. 08.). [20대를 말하다] ⑤ '결혼 적령기 30~33세, 비용은 5000만~1억원'. http://biz.chosun.com/site/data/html_dir/2015/07/07/2015070702942.html
______(2015. 07. 08.). [20대를 말하다] ⑥ '결혼 비용, 육아·가사는 남녀 공동과제'. http://biz.chosun.com/site/data/html_dir/2015/07/07/ 2015070702895.html
______(2015. 07. 09.). [20대를 말하다]⑦ 90%가 재테크 안하거나 예적금만 납입. http://biz.chosun.com/site/data/html_dir/2015/07/08/ 2015070802308.html
______(2015. 08. 09.). 현대硏 '빈곤노인 54%, 풍족한 노인 6% 불과…격차 확대'. http://biz.chosun.com/site/data/html_dir/2015/08/09/2015 080900383.html

______(2017. 06. 16.). 김영삼의 추진력, 특유의 추진력으로 정치·경제·사회 개혁 이뤄. https://pub.chosun.com/client/news/print.asp?cate=C03&mcate=M1001&nNewsNumb=20170625068

______(2017. 07. 05.). 노인 빈곤율 47.7%…어르신들 살림살이 다시 팍팍해졌다. http://news.chosun.com/site/data/html_dir/2017/07/05/2017070500249.html

중앙일보(2009. 06. 05.). [박정희의 도박, 월남파병-15] '한국에 큰 경제적 이익 주겠다'. http://www.koreadaily.com/news/read.asp?art_id=857895

______(2014. 01. 03.). [커버스토리] 자유화 25년… 해외여행 어제와 오늘. http://news.khan.co.kr/kh_news/khan_art_view.html?artid=200901051758145

______(2016. 10. 03.). [허종욱 칼럼] 꿀꿀이죽 그리고 부대찌개. http://www.koreadaily.com/news/read.asp?art_id=4646008

쿠키뉴스(2011. 03. 24.). 돈 벌고 싶다면 뉴 시니어의 젊음, 향수, 자아를 자극하라. http://news.kukinews.com/article/view.asp?page=1&gCode=eco&arcid=0004780929&cp=du

크리스천투데이(2010. 10. 11.). 월드비전, 60년 전 선명회 시절. http://www.christiantoday.co.kr/news/241422

파이낸셜뉴스(2010. 07. 05.). 글로벌 금융 위기, 서울 중산층 5% 빈곤층 전락. http://www.fnnews.com/news/201007051431520261?t=y

한겨레(1995. 12. 03.). 전씨 전격 구속. http://newslibrary.naver.com/viewer/index.nhn?articleId=1995120300289101001&editNo=5&printCount=1&publishDate=1995-12-03&officeId=00028&pageNo=1&printNo=2414&publishType=00010

______(2008. 03. 05.). [문화] 책과 생각: 냉전시대 문화로 본 동아시아의 모습은? http://www.hani.co.kr/arti/culture/book/273973.html#csidxd719ad08fb47d4ab16ed56b915ea4d9

______(2013. 12. 04.). '신인류'가 꽃피운 90년대 대중음악 르네상스. http://www.hani.co.kr/arti/culture/music/613989.html

______(2014. 08. 20.). 세월호 세대 “국가가 나를 지켜줄 것” 7.7%뿐. http://www.hani.co.kr/arti/society/society_general/652076.html
______(2015. 06. 24.). “고령층 고용 늘려도 청년 고용 안 줄어”… 노동 전문가들, ‘세대 갈등론’ 반박. http://www.hani.co.kr/arti/society/labor/697374.html
______(2015. 06. 24.). “고령층 고용 늘려도 청년 고용 안 줄어”…노동 전문가들, ‘세대 갈등론’ 반박. http://www.hani.co.kr/arti/society/labor/697374.html
______(2015. 07. 06.). 미군 클럽서 ‘훈련받은’ 대중음악. http://www.hani.co.kr/arti/culture/culture_general/47952.html
______(2015. 09. 01.). 꿈의 직장…2030은 칼퇴근, 4050은 정년보장. http://www.hani.co.kr/arti/economy/economy_general/706986.html
______(2016. 01. 24.). 산업화 세대는 영화 속 할아버지…386은 눈앞에 실재하는 꼰대. http://www.hani.co.kr/arti/society/society_general/727620.html#csidx3655a667263fab995cd5f2f7846103b
______(2016. 11. 24.). “나 이런 사람이야”…그대가 ‘꼰대’. http://www.hani.co.kr/arti/specialsection/esc_section/771763.html
한겨레21(2005. 09. 14.). 90년대, 살아 있는 추억! http://h21.hani.co.kr/arti/PRINT/14901.html
______(2010. 03. 10.). 베트남에 파병하지 않았다면. http://h21.hani.co.kr/arti/special/special_general/26884.html
______(2010. 04. 13.). 경부고속도로 건설이 늦춰졌다면. http://h21.hani.co.kr/arti/special/special_general/27112.html
한경비즈니스(2005. 02. 06.). [COVER STORY-업그레이드! 한류2005] 현주소…드라마·영화. http://news.naver.com/main/read.nhn?mode=LSD&mid=sec&sid1=114&oid=050&aid=0000002549
한국일보(2011. 05. 16.). 50대 아빠 ‘소비 신인류’. http://media.daum.net/economic/finance/newsview?newsid=20110516024104249
______(2014. 09. 30.). 베트남 파병 50년…빈호아의 자장가. http://www.hankookilbo.com/v/683ab0a6811348f09633094ac148218a
______(2015. 06. 05.). [시대의 기억] 남북정상 55년 만의 악수. http://www.

hankookilbo.com/mv/147b73bba508471c844ef8260fedf233
______(2015. 08. 08.). "결혼파업 아닙니다" 70년대 생 골드미스의 항변. http://www.hankookilbo.com/v/35f6bfdcf99c4883ba02be6ed8302ad9
______(2016. 08. 25.). 까라면 까야 하는 꼰대문화⋯이러니 헬조선입니다. http://www.hankookilbo.com/v/1105f1f912584f67bb60559f9c9e384f
______(2017. 05. 21.). 전체 인구 14% 베이비붐 세대의 은퇴⋯유망 산업은? http://www.hankookilbo.com/v/32b5a5e9db7147889f50c684ad2947b4
헤럴드경제(2010. 06. 17.). 2008년 한국금융 위기 98년과 다르다. http://news.heraldcorp.com/view.php?ud=20100617000354&md=20100617115729_BL
______(2010. 07. 05.). 2008년 금융 위기後 중산층 30% "소득 줄었다". http://news.heraldcorp.com/view.php?ud=20100705000016&md=20100705074801_BL
______(2010. 07. 19.). [실버뉴딜] 기업들 '고령화 위기가 기회다.' http://news.heraldcorp.com/view.php?ud=20100716000605&md=20100719065543_BL
______(2015. 11. 22.). '7000원 어치'만 애국하겠다는 대한민국 청년들. http://news.heraldcorp.com/view.php?ud=20151120000879

## 참고 사이트

5·18민주화운동기록관 홈페이지: http://www.518archives.go.kr
6월항쟁 홈페이지: http://www.610.or.kr/
KBS World Radio 광복 70주년 대한민국 파노라마: http://world.kbs.co.kr/special/kpanorama
국가기록원 홈페이지: http://www.archives.go.kr/
대한민국역사박물관 홈페이지: http://www.much.go.kr/
매그넘 포토스 홈페이지: http://pro.magnumphotos.com/
매일경제 경제용어사전 홈페이지: http://dic.mk.co.kr/
오픈 아카이브 홈페이지: http://db.kdemocracy.or.kr/main

# | 찾아보기 |


10월 유신 169, 261

1인 가구 증가 117

2030 세대 69

386세대 122, 172

3S 정책 267

3저 호황 124, 125, 260, 265

3포 세대 67, 73, 79, 82

4·19 혁명 168, 169, 202, 251

5·16 군사정변 168, 169, 202, 251, 253

5·18 광주 민주화 운동 124, 260, 262

6·29 선언 124, 260, 261, 263

6·3 항쟁 169, 202, 255

6월 민주항쟁 124, 126, 172, 260, 263, 266, 269, 281

88 서울 올림픽 124, 126, 260, 266, 269

88만원 세대의 삶의 궤적 73

G20 서울 정상회의 284

IMF 외환 위기 74, 113, 124, 129, 177, 271, 274, 275, 276

IP 세대 69, 81

MBC 대학가요제 126, 258, 269

N세대 69, 83, 108

OECD 가입 74, 75, 124, 274

PC 세대 129

PC통신 74, 124, 134, 279

P세대 69, 108

SNS 103, 111

UN 가입 124, 271

WTO 출범 74, 75, 271, 274

X세대의 삶의 궤적 124

간통죄 폐지 284

강남역 묻지마 살인 사건 284, 288

개인주의 105, 117, 137, 140, 161, 189, 221, 225

걸프전 파병 124

경계boundary 19, 27

경제 개발 5개년 계획 169, 170, 202, 251, 253, 256

계엄령 252, 255, 262

고유의 세대 의식 25

골드미스 141, 145, 148

구별 짓기distinction 24, 27, 31, 42

국내 인터넷 시작 124, 260, 271
국정 농단 284
권위주의 201
글로벌 금융 위기 277
글로벌리스트Globalist 76, 81, 85
기브 앤 테이크give and take 95, 98
긴급조치 세대 167
김대중 대통령 취임 124, 271
김영란법 284
김영삼 대통령 취임 124, 271
김일성 사망 74, 75, 271
김주열 252
꼰대 192, 195, 210, 224
낀 세대 58, 164, 167, 188, 236

노동자 대투쟁 124, 260
노무현 대통령 탄핵 73, 74
노인 빈곤 212, 216, 229
노인충 189, 223, 224
노후 준비 185
농촌 근대화 254
뉴시니어 179
니트NEET 80

달관 세대 69, 70
대구 지하철 화재 283
대중문화 위축 259
대중문화 발전 148, 150, 170, 202, 204, 257, 268, 278
대통령 직선제 헌법 개정 124, 260, 262
더글러스 쿠플랜드Douglas Coupland 119
디지널 네이티브 85
디지털 세대 69, 76, 109
딩크족DINK 188

마르셀 모스Marcel Mauss 30
메르스 사태 284, 288
몰이해 112
문민정부 출범 73, 74, 272
문재인 대통령 당선 284
문화 세대 34, 44, 46, 59, 121, 148
문화 자본 81
미8군 쇼 249, 250
미투 운동Me Too Movement 289
민주화 2세대 172
민주화 세대 43, 61, 70, 118, 121, 122, 127, 149, 157, 164, 167, 171, 211

박근혜 대통령 탄핵 284, 286
박근혜 · 최순실 게이트 89, 284, 285
박재흥 41, 46, 48, 55
박정희 대통령 피살 169, 251
반공이데올로기 201
베이비붐 세대 가계 수지 184
베이비붐 세대의 삶의 궤적 168
베트남 전쟁 169, 202, 251, 256
부마사태 169, 251, 261
부양 183, 187, 193, 235

사드 284

사회적 경계 28, 29
산업화 2세대 164
산업화 세대의 삶의 궤적 201
상대적 박탈감 111
상실의 세대 219
상징적 경계 24, 29, 42
상향 평준화 113
새마을 운동 169, 251, 254
서울 아시안게임 124, 126, 260
서울의 봄 261
석유 파동 264
세계화 세대 121
세대 구분 41, 46
세대 단위 24
세대 명칭 40
세대 스펙트럼 45
세대 위치 24
세월호 침몰 사건 284, 287
소비 문화 34, 122, 194, 225
스펙 114
신세대 120
실용주의 95, 97
실제 세대 25
싱글족 141, 145, 147, 151

알파고 284
애국페이 98
약육노식 223
양적 연구 52
어린이 인권 교육 226
에볼라 바이러스 확산 284
에코 세대 69, 71
에코붐 세대 167
여권 발급 제한 해지 270
여배우 트로이카 시대 170, 259
역사교과서 국정화 284
연령 범주 44
연령 효과age effect 21, 61
연평도 포격 284, 285
예비 노인 179, 235
오렌지족 122
욜로YOLO 88
유신 세대 167, 171
유신헌법 170
이산가족 방문단 124, 125, 260, 263, 264
이중 틀dual frame 50
이한열 262
인터넷 세대 129, 133
일본 대중문화 개방 74, 124, 271
일제강점기 201

자기 기입식 조사CAWI 51
자기 인식 32
자기주장 123
자유주의 141
장수 215, 231
장유유서 221
「재난 및 안전관리 기본법」 제정 283
재벌 256
재취업 187

저출산 심화 117
전쟁 채험 세대 199
전태일 분신·사망 169, 170, 251
절대빈곤 200, 202, 245
절망 세대 69, 70
정보화 기기 133, 135
정보화 세대 121
제1공화국 정부 수립 202, 244
제1차 남북 정상회담 74, 75, 124, 271, 273
제2 연평해전 283
제주 4·3 사건 202, 245
젠더 갈등 289
주한 미군 장갑차에 의한 여중생 사망 사건 283, 286
준비된 노후 236
중산층 신화 266, 267
즉흥적인 인간관계 103
질적 연구 53

천안함 피격 사건 284, 285
청년 세대 69
초점집단면접FGI 42, 56
촛불 집회 74
축테크 98

카드 대란 74, 271, 276
칼 만하임Karl Manheim 21, 24, 41
컬러 TV 124, 260, 268, 270
케이블 TV 첫 방송 124, 271, 278
코호트 효과 35, 61
코호트cohort 21, 22, 24, 30, 244

탈권위주의 104, 123, 225
탈규격화 123
탈정치 세대 121
탈정치, 탈이념, 탈권위 137
트로트 249

팬클럽 활동 158
평등주의 102, 225
프란치스코 교황 방한 284
프로야구 출범 124, 126, 260, 268
피에르 부르디외Pierre Bourdieu 31

한·중 국교 수립 124, 271
한강의 기적 264
한국전쟁 200, 202, 244, 249
한류 열풍 74, 76, 148, 156, 283, 289
한메일 136
한미 FTA 타결 74, 75, 274
한일월드컵 74, 280
함인희 41
혐로사회 223
호주제 헌법 불합치 선고 74
홍덕률 41, 46, 48, 171
획일주의 201
흑백 TV 169, 202, 251, 257
흙수저 빙고 게임 90

**문화사회학으로 바라본**
# 한국의 세대 연대기
**세대 간 문화 경험과 문화 갈등의 자화상**

**펴낸날** 1판 1쇄 2018년 6월 28일
3쇄 2023년 8월 11일
**지은이** 최샛별
**펴낸이** 주소현
**펴낸곳** 이화여자대학교출판문화원
**주소** 서울특별시 서대문구 이화여대길 52 (우03760)
**등록** 1954년 7월 6일 제9-61호
**전화** 02) 3277-2965(편집), 362-6076(마케팅)
**팩스** 02) 312-4312
**전자우편** press@ewha.ac.kr
**홈페이지** www.ewhapress.com



**ISBN** 979-11-5890-282-7 93330
**값** 22,000원

* 잘못된 책은 구입처에서 바꾸어 드립니다.